你　就

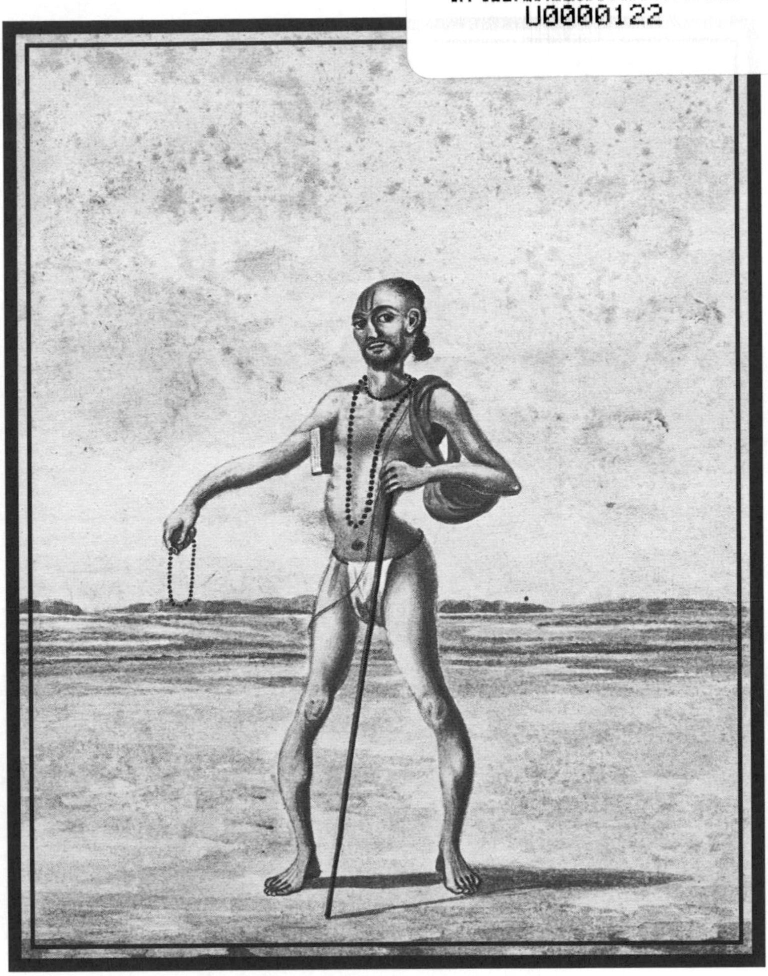

覺　性

《八曲仙人之歌》講記

三不叟——————著

妙高峰上　3

你就是覺性：《八曲仙人之歌》講記

作者　三不叟
譯者　智原
封面設計　吳偉光
版面設計　Lucy Wright
總編輯　劉粹倫
發行人　劉子超
出版者　紅桌文化／左守創作有限公司
http://undertablepress.com
臺北市中山區大直街 117 號五樓
印刷　約書亞創藝有限公司
經銷商　高寶書版集團
臺北市內湖區洲子街 88 號三樓
Tel: 02-2799-2788
書號　ZE0154
ISBN　978-986-06804-8-5
初版　2022 年 6 月
新台幣　450 元
法律顧問　詹亢戎律師事務所

國家圖書館出版品預行編目 (CIP) 資料

你就是覺性 : << 八曲仙人之歌 >> 講記 / 三不叟著 ; 智原譯 . -- 初版 . --
臺北市 : 紅桌文化 , 左守創作有限公司 , 2022.06
352 面 ; 15.2*22.8 公分 . -- (妙高峰上 ; 3)
ISBN 978-986-06804-8-5(平裝)

1.CST: 印度教　　2.CST: 靈修

274　　111005101

致謝

2016年12月3日，三不叟禪師應中國及美國的數位弟子之請，在廣州開始講解《八曲仙人之歌》，期間往返中美兩地，授課並未間斷，直到2018年2月3日在廣州講畢，共有二十四講。

《八曲仙人之歌》講課所用的白話譯本（初譯本），是由智原根據多個英譯本翻譯、整理而成，並且收集匯總了講課所需的相關資料。講課錄音由智燁謄錄爲文字，智原亦有協助，隨後由智原、智燁校對至第十六章。後交由鍾七條、顧象校對完成剩餘部分，並根據梵文本修訂完成白話中譯本（修訂本）和七言偈頌體譯本，最終將全書稿件整理成書。顧象撰寫了本書《你就是覺性：八曲仙人之歌講記》的導讀，和《八曲仙人之歌：全新梵漢對照注譯本》中的譯者序言，並和鍾七條一起撰寫了譯後記。全書文稿由簡體中文轉換成繁體中文後，得到了智燁、智原、安霓、攖寧、孫躍如、李智紅、智霖等的細心校對。

還要感謝紅桌文化出版社的總編劉粹倫，她多年來一直致力於引介、推廣印度不二論的著作，和其他靈修派別相比，這是一塊略顯寂寥的領域，只有不計名利、不求聞達的出版人，才能多年如一日地如此堅守，使這扇窗戶一直開啟著。在知悉《八曲仙人之歌》的講解已被整理爲文字後，她給予了極大的支持，並巧施妙手，在不影響風格、文意的情況下，妥帖地處理了文字中因兩岸文化差異而會造成臺灣讀者閱讀不便的問題。

本書的文稿整理、編寫及校對，歷時四年之久，除了上述提到的名字之外，還有眾多法友一直予以鼓勵並不懈祈願，是他們對於智慧教法的熱愛，才使此書最終得以問世。

目次

導讀

《八曲仙人之歌》(*Aṣṭāvakra Gītā*)，亦名《八曲本集》(*Aṣṭāvakra Saṃhitā*)，是古印度吠檀多眾多的經典中罕見的簡潔、深邃之作，它記載了名爲「八曲」(Aṣṭāvakra)的智仙(ṛṣi)和他的弟子迦納卡(Janaka)之間的對話。「如何獲眞知？如何得解脫？如何離執著？祜主，請告訴我。」求道心切的弟子問出了這三個問題，以此開啟了總共298頌(每頌爲兩句梵文詩行)的對答。現代印度的一位思想家[1]這樣說道:「除了《八曲仙人之歌》，幾乎沒有別的古印度作品如此雄辯、深邃，且如此詩意地表述出自性的偉大、莊嚴、喜悅與無可比擬。」

《八曲仙人之歌》所闡述的智慧，超越了哲學與宗教的名相與概念，也不涉及有相的神祇崇拜及宗教儀式，是一部直接觸及實相本質的靈性談話錄，自古以來，得到了無數印度修道者及聖者們的推崇。一位現代的靈修導師[2]曾這樣盛讚：「哪怕所有現存的經文都被焚盡，只留下《八曲仙人之歌》，那也足夠讓人們證得最高的實相……八曲和迦納卡都是證悟之人。《八曲仙人之歌》在全世界的所有經文中都是無與倫比的。在《八曲仙人之歌》中，我們有一位獨一無二的上師，還有一位同樣偉大且獨一無二的弟子。靠了上師賜予的正見鉗夾和智慧，弟子運用源自內心的直覺之智，將無明的毒箭拔了出來……所有的經文都爲我們提供道路，而《八曲仙人之歌》是一本沒有道路的書，它只給了我們目的地。」

這是一首唱給成熟弟子的心曲，是在印度這片靈修源頭之土上，師

1 出自拉達喀瑪爾·穆克吉(Radhakamal Mukerjee)的《八曲仙人之歌》英譯本 *The Song of The Self Supreme* 前言，1971年出版。

2 出自史瓦米·善塔南達·普利(Swami Shantananda Puri)對《八曲仙人之歌》講解 *Instant Self-Awareness:Talks on Ashtavakra Gita* 一書的序言，2004年出版。

父八曲仙人授予弟子的修行心要，毫無保留，全盤托出。而根器已經成熟的弟子迦納卡也對此確信無疑，並呈獻出了自己對實相的體會。師父與徒弟，一問一答，一唱一和，只關注於那究竟的實相，除此無他。

此書《你就是覺性：八曲仙人之歌講記》，記錄的也是爲了同一宗旨而發生的解惑對答。這是恩師三不叟禪師應弟子之請，在 2016-2018 年間對《八曲仙人之歌》的講解。三不叟禪師，1990 年代在福州林陽寺上廣下賢和尚(上虛下雲和尚弟子)座下剃度出家。後在紐約韜光晦跡，只對少數弟子開講禪宗心要，並整理顯密典籍。2012 年後往返廣州和美國兩地，桃李不言、下自成蹊，座下法席日隆。恩師通達顯密教理及諸種修行法門，難能可貴的是，在一些年輕弟子對印度吠檀多的智慧經典產生興趣之後，作爲佛教導師的他沒有以「外道」斥之，而是欣然贊許八曲仙人這位印度古仙人的智慧，並令弟子收集相關資料，將《八曲仙人之歌》譯爲中文，然後一詞一句地加以講解。

凡是講法，皆有當機之眾，講解《八曲仙人之歌》也不例外。恩師三不叟弘法多年，一直耐心聆聽弟子們傾訴各種困惑。當今社會，資訊爆炸，人們面對海量的資訊，不知如何判別；世俗之人唯金錢爲上，知足常樂的淡然，似乎已是過時之談。煩惱稠密、無法排解之後，幾乎出於自救，人們開始求助於宗教和靈修，以求找到生命的意義和眞相。三不叟禪師的弟子大多是在家居士，在中國社會這輛極速前進的列車上，承受著職場、學業、房產、育兒、養老等各方面的共業壓力。在這樣的背景下，讓人放下頭腦中的雜念、專注於道，實屬強人所難。恩師三不叟在究竟的見地上毫不妥協，但教授弟子的手法極其靈活，善察對方根器施以方便，在選擇對弟子眾授課的文本上，也同樣出於敏銳的洞察，針對當時大多數弟子所需，應病與藥。2016 年，他選定《八曲仙人之歌》作爲授課的文本，花費兩年時間，一字一句透徹地講解，旨在呵護、鼓勵弟子們難得可貴的求道之心，使其避免陷入宗教名相的無涯學海，能直接領略心性之關要，認清入世生活、出世修行的重重幻相背後的眞相。

恩師三不叟禪師對弟子的關懷是全方位的。藉講解《八曲仙人之歌》的契機，他慈悲而溫厚地叮囑深陷世俗生活的弟子，放下虛妄分別，隨緣快樂地過好一生，也告誡專職修行的弟子，放下修行中的做者感，不要以修行人的身分爲傲。無論是哪一類的弟子，他都強調要學會分辨什麼是有生有滅的有爲之法，什麼才是不動不搖的「常樂我淨」的佛性。他指出：「第一句是『我是覺性』，你要知道什麼是眞我，不要與五蘊身心認同；第二句是『覺性是我』，你要知道連五蘊身心、以及一切無非是覺性。」在懂得辨析虛幻的生滅變化、認得自性眞我之後，就要在生活中做到平等，因爲一切無非是你，無非是覺性。在授課時，他側重講解第一句；下課之後，他則身體力行著第二句，待人接物、毫無疲厭，讓弟子們親眼見到何爲眞正的「一切無非是覺性」。

《八曲仙人之歌》是道路走到盡頭時的最終契入。就像八曲在給出這一教導之前，迦納卡已經身心調伏，臣服於師父，這樣的時候開示悟入，才不至於淪落爲摻雜著思維想像的執見。本書記錄的三不叟禪師授課時間爲期二年，初期曾有弟子聽聞後理解上出現偏差，誤將此認作消極無爲之法，認爲不適合提倡推廣，恩師回答說：「人只要在河流之中，就會被河流推著走。餓了，他必然會去找吃的；渴了，就會找水喝，他不會什麼都不做。但最終，河流會匯入大海。」也有弟子深執《八曲仙人之歌》中無修無作的見地，恩師並不輕易放過，指出若執著於什麼都不做不修，說明還是有我執，只不過是懶漢找到了藉口來逃避修行的功課而已。曾有弟子聽法之後，自恃已臻究竟見地，表現出對漸次道的輕慢，恩師在課下也進行了撥正。還有弟子執著於「一切皆是覺性」，號稱一切世法皆屬平等、無需分別時，恩師也犀利地指出，於第一義不動，並不障礙「能善分別諸法相」（語出《維摩詰所說經》）。這些發生在課堂之外的事情，點點滴滴，更具慈悲深意。本書編者感到有必要在序言中加以說明，使讀者知道，領受這樣的無上教法，若沒有一位具格的師父的點撥，非常容易造成另一種思維上的偏執。

希望所有有緣讀到此書的讀者們，能感受到來自智慧源頭的關愛與溫暖，得到心性上的大休息，獲得在娑婆世界生活的大勇氣。

《八曲仙人之歌》背景介紹

《八曲仙人之歌》成書年代

對於《八曲仙人之歌》的形成時間，眾說紛紜。一些學者認爲此著作形成於《薄伽梵歌》不久之後，或者說西元前五至前四世紀之間，早於各大修行宗派以及經文成型時期（即西元前二世紀到西元一世紀）。相比於西元二世紀的《梵經》（*Brahma Sūtra*），此書在語言風格上更接近於《薄伽梵歌》以及晚期的奧義書，如《白淨識奧義書》（*Śvetāśvatara Upaniṣad*）、《禿頂奧義書》（*Muṇḍaka Upaniṣad*）和《唵聲奧義書》（*Māṇḍūkya Upaniṣad*）。

有些學者持不同意見，認爲此著作彰顯的是商羯羅的思想，應是八世紀或十四世紀商羯羅的追隨者所作。另有專家認爲此書應該在喬荼波陀（不二論吠檀多的祖師，商羯羅的師公，西元六世紀）之前，因爲其中蘊含了「不生」（ajāta）概念的雛形，這在喬荼波陀的《聖教論》中有所發展。

雖然在成書時間上有不同的意見，但諸多專家都認同，它與佛教思想高度契合，其中的一些用詞在佛教中也有出現，比如「無」（abhāva，18 章第 4、8、19 頌），「空」（śūnya，20 章第 1 頌）；一些譬喻，比如將世界與自性比喻成海浪與海，這在大乘佛教的祖師馬鳴菩薩（西元一世紀）的論著中也有出現。

少年智者八曲

《八曲仙人之歌》中並沒有透露八曲和迦納卡的身分。在印度史詩

《摩訶婆羅多》中的《森林篇》第 132-134 章描述了八曲的故事[3]。八曲的父親名迦訶多，是一位辛勤學習的婆羅門學生，母親名妙生。八曲還在母親腹中時，就在父親和其他學生們一起學習時，說道：「父親啊！你整夜學習，但好像方法不對。」迦訶多聽到這話，覺得面上無光，非常生氣，於是詛咒兒子出生時身體會有八處彎曲。等到孩子出生，果然如此，於是他就被取名爲「八曲」。妙生在還懷著八曲的時候，祈求丈夫能謀得些錢財，以度過分娩的難關。於是迦訶多就來到了國王迦納卡處乞求財物。而王宮裡給出的條件是，求取錢財可以，但必須要贏得辯論比賽。然而不幸的是，八曲的父親在辯論中輸給了當時的大學者般丁，被罰沉入水中，眾人皆認爲他已身亡。爲了防止孩子報仇，母親一直沒有告訴八曲自己父親的下落。長到十二歲後，他才得知了父親的遭遇，於是來到王宮找般丁辯論。在一番精彩的唇槍舌戰後，他擊敗了般丁，並要求將般丁也沉入水中，這時般丁才道出自己乃是海王伐樓拿的兒子，他之前把傑出的婆羅門送去海王那裡當作祭祀品，他們其實並未身亡。如今般丁被打敗，他表示將自願前往父王的水域中，換得八曲的父親回來。於是八曲之父因此得救。

這一故事中的國王迦納卡，八曲稱之爲「迦納卡族最卓越的國王」，可見是一個氏族的族名。《摩訶婆羅多》中並沒有出現八曲指點迦納卡的情節，這裡的國王也不太像是《八曲仙人之歌》中的那位成熟的弟子。《摩訶婆羅多》的這一故事，主要凸顯的是知識、智慧與年齡無關，與身體無關，正如八曲對輕視他的王宮門衛所說的：「不要輕視年輕人，一點小火苗碰上什麼，也會熊熊燃燒。」「身軀長大不能認爲就是成熟，就像木棉樹長瘤，算不上成熟。樹身矮小，但能結果，就是成熟，而不能結果就不是成熟。」

3 以下引用的故事出自《摩訶婆羅多》中譯本，譯者為黃寶生、席必莊、郭良鋆、趙國華等，中國社會科學出版社，2005 年出版。在這一譯本中，Janaka 被譯為遮那迦。

「無身之國」的賢者國王迦納卡

迦納卡作爲國王的名字，在歷史資料中留下了許多蹤跡。眾所公認的是，他是古印度吠陀時期毗提訶國（Videha）的國王。該地區也被稱爲彌（Mithilā，或譯彌絺羅），大致位於現代印度北部比哈爾邦和賈坎德邦。在吠陀時代晚期（約西元前 1100–500 年），因爲毗提訶王國的崛起，該地區成爲了印度大陸上的一個政治、文化中心。毗提訶國的國王都被稱爲 Janaka，在本書中，我們音譯爲「迦納卡」。

Videha 一詞，Vi 是「分離」、「超越」、「勝過」之意，deha 是「身體」之意，在佛教中，毗提訶被意譯爲「勝身」[4]。在印度吠檀多的傳統中，Videha 具有修行上的深意，指的是「無身」、「超越身體」，作爲該國國王的迦納卡也被認爲是證得了「無身」成就的證悟者。

毗提訶的國王遠不止一任，尼彌（Nimi）是毗提訶國的第一任國王，《薄伽梵往世書》記載了這位國王向多位聖者請教實相與幻相之理的對話，這位國王偶爾也會被後世稱之爲「迦納卡」。更爲著名的「迦納卡」是史詩《羅摩衍那》中女主角悉多的父親，現有的漢譯爲「遮那竭」。另有一位迦納卡，出現在《廣林奧義書》（*Bṛhadāraṇyaka Upaniṣa*）中，祭皮衣仙（Yājñavalkya，音譯爲「耶若婆佉」）曾向這位迦納卡國王教授虛空自性：「唯彼偉大不生之自性，無老、無死，永生、無畏之梵也。」印度民間約定俗成地認爲，《八曲仙人之歌》中的迦納卡就是《羅摩衍那》和《廣林奧義書》中的迦納卡，因爲他們都顯現出了一個熱愛智慧的賢明君主的形象。

……………

4　「四大洲中，東大洲之名。故云東毗提訶。毗者勝之義，提訶者身之義，譯曰勝身。」（《佛學大辭典》）。二十世紀曾深入印度考察的西藏大成就者及學者更敦群培在《智遊列國漫記》中曾經對此有過考證：「更令人驚奇的是勝身的對字毗提訶，位於該地東方的廣嚴城地區，迄今猶存。《律本事》一書中亦稱：『因阿闍世王之母來自廣嚴城，故得名勝身母。』這樣，找到了東勝身洲……當今勝身洲地區雖然沒有單獨的文字，但卻有一種名為彌提利的方言，而彌提利屬於勝身洲的城鎮，這在《律本事》中有明確記載，並且，有時還將其當成了勝身洲的對字。」（《更敦群培文集精要》，格桑曲批譯，中國藏學出版社，1996 年出版，p.31-32）

我們能確定的是，在毗提訶國曾經有過一位偉大的國王，他熱心求道，並且敬重、厚待學者和修行人，他的宮廷中雲集了諸位賢者聖人。他流傳下了一句話，非常著名：「我的財富無盡，而我一無所有。若彌帝拉焚毀，我無絲毫影響。」這樣一位身居王位、卻全然超脫的智者，便是《八曲仙人之歌》中得了師父指點之後，唱出了自性之樂的弟子迦納卡。

八曲仙人指點迦納卡的故事在印度廣爲流傳，但因爲印度自古不重視文字記錄的關係，在留下的古代經文、史料中未見權威記載。我們所參考的是印度近代聖者拉瑪那・馬哈希（Ramana Maharshi, 1879-1950）向弟子們所口述的版本[5]，故事中國王迦納卡懷疑經文中所說的「自性可以瞬間頓悟」——經文中說，當一人上馬，一腳踩著馬鐙、另一隻腳還未跨上馬匹之時，那樣的一個瞬間，加以反觀，就能得悟。因爲沒有學者可以向他直接證明這一點，於是迦納卡將學者們都投入了監獄。少年智者八曲恰好聽聞此事，便自告奮勇面見國王，讓他隨自己去往森林中，向他證明。當二人獨處之時，八曲命令國王以弟子敬師之禮來對待自己，並且把一切都交給上師。迦納卡出言答應，言畢，身體便凝固不動，保持著一只腳踩著馬鐙、另一只腳懸在半空的姿勢。八曲徑自離開，直到眾臣覺得有異樣尋來，以爲八曲在國王身上施了咒術，並要求八曲撤銷咒術。八曲出言呼喚迦納卡，國王立刻便能活動。八曲解釋說，最高的智慧只能教給根器成熟之人，而國王已經通過了臣服的測試。於是他向國王教授了究竟眞理。（具體故事情節請見正文第一章講解部分）而《八曲仙人之歌》，據說便是發生在這時的師徒對話。

5 下文摘譯自 *Spiritual Stories as Told by Ramana Maharshi*，Sri Ramanasramam，2001，p.3-5，略有刪節。

譯本說明

《八曲仙人之歌》流傳下來的底本爲梵文，現有多個英譯本。本書除了參照梵文底本外，還主要參考了以下幾個英譯本：

1. 史瓦米・尼提亞斯瓦茹帕南達（Swami Nityaswarupananda）的《八曲本集》的第四版（*Aṣṭāvakra Saṃhit*, 4th Edition, 1975）。這一英譯本提供了對梵文原文的逐字釋義，非常具有參考價值。其譯文大多數比較準確，但有意譯的成分。

2. 約翰・李查斯（John Richards）的《八曲仙人之歌》（*Ashtavakra Gita*），此英譯本提供了梵文原文及羅馬轉寫。英文譯文比較嚴謹，有很多偈頌直譯的程度比第 1 個英譯本更高。公共版權，網上可下載。

3. 史瓦米・善塔南達・普利（Swami Shantananda Puri）的《頓悟自性：八曲仙人之歌講記》（*Instant Self Awareness: Talks On Ashtavakra Gita*, 2004），此譯本相對比較嚴謹，直譯程度很高，在梵文很精簡的地方，其英文譯文稍有展開。

4. 印度當代思想家和學者朗達卡瑪・穆克吉（Radhakamal Mukerjee）的《自性究竟之歌》（*The song of the self supreme: the classical text of Ātmādvaita by Aṣṭāvaka Gīta*, 1982），譯本的前言是對《八曲仙人之歌》的研究論文，詳細介紹本書人物、成書年代、思想及風格，正文譯註中旁徵博引，以豐富的印度古代經典逐條釋義。

5. 史瓦米・秦瑪亞南達（Swami Chinmayananda）的《了悟自性之歌》（*Song of Self-realization*, revised edition, 2016）。譯本對原文逐字釋義，並逐條講解。

6. 阿南達・伍德（Ananda Wood）的《八曲仙人之歌》（*Ashtavakra Gita*），公共版權，網上可下載。這是參考了第 1 和第 2 英譯本的一個綜合編譯本，譯者在文字上自由發揮和擴展得較多，譯文本身參考價值不大。但此譯本提供了羅馬轉寫的逐詞英譯，方便查詢，具有一定的功能。

本書正文講解所用中文譯本(初譯本)

本書正文中三不叟禪師講解時所依據的白話中譯本，由智原主要依據第1個英譯本而譯，並參考了第4和第5個英譯本以及其他相關資料。英譯本在許多詞句上詮釋不一，特別在涉及修行、了悟自性及覺悟者證量等關鍵內容上，智原都與三不叟禪師進行逐字逐詞的商榷，由三不叟禪師確定最終文義。

另外刊行的中文譯本《八曲仙人之歌：全新梵漢對照注譯本》

鍾七條和顧象根據第1、2、3、6英譯版本及梵文原本進行了逐詞比對，在初譯本的基礎上進行了修改，完成了修訂版，但因爲篇幅較長，於是另外成冊《八曲仙人之歌：全新梵漢對照注譯本》，建議與本講記一同參照閱讀。此修訂本盡可能地保持了梵文辭彙的原意以及行文的結構，可作爲梵漢對照的文本來閱讀。同時，爲了保持原梵文的詩歌體裁及方便中文讀者讀誦，另譯了一個七言偈頌體，也收錄在其中。

第一章

了知自性的教導

第一章是關於開悟的，是指示自性最重要的篇章。對於教法而言，尤其是這種究竟了義的教法，最核心的就是指出我們的眞我。

藏傳佛教中有一種究竟了義的教法叫大圓滿，其中非常重要的一個教授叫做「椎擊三要訣」，一共有三條。第一條就是「開示本來」；第二條是「決定於一」，你明白什麼是眞我了，知道這是一切的根本，心就不再跑來跑去了；第三條就是「堅信解脫」，憑堅信而達到解脫。

所以，「開示本來」永遠都是最重要的。如果你不知道自己的本來面目，不管你學了多少，哪怕千經萬論都熟悉，還是沒用。

迦納卡說：

1.1 如何獲真知？如何得解脫？如何離執著？祜主，請告訴我。

八曲仙人是印度西元前五到前四世紀的一位大成就者，而迦納卡是當時毗提訶國（Videha，也叫做 Mithilā，彌帝拉）的國王。迦納卡向他提了三個問題：第一，如何獲得眞知；第二，怎樣解脫；第三，怎樣離開由我們習氣產生的執著。

我們之所以在輪迴中輪轉不息，根本原因是我們沒有瞭解諸法實相，被一切境界所騙，被自己的妄心所騙。所謂的無明，就是沒有眞知。所以迦納卡第一句就是問：「如何獲眞知？」因爲無明的緣故，我們妄執這個五蘊身心，即身體和虛妄的覺知，以爲這個是「我」。既然執著這個是「我」，就受困於它，所以不得解脫，在六道裡面生生死死、死死生生。死也不是眞的死，生也不是眞的生，永遠在這裡面輪轉不息，受盡一切痛苦。

「如何獲眞知？」如果不知道究竟眞理的話，你所有的認知都沒有辦法解決自己的生死問題。你可以知道很多世間的知識，比如怎樣向諸神祈禱、怎樣管理公司、怎樣獲取更高的利潤、怎樣製造精巧的器具等等，每一行都有各自的專業知識。但是當生死到來的時候，你會發現那些知識都幫不上你。哪怕你是醫生，生死到來的時候同樣會手忙腳亂，束手無策。所以，唯有眞知可以讓你坦然地面對生死。那麼怎樣獲得眞知？這是第一個問題。

第二個問題是：「如何得解脫？」眞知的作用是什麼？爲什麼我們要尋求眞知？就是因爲我們要解脫。眞知是用來解決生死問題的，不是用來解決肚子餓的，不是用來解決世間問題的。怎樣才能得到？提這個問題的人是國王，身體健康，他沒問：「怎樣可以得長壽？怎樣可以繼續做國王？……」他已經知道這些東西終歸都是要失去的，所以問：「如何得解脫？」而我們一般的人福德有限，所以希望的是怎樣換一個更大的房子，升一個更好的職位，換一個更好的工作，單身的就想怎樣找個好老公、怎樣找個好老婆……而這裡國王卻問：「如何得解脫？」

第三個問題：「如何離執著？」這具身體還存活於世的時候，我們怎樣在日常生活中隨順於道呢？因爲我們無量劫來養成了很多不好的習慣，安立了許多的規矩，一定要怎樣怎樣，不按照自己的標準來就不行。這些都是執著，要怎麼超越呢？

這三個問題，第一，瞭解什麼是道；第二，什麼是道之果；第三，怎樣行持合於道。這就是他的三個根本問題。我們今天聚到這裡，不是爲了增加知識，是爲了學習什麼是道，怎樣合於道——這才是關鍵。

「祐主，請告訴我。」迦納卡管這個曲裡拐彎、渾身八道彎的人叫「祐主」。什麼叫祐主？就是眞正的保護者。可以保護我們渡過生死，到達彼岸的，才是祐主。所以他不問將軍，不問國王——他自己已經是國王了，在領土之內沒有人高於他，但他卻管這個身體曲裡拐彎的人叫「祜主」，請求道：「祜主，請告訴我。」

所以學法要恭敬，不能說：「我命令你告訴我。」那沒有用的。

我不知道你們是否還記得這個故事的開端。因爲經典中記載，了悟自性可以瞬間完成，就像一隻腳蹬上了馬鐙，另一隻腳在跨越馬背的那瞬間，就能了悟自性。但當時國王不相信，他宣召了國內所有的婆羅門、修行人來向他證明這一點，但沒有一個人能做到。他就把他們統統驅逐出境，說這些話是騙人的。然後八曲仙人就去了，說自己可以做到。他把國王帶到森林裡，找來一匹馬，叫國王一隻腳踏在馬鐙上，另一隻腳抬起，但不准跨到馬背上。國王照做了，並要求八曲證明經文。但仙人對他說，在教導究竟眞理之前，眞正的弟子必須要臣服，把自己所有的一切都交給上師。

「那就這樣。」國王說。

「那就這樣。」八曲回答，然後消失在了森林中。

從那一刻起，迦納卡就保持一動不動，一腳踩在馬鐙上，另一腳抬起懸在半空，就像一座雕塑。過了段時間，人們發現國王沒回來，於是焦慮不安地四處尋找。他們來到了迦納卡站著的地方，發現他對眾人的到來渾然不覺，對大家焦急的呼喚置若罔聞。於是眾人認爲一定是八曲仙人對國王用了咒術，就發誓要找到他加以處置。同時大家也用轎子把國王抬回宮，以便妥善照料，但國王依然一動不動。最後眾臣只能找到八曲，懇請他移除咒術，讓國王恢復正常。八曲對眾臣的話不屑一顧，只是叫出了迦納卡的名字。國王立刻向他禮敬，回應他的呼喚。大臣們目瞪口呆。八曲建議國王重登王位，並說梵智只能教給成熟的人，而國王已經成功通過考試，現在可以向他傳授了。

到了晚上，八曲單獨和國王在一起，下面就是他對迦納卡的開示。

八曲仙人說：

1.2 哦，孩子。想要得到解脫，就要避開毒藥般的感官對境，而尋求甘露般的寬恕、直心、仁慈、知足與真理。

這裡首先說到要離開粗重的感官對境。煩惱有粗有細，粗的是由六根，眼、耳、鼻、舌、身、意，接觸外境而生起的，而且主要是指那些能夠觸發我們貪心、嗔心和愚癡的猛烈對境。如果你想去求道、想去求解脫，可是周圍的人整天讓你怒火中燒、百般困擾，你是沒有辦法閑下心來去學習和修行的。所以他說的第一點，就是要離開這種粗重的五官對境。在能力範圍之內能避就避、能走就走，因爲你現在還不是一個解脫者。大象、豹子能跳過去的地方，兔子不要跟著跳，會摔死的。所以剛開始我們還是要儘量避開這種粗重的對境。

我們世間人與修道人的不同之處在哪裡？我們貪戀感官對境，希望看到美好的東西、聽到優美愉悅的聲音，也希望穿的衣服要合身舒服……儘量都要好的。我們都在追求些什麼呢？感官的對境。當然，也有人追求鞭子什麼的……但這仍然是在追求感官的對境。

八曲仙人說，一個眞正想得到解脫的人，首先「就要避開毒藥般的感官對境」。我們覺得很美很享受的東西，其實是在把你引向生死，引向無窮無盡的輪迴。就像去釣魚，光甩一個鐵鉤子，魚是不會上鉤的，一定要放上魚餌。而把我們勾引到輪迴苦海中的魚餌是什麼？就是色、聲、香、味、觸、法，六種感官的對境。我們貪戀著它，不肯放下它，於是永遠沒有滿足之日，生生世世如此。

「尋求甘露般的寬恕。」雖然你還不瞭解什麼是道，但我們內心中有一些東西是隨順於道的。那是什麼呢？寬恕。就是說對曾經傷害過我們的人，我們寬恕他，忘掉過去一切的不如意。這是最基本的。如果你的心充滿了怨憤、嫉妒，想開悟就不太容易了——除非你遇到難得一見的老師，他有非比尋常的手段，可以在你最嗔恨、最嫉妒、最怨恨的時候直指心性。但是作爲一般求道者，我們還是先去追求寬恕吧。

然後是「直心」。直心，就是說要讓自己的心調直。什麼叫調直？不要曲裡拐彎。世間人爲了達到自己的利益，話可以反著說、拐著彎兒地說，甚至故意不說。但在求道的路上，這樣障礙到的只有自己。直心就是遠離一切虛妄分別，眞實地面對自己——懂就是懂，不懂就是不懂，自己是怎麼看、怎麼想的，就要如實地表達，不要藏匿，是怎樣就是怎樣。直心是道場。

然後是「仁慈」。如果你性情狂躁、粗暴，談修道，求解脫，這是不可能的。因爲仁慈與自性相順。你不是想尋求自性嗎？尋求仁慈吧。當你能夠將心比心，能夠寬恕，能夠直心，能夠仁慈，你才能夠隨順於道。

下一個就是「知足」。中國有句話叫做「知足者常樂」。作爲一個普通的人，你說你沒有欲望是不可能的，但不要讓它發展到太大。世間的一切，「只有更好，沒有最好」。只要你仍有欲望，就會不停地去追逐，名也好、利也好，在這個追逐過程中就忘失了自己，而且會給別人帶來無盡的痛苦。如果一個人不知足，不管他的名譽地位、物質財富到了什麼樣的程度，他心裡永遠會有痛苦。而五欲的滿足有盡頭嗎？沒有盡頭，因爲「只有更好，沒有最好」，所以知足者常樂。人們的欲望是永遠無法滿足的，不知足的話，心永遠不會停下來，不會轉向對眞理的追求。

最後一個就是尋求「眞理」，而前面這些都是追求眞理的前提：首先，如果我們尋求寬恕，就會從嗔恨中解脫；尋求直心，就會從諂曲中解脫；追求仁慈，很自然就會從冷漠中解脫；知足，就會從貪欲中解脫。而這些，最終是爲了尋求眞理，追求眞理就會從愚癡中解脫。如果不瞭解眞理，沒有正知正見，則永無解脫之日。因爲前面這些：寬恕、直心、仁慈、知足，歸納起來是什麼？歸納起來兩個字，就是「放下」。

寬恕，是放下怨恨；直心，是放下諂曲；仁慈，是放下殘暴；知足，是放下所有的欲望。你手裡抓滿了的時候，是不可能再往手裡放進任何別的東西的。所以你要追求眞理，首先就要放下世間。前面是追求放下，後面是追求眞理。因爲只有把世間這些虛幻的東西放下之後，才可以坐下來談追求眞理。不然眞理對你來講只是一堆名相、一些動聽的詞語，一些可以拿去向別人炫耀的資本，其實對你不會有任何幫助。

放下，就是前提。你要追尋眞理的話，必須有這樣的心態，否則談追求眞理還早。所以到我這裡來的人，我會看他要什麼。你是來治病的？是來求子的？是來求更好的生活的？還是求什麼其他的。只有那些都已經準備好了的人，我才會告訴他：老鼠藥最靈，天下沒有比老鼠藥更有效的藥了，一吃准死。

弟子：師父，這藥能行嗎？

師父：哎，能行！我能保證，老鼠藥吃了就完了。如果你還對世間充滿百般的不捨，過後卻來問：「你怎麼不跟我講法？」我跟你講啥呀？你本來就不是來找死的。對吧？

1.3 你不是地、水、火、風或空。要得解脫，就要知道自性見證這所有一切，它就是覺性。

如果你做到了這些前提條件，現在就開始追求眞理吧。

「你不是地、水、火、風或空。」地水火風空——五大，在印度的說法中，就是一切色法的基本元素。一切世間不外乎兩種法，就是色法和心法。「你不是色法」，也就是說你不是地、水、火、風、空這五大。地大是堅硬的阻礙之物；水大是滋潤之物；火大是指物體本身所具有的溫度；一切能動、一切運動都屬於風大；空大是作爲前面四大存在的空間。一切色法離不開這五種元素。就像我們的骨頭、筋、肉，這些都屬於地大；血液、痰，淋巴液這些屬於水大；我們人活著，有溫度就屬於火大；我們能動、有呼吸，這就屬於風大；在我們體內有許多空腔，在體外也有空間給我們活動，這就屬於空大。

總的來說就是，你不是身體。因爲大多數人最普遍的自我認同是什麼？「我是這個身體。」從你醒來的那一剎那，你就與身體認同。所以他第一句開宗明義，你不是身體。但是他不用身體這個名詞來說，他說你不是五大。

「要得解脫，就要知道自性見證著所有一切，它就是覺性。」你想得到解脫嗎？很簡單。你要知道你就是覺性本身，你是見證著地、水、火、風、空的自性。當我們談到地水火風空的時候，誰在知道這些是地水火風空？你知道，所以是你見證了這些。見證這些的覺性，才是眞正的你。能夠展現這些的、能夠見證這些的，才是你。

你在看著五大，你在談論五大，所以你不是五大。這一切都在你之中發生。其實我們的身體就是桌上那堆飯菜：吃在嘴裡叫「飯」，中間消化階段叫「你」，拉出來以後叫「屎」——啥東西？不就那玩意嘛。在子宮裡的時候，媽媽替你吃；中間階段，自己吃；最後，死屍一條。所以，眞正的你不是那堆東西。而這一切在你之內發生，你見證著一切。既然能夠知道這一切，那它是什麼？它是覺性。

「覺性」包含什麼特點？「覺」，說明有知；「性」是什麼意思？「性」是不變的意思，指永恆不變的。

所以，這不是指我們醒位的六識心。因爲雖然這個心有分別的能力，但永遠都需要有對境，「我知道什麼，我不知道什麼」，有「知」有「到(道)」。而覺性是超越這種「知-到」的。識心是變化的，你睡著了以後，識心又是另外一種狀態。而覺性呢，永不改變。不管是你醒著，你做夢了，你深睡無夢了，它永遠是這一切的底層，它恆常照耀著一切。當我們這個醒位的、做夢的心都熄滅之後，它仍然知道我們沒有做夢，也沒有醒著，所以你才會知道你昨晚睡得很好。所以要明白，自性見證著一切，它就是一切，超越醒、夢、睡。

1.4 如果不認同身體，安住在覺性中，當下你就是快樂的，平靜且遠離束縛。

什麼是解脫？當你不與身體認同的時候。其實每天早上一醒來，我們的第一念就是：「我醒了」。誰醒了？你認為你醒了，可你馬上感覺到的是身體、是床……你已經與這個身體認同了。

一次，弟子問禪師[6]：「如果把一隻鵝從小養在一個瓶子裡，鵝還小的時候可以從瓶口把牠放進去。到牠長大了，身體已經跟那個瓶子差不多大了，這時我們怎樣讓鵝出來，而又不打壞那個瓶子呢？」禪師就叫了一聲弟子的名字，弟子答：「在。」禪師說：「你看，出來了吧？」

我們的身體跟那個瓶子是一樣的道理。你不要把那個瓶子認為是你，就好了。你的覺性永遠不會受困於這個身體。身體壞了我們可以換一個，其實在輪迴中生生世世，我們不停在更換這個外殼。但我們不知道眞正的我，總把這個身體認為是我。

所以解脫不是一件很難的事情，當你不與身體認同的時候，當下你就是快樂的。可是當與身體認同的時候，你就很難快樂了。「我這裡不舒服了，那裡有毛病了。」其實你沒有病，有病的是你的身體。可我們很自然就認同「我有病，我不舒服」，對吧？所以，「如果不認同身體，安住在覺性中，當下你就是快樂的。」但是有人說：「我感覺不到快樂啊！我只是沒感覺。」要知道，我們平時認為的快樂，也就是由身心所起的感受，這是一種假象，其本質是輕微的痛苦，可我們覺得那個是快樂。然而，如果它是眞正的快樂，就應該可以一直持續下去。可是身體上的任何覺受，只要加以重複，就會發現痛苦來了。只有超越所有感覺的時候，那才是眞正的快樂。其他任何能夠被你覺知到的東西，你認為是好的，只要用足夠長的時間、足夠大的強度去延長增加它，你馬上會發現苦得不得了，你受不了。

《觀佛三昧海經》卷七裡有一個故事，有一個賣淫女貪圖性愛，佛陀

6　宣州刺史陸亙大夫問南泉：「古人瓶中養一鵝，鵝漸長大，出瓶不得。如今不得毀瓶，不得損鵝，和尚作麼生出得？」泉召大夫，陸應諾。泉曰：「出也。」陸從此開解，即禮謝。（《景德傳燈錄》卷十）

爲了度她，化身三童子去跟她蹭。結果幹到第四天時，痛到不行：「至四日時，如被車轢；至五日時，如鐵丸入體；至六日時，支節悉痛，如箭入心。」魚水之歡人們都很喜歡，長期試試受得了受不了？這是所謂的人間最大的快樂，還有什麼比它更快樂？所以，任何我們現在認爲的快樂，實際上只是比苦中之苦稍微好一點的刺激，其實是一種輕微的苦。就像辣椒吃起來，「哎呀！很過癮！」辣椒不是五味，味蕾其實沒有嚐辣的功能。辣實際上是一種痛，一種刺激，實際上是產生痛感。鹹、甜、酸，只有舌頭的某一部分能夠感覺到，而吃辣椒是整個口腔都感覺到，甚至連大便的時候還有感覺。俗話說：「蔥辣鼻子，蒜辣心，唯有辣椒辣得深，辣了前門辣後門。」因爲辣椒素可以產生痛覺，口腔黏膜在輕微的痛覺刺激下就覺得，「哎呀！好過癮！」爲什麼？你得趕緊吃下一口，否則就會覺得難過，這就是辣椒可以增加飯量的原因。

你眞正明白的話，世間所謂的快樂沒有一樣是眞實的。只有當你回到覺性本身，那個才眞的是快樂。這就像你不管得了多麼痛苦的疾病，在深睡無夢的時候，你解脫了，不會感覺到苦。醒來，又開始有感覺，痛苦就襲來了。哪怕你缺胳膊少腿、差點死掉，可是一睡著，什麼都忘了。所以醫院對那些非常嚴重的病人，就給他安眠藥讓他休息，否則的話太痛苦了，眞的會要命的。讓你進入睡眠狀態，你就會遠離這些痛苦。

修道人不用整天睡覺啊，只要認同覺性是自己，而不再與這個身體認同，就解脫了。所以，眞正的快樂是沒有辦法被我們的感官所感覺到的。感官所感覺到的，只是不同程度的痛苦。

弟子：有時候，您把「回到本性」描述成無聊？

師父：對。因爲我們的習氣是要感知外界，而覺性本身不投射任何感知。所以對習氣深重的人來說，就會覺得無聊。比如買票看電影，你進到電影院後，如果面前出現的只是一塊亮著的銀幕，你坐在那兒兩小時，怎麼樣？無聊。但眞的會這樣。

安住覺性，對我們不瞭解一切展現無非是痛苦的人來說，就會覺得

是天神，是鬼怪。所以佛有鬍子嗎？佛是女的嗎？觀音菩薩是男的？還是女的？

「眞我在內嗎？」如果眞我在內，你怎麼看得見外境？「那眞我在外嗎？」眞我在外的話，那個假我又怎麼會活著？眞我遍一切處，無所不在。整個宇宙都是眞我的投影。你就是上帝，沒有你就沒有整個宇宙存在。有人說：「可我死了後，還有別人能繼續感受到這個世界。」你放心，他感覺到的是他的世界，不是你的世界。他跟你都是同一個眞我，但投射出來不同的假我而已。所以對於你來講，你寂滅了；但他的假我還沒寂滅，對他來講，他的世界就是存在的。只是他的世界與你感知到的世界，也就是每個假我所感知到的世界，是不同的。

「是萬事萬物的見證者。」沒有你，你怎麼知道宇宙的浩瀚？沒有你，你怎麼知道物質的微細？所以一切的一切，只有在被你知道的時候，所謂的存在才能夠得以展現。沒有你就沒有一切。因爲萬事萬物，一切存在，包括一切色法、一切心法都在它之內發生。所以它見證著這一切。我們說「我的心現在很狂野」、「我的心現在很安定」，那又如何？都在眞我之內。所以它見證著我們的憤怒，見證著我們的貪婪，也見證著我們的仁慈，見證著我們的寧靜。明白的話，你就是上帝。有人說：「上帝是人類創造出來的。」不是的，眞我自然就展現出全部的一切。「上帝」這個名詞可以說是人類創造的，但實際上，眞我就是上帝，就是整個存在。

「開開心心吧。」爲什麼說開開心心？放下吧，放下就開心了。我們過去總以這個肉身、這個小我爲「我」，所以會有不圓滿的感覺，總覺得自己還缺這個、缺那個。「我的收入不夠多，我住的房子不夠大……」總之，我、我、我……都是以這個小我來設定的。既然你與身體認同，那就沒有圓滿這回事，就會產生貪心，總希望能夠多拿點。可當你瞭解，這些只是眞我裡的一點幻現，而眞我才是眞正的自己，還有什麼不圓滿嗎？還需要再去獲取什麼嗎？我們不需要再獲取任何東西了。

連很努力地求道，都沒辦法令你開心。求道之人比我們還苦呢，你知道嗎？你到那些禪堂去看看，不倒單（沒日沒夜盤坐修行）幾十年，為什麼？想得到境界，想有一天能飛天遁地、穿牆過壁，對不對？這疙瘩肉[7]還想修成什麼？金剛不壞？所以，世間人有世間人的苦惱，修道人有修道人的苦惱。只要你還想有所改善，有所進步，就會有苦惱。明白這個道理，你就不再折騰了。眞正的修道人無求無欲，因為知道眞正的自己已經無限圓滿，不欠缺任何東西。

所以，八曲告訴你，開開心心吧。道不是你修的，別 zuo[8] 了。信不過？一般人都信不過「道不屬修」，總要捏個感受出來。有人說：「搧我一巴掌，我都不動心。」那還不如擺塊石頭放在這裡，怎麼搧，它都不會動，是不是？現在有很多人用這種方式來考驗你修得怎麼樣，苦啊！所以，「開開心心」這句話，既是叮囑，又是告訴你，眞正的你遠離一切造作，認得眞正的你就好了，別沒事找事。別在世間折騰，別在出世間折騰。其實怎麼折騰，都跟你沒關係。

1.6 善與惡，樂與苦，都與心有關，與你無關。哦，遍在者，你不是做者，也不是受果者。你的確從來都是解脫的。

「善與惡，樂與苦，都與心有關。」我們說的善良、邪惡、快樂和痛苦，其實都是對我們心的區分。今天早上，有個小朋友跟我聊天，他說同學和他討論，什麼是「無條件的愛」（unconditional love）。其實世間人能夠感受到的愛，有哪一個不是我們心的覺受呢？所以我告訴他，這種「無條件的愛」，就是同體大悲、無緣大慈，其實也很簡單。當你

7　全文常出現「疙瘩」，指塊狀物。疙瘩肉，即一塊肉、一團肉，比喻身體。

8　寫為「作」，但念為第一聲平聲。是中國某些地方上的俗語，指「矯揉造作」、「無理取鬧」、「沒事找事」，並由此衍生了一些流行用語，比如 no zuo no die，意思是不找死就不會死。

不與這個五蘊身心認同，只是道的管道、只是道的展現的時候，一切無非是同體大悲、無緣大慈。我們現在通常是在身心上論慈悲、論愛，都是在關注身體的言行。其實眞正的慈悲和愛，是我們的一種內證，超越了你的感覺。你說，「我感覺心裡充滿了愛」，見你的鬼吧！那不過是一種感覺罷了，跟眞正的同體大悲一點關係沒有。你允許雞腳短、鶴腿長，這已經是同體大悲了。不然，難道要把鶴腿鋸短一截嗎？對不對？所以讓諸法按其本來的樣子去展現，就是同體大悲了，你還要怎樣？

其實我們都在欺騙自己，以自我爲中心，心裡面制定了一套在自己的利益範圍內所謂的善、惡、苦、樂。其實，對你來說是善的，可能對別人來說就是惡的，就看你屁股坐在哪邊而已，對不對？很明顯啊，你要維護自己的利益，不就只能傷害別人的利益嗎？所以不用去消除世界上的戰爭、紛亂，只要你不再認同於五蘊身心，就已經是對世界和平作出最大的貢獻了。眞的，眞的是這樣。

我們說的善惡、快樂和痛苦，是安立在小我的認知上的。沒有絕對的善，沒有絕對的惡，一切無非是道的展現。只有當你與身體認同的時候，才會產生善和惡的概念。什麼是善的？現在或將來能引發快樂的，我們認爲這個就是善的；什麼是惡的？現在或將來能夠產生痛苦、苦果的，就說這是惡的。然而，每一個假我的立場不同，所以對某一個小我的善，可能就是對另一個小我的惡，既然牽扯到利害衝突，有得必有失，就看傷害的是誰了，對吧？所以沒有絕對的善，沒有絕對的惡，都取決於我們的分別心，在於我們怎麼看問題、怎麼取捨。同樣的，快樂與痛苦也是這樣。剛才已經講過，眞正的樂，超越一切覺受，而在感官之內的快樂，一定是建立在小我的認知上。所以，樂和苦都沒有眞正的實質。本質都是苦的，只是程度不同，強度不同。

這些都與心有關。心是什麼？就是有能所對立的妄知妄覺，這是一切分別的根源。所謂善惡、苦樂，都與心有關，而與你，即眞正的眞我，是沒有關係的。因爲那些都是眞我投射出來的影像。就像銀幕上的電影故事情節，與銀幕沒有任何關聯。如果有關聯的話，上演火災的畫面，銀幕就應該著火；上演洪水的畫面，銀幕就應該被打濕。既然銀幕沒有被燒焦也沒有被浸濕，說明影像與銀幕沒有任何關係。不會演著演著，片子裡的鬼就從銀幕裡鑽出來了……

弟子：貞子。

師父：那只能是故事。你是覺性，你是那塊銀幕。所以不要把這個妄心認爲是我。我們現在都把這個身體，把這個識心當作我，從這出發，「我要怎麼樣，我要怎麼樣」，就天下大亂了。所以，「善與惡，樂與苦，都與心有關，與你無關」。你想要世界和平嗎？就認得眞我吧。

「哦，遍在者，你不是做者。」眞我是不會說自己要造作什麼的。造作任何東西的，都是假我。眞我永遠只是一個旁觀者，只是展現一切的基礎，其本身沒有任何意願，要造作什麼、不造作什麼。因爲只要是被造作的，就永遠不圓滿，是局部的。

「也不是受果者。」所以對於眞我來講，既不造因，也不受報。只有對假我而言，造作了因，就要受果。但如果你不以假我爲我，只認同於眞我的話，那你就超越了一切的因果。對於我們每個人的眞我來說，眞我從來不是做者。所以我才告訴大家，你所有的努力，其實都是自我、小我在搞鬼。

一切因果對你來講都不成立。如果眞我還在因果之內，那就不必談解脫了。因爲你的存在本身就是因果的話，你怎麼可能從因果中解脫？除非你本身就超越因果。所以，因果的教授，是針對那些還對這個小我耿耿於懷、不肯放下這個小我的人的方便說。如果你眞的要解脫，也不要跟因果過不去啊，不要再認這個小我爲「我」，就好了。

「你的確從來都是解脫的。」如果認同於五蘊身心，認同於流轉，認同於因果，你還想解脫？想不受果報？不行。你只能夠儘量地造善因得善果，但是得不到解脫。只有認同眞我的時候才行。因爲解脫是本然的，獲得解脫不需要去創造任何的新事物。這就是爲什麼對於認同眞我的人來說，「道不屬修，修成必壞」。如果你認同假我，那你就努力吧。儘量去造善，布施、忍辱、持戒、精進、修禪定，因爲這一切都只發生在假我之上。所以選哪一條路，自己做主。因爲善惡都發生在心上，發生在假我之上。你要當下的解脫，還是要努力地造作？都可以。不過我還是希望你們認同於眞我，可以少走很多冤枉路，少吃很多苦。

眞我從來都是解脫的。如果你不認識這個解脫，想在輪迴中另外找一個解脫，永遠不會得逞的。眞的。就像拿一把沙子，想煮成米飯，你放心吧，不論你是用高壓鍋，還是用什麼其他鍋，哪怕用煉鋼爐，也沒法把沙子煉成飯。嫌溫度不夠高嗎？試試吧，不行的。

1.7 你是萬事萬物的唯一觀者，確實從來都是解脫的。唯一的束縛就是你自認不是觀者，而是別的。

「你是萬事萬物的唯一觀者。」你是見證者，你是旁觀者。我們常說：「老僧只管看，老僧只管看。」你認得老僧嗎？你認得的話，他永遠只是一個旁觀者。如果仍以假我爲我，還說：「我啥也不幹，我賴在這兒。」這哪叫什麼「老僧」只管看？只能說明你懶惰而已。

整個世界、宇宙很大吧？它們都發生在你之內，你是唯一的見證者。什麼是上帝？你就是上帝，眞我就是上帝。眞我的人格顯現，帶著無明的人格顯現，就是上帝。如果你超越了無明，就比上帝還厲害了，你是上帝他爸爸。

所以，「確實從來都是解脫的。」只是現在把夢中的這一疙瘩肉當眞了，你想拚命地讓這疙瘩肉得到解脫。怎麼解脫？這個妄心怎麼解脫？很簡單啦，睡覺去吧！你忘了，就解脫了。一點兒都不難，不然你還要怎麼辦呢？

我們很自然就與這個身心認同，但是你說要沒有身心，好像做不到……我也做不到，不知道你們做不做得到？唯一的方法是不要認同，就像在夢裡頭，你唯一的辦法就是醒過來。不然的話，夢裡的那個「你」

就是眞眞實實的，你是掙脫不了那個「你」的，對不對？就像夢裡吃雞蛋，吃的時候很美味，在那個狀態下，你是不想醒來的，醒了後就吃不到第二口了。所以，要想超越它、擺脫它，就醒過來吧，醒過來就知道那是假的了。如果在夢中，你知道那是夢，夢就做不下去了。對不對？眞我在一切的展現之外。如果明白了「老僧只管看」，就知道「老僧」從來就沒入過生死。解脫什麼？永遠都是解脫的。

「唯一的束縛就是你自認不是觀者，而是別的。」什麼叫別的？「我是身體，我是心，我是清淨的心，我是寂靜的心。」所以我一直不太願意教禪定，實際上禪定只發生在假我之內。你若把假我當作道，這時你會生起一個「我不能昏沉，我不能散亂」的想法。我的天哪！要維持這個假我一直醒著，一直去維持這麼一個能觀的，這是非常痛苦的。所以學了眞我的教授，就沒辦法學其他的方便了。

如果你不承認你是整個存在的見證者、觀察者，而認爲你是做者、是受者、是阿貓阿狗……那就不要怨輪迴啦，那是自找的啊，就這麼簡單。所以什麼叫「老僧只管看」？我是一切的見證者。並不是說，我現在眼睛看到了這一切哦。我是整個存在的見證者，包括「不存在」也是我在見證著，不然我怎麼知道存在不存在？這個時候你就知道什麼是你了。

1.8 已經被「我是做者」的自我大黑蛇咬了，那就喝下「我不是做者」的信心甘露，開開心心。

對於那些以爲一切事情都是憑自己的努力得以成就的人來說，就已經深深地中了假我的毒了，怎麼對治？怎麼從中得到解脫？就是不斷地提醒自己：「我不是做者」。這樣你就可以開開心心了。這跟我們社會上的教育是完全相反的。一般都提倡，「做人要努力，付出的越多，得到的越多」，「你要努力，你要向前，你要負責任」，最好晚上不要睡覺，打醒十二分精神。所以你看很多大學教授，年紀輕輕就掛了，努力到最終垮掉。而且說實話，當你眞正明白世界如何運轉的時候，當然你還是會去做，但是不會拚命了。實際上事情的成敗並不是努力就能得到的。你以爲努力了就一定能成功嗎？多少人很努力地過了一生，結果也並不快樂。其實他不努力，那個成功也在那兒了，只是看以哪種方式實現而已。就像新澤西有個寡婦，連續三年中了三次六合彩。她努力嗎？完全不需要努力，天上掉餡餅。中國不是有個皇帝嘛，正因爲他無能才當上了皇帝。兩派相爭，誰都沒辦法眞正成爲皇帝，最後只好拉個替死鬼，就讓他來當皇帝。雖然這是特例，但說實話，還是相信吧。努力做好自己，但不要太辛苦了。你一個人，一輩子吃多少、喝多少，基本上是定數。吃完了、喝完了，就該走了。

如果我們已經中了毒，已經生起了無明，已經把這個五蘊身心當「我」了，怎麼辦？誰來救我？誰也救不了你。怎麼辦？我告訴你們一個絕招，繼續玩下去還不造業的方法。相信：「我是管道。」（眾笑）一切是它在做，是它做的。既然在夢裡，又不得不玩下去，那就說：「我是管道，不是我幹的。」聰明啊！

「已經被『我是做者』的大黑蛇咬了，那就喝下『我不是做者』的信心甘露。開開心心。」解藥就是要不斷地提醒自己，我不是做者。相信你只是管道而已，只要信就好了，信者得解脫。你看，它的結果就是開開心心，這樣你們就可以很快樂地繼續過下去了。開開心心就對了，不然學道學得一天到晚苦兮兮的，誰還學啊？！

1.9「我是獨一純淨覺性。」以此堅信之火，燒毀無明森林。遠離悲傷，開開心心。

「我是獨一純淨覺性。」相信眞我只是獨一，不依賴任何事物。純淨者，無染無雜，不受任何染汙。我就是純淨覺性本身，除此之外沒有別的。

「以此堅信之火，燒毀無明森林。」無明非常稠密，不管人生的路上往哪個方向轉，都會遇到無明，把這個身心當我。從早上醒來到晚上睡去之間，甚至在夢裡，都會執著一個假我。所以提醒自己，「我是獨一純淨覺性」，要生起堅定的信念。這是對法的一種虔敬。虔誠的信念，堅定的信念。

《金剛經》裡也說：「若復有人，得聞是經，信心清淨，則生實相。」實際上，如果沒有信心——在思維的時候就算相信了，但由於沒有堅信，很快疑惑就會生起。這樣是很難解脫的。如果你有一定的修行經驗，就知道修行不是靠思維心的，你再在理論上說服自己，遇事還是不行。實際上這是一種情感裡面的東西，一種內化了的情感，一種堅信：「哪怕天王老子來到面前，我也知道，你是眞我的一個幻現。」你能做到這樣，諸佛現前你都不會動搖了，堅信就生起來了，就瞭解什麼是諸法實相了。

所以諸法實相是不能夠被看見的，只能夠被信。而且是非常情緒化地去信，不是理論上的邏輯。現在爲什麼很多人修行到最後，一生努力最終卻不得解脫？就是因爲他們太跟情緒過不去了。他們認爲情緒的東西是不對的，得用理論分析才行。你要知道，理論分析的東西，稍微上點年紀就忘了，你會忘記的，會老年癡呆的。就算不老年癡呆，心智很清楚，你還是會死的，都要死了總不可能還記得什麼邏輯吧！我沒見過哪個人臨死了還能辯論的——那他還怎麼死啊？

實際上當你們眞的去身體力行的時候，會發現，解決問題靠的是內化的、情緒化的力量，一定是帶有豐富的感情在裡頭的，而不是理論。所以有時候，念佛的老婆婆解脫得甚至比出家僧人還好。爲什麼？就一句話，她相信了觀音菩薩，她相信了阿彌陀佛，全然地就把自己的生命交付給他。忘掉一部經書容易，還是忘掉一句佛號容易？到最後，可能所有讀過的經典都忘了，而那句佛號如果念了一輩子，張開嘴就出來了，很自然的。這就是爲什麼，反而一些沒有文化的老太婆、老公公們死得更瀟灑。因爲他們每天念嘛，基本上已經內化了。我不是說現在那些糊裡糊塗提著念珠跟人家一邊聊天一邊撥珠子的人，我是說那些眞的很用功的。

臺灣一位法師在講經時講到，有位老婆婆念佛念得很相應，然後去對某位法師說：「我可以隨時見到觀音菩薩，如果你有什麼不懂的，你告訴我，我可以替你問。」啊！老婆婆完全說者無心，那個法師聽了好內傷啊，哈哈！他覺得：「這是什麼話？！我理論都學得這麼透了，還有什麼疑問？」那可不一定哦，老婆婆就是比他修得好。就像有位西藏的修行人，是個瞎子，只會一句蓮師心咒。他不知道念了多少億遍了，可以隨時見到蓮師，他是個瞎子哦！但什麼時候要發生什麼事，他都知道。他常去附近的一座寺廟，寺院的方丈是位活佛，一直在生活上接濟這位修行人。修行人說：「嗯，這個方丈還不行，這輩子還解脫不了。」他隨時可以見到蓮師，就對方丈說：「你有什麼問題？來吧，我來告訴你。」你問他理論吧，理論都不會。一輩子就那一句咒子，還不只是嘴念，是這輩子全副身心希望著：「我死了要到銅色吉祥山去，要到蓮師淨土去。」

當你眞正修行，用情緒內化之後，說實話，你的解脫還更靠譜一點——我這麼說是在假我的層面。對於眞我來說，當你對眞我有了這樣的信心，有這樣內化了的情緒的時候，解脫是本然的，而且是永恆的。

「以此堅信之火。」有的人說：「我要一直觀照它，一直看著它，直到解脫。」不。不要忘了，連「椎擊三要訣」第三條也是「堅信解脫」，因爲你是沒有辦法以我們的覺知去觀察覺性的，你只能堅信你就是那個純淨的覺。你說：「修了禪定，我可以看到我了。」你見了鬼了！除了靠相信，是沒有別的辦法的。

因爲我們受無明障蔽的時刻太多了，時時刻刻就成了做者和受者。「我」感受到了什麼，「我」在怎麼怎麼樣，「我」要如何如何……如果仔細把你每天說過的話，把說的「我」字湊起來加到一塊兒，會嚇死你。我們總是這樣認爲，總是這樣習慣。哪怕你不說那個「我」字，其實那個「我」都在話裡頭了。我們把假我當我，所以你只能夠堅信「覺性，覺性」，以此燒掉茂密的無明森林。

所以，人家問你怎麼樣得解脫？堅信你自己就是獨一純淨的覺性。堅信你是不可被達到的，不要自己以爲怎麼樣「我就見到我了」。不要相信任何所謂禪師拿出來的境界，都是騙你的。他能拿得出來的都不是他，對不對？「我一入定多少天」，「我看到光明遍照，晚上不用燈，房子裡的東西都看清楚啦」，見鬼吧！因爲眞正的眞理，只能被堅信。當你明白這個道理以後，你堅信這個道理，這個堅信就可以使你最終得到解脫。

有人說「我一直看著它」──你怎麼看著它？你看不見的。

信心非常重要。

所以到最後，「要遠離悲傷，開開心心。」

1.10 你就是那個覺性，是究竟妙樂，這個宇宙於你顯現，如同蛇於繩上幻顯。快樂地活著。

「你就是那個覺性，是究竟妙樂。」眞我就是那個覺性，不是別的，而且是究竟的妙樂。現在有人很喜歡說「大樂，大樂」，「我們去雙修吧」，見你的鬼吧！什麼叫大樂，什麼叫妙樂？就是你啦！離開了你沒別的了。「哎喲！我感受到冷啦！哎喲！我熱啊！」有啥大不了的？眞正的妙樂就是覺性本身，是遠離一切覺受的。在覺受之內的都不是眞正的妙樂，爲什麼？覺受之內都是有生有滅的，只是痛苦的多少而已，這是大實話。

有些人跑去學雙修，被人騙財騙色，還以爲在追求大樂，眞的很慘。眞正的妙樂遠離一切虛妄分別，是覺性本身，是不在你五官覺受之內的，是不依托於任何東西的。如果是借助任何助緣而生起的所謂的「樂」，那都是假的，都是生滅法，都是緣起法。有生就有滅，從來沒有一個因緣法說「我只生不滅」，沒那回事！都逃不出行苦。苦有三種：苦苦、行苦、壞苦。行苦是變化；壞苦就是臨終，你都逃不了的；苦苦就是我們當下的痛苦。

「這個宇宙於你顯現。」一切，西方極樂世界也好、東方藥師琉璃光如來的淨土也好、銅色吉祥山也好、五臺山也好，哪一個不是在你之中展現的？沒有你，哪有這些呢？沒有你，就沒有十方諸佛，懂嗎？不是離開眞我別有十方諸佛。我們現在都是以身心爲「我」，當然這個「我」與十方諸佛就是割裂的，就是分離的，就是有來去的，就是你求來的。但如果你認同於眞我，你求誰啊？沒有什麼好求的。你本來就是圓滿的，一切諸佛就在你之中，一切地獄也在你之中。天堂、地獄都不離於當下，你明白的話，你本來圓滿。你就沒有欣慕，沒有厭倦，都超越了。

「如同蛇於繩上幻顯。」你要知道一切展現都是虛妄不實的。我們把顯現看做眞實，就像把一條繩子看作毒蛇一樣那麼可笑。路上扔著一條五顏六色的髒繩子，如果不小心遠遠地看到，覺得：「哇，那有一條蛇。」走近了一看，蛇沒有了。其實從來就沒有那條蛇，那不過是個幻相，是你在心中生起的蛇的幻相。

「快樂地活著。」當你明白了這些以後，就是開開心心、快樂地活著。因爲既然已經有了這個身體，你總不能把這個身體扔了吧？學道，剩下的這段日子，你就可以快快樂樂地活著，不是沒事找事再去折磨它。不然的話，我學道幹啥？反正眞我也從來沒受染過，對吧？如果你不求道、不學佛，你的一生恐怕就充滿了努力、奮鬥、戰鬥、痛苦、傷害、屈辱……等等這些。你想避開這些嗎？學道吧！就這麼簡單。

這裡每一頌的最後，要麼是「開開心心」，要麼就是「快樂地活著」。我們求道，學習這些，如果眞正明白了，人生就改變了。我們過去以小我爲「我」，拚命地去累積福德，拚命地去算計這個、算計那個，其實人算不如天算。當你眞正明白什麼是道，就好好地活著吧，自然一切都會展現的。確實如此。道人是無事人，但也不是死人，還是要吃喝拉撒睡的。只是沒有負擔了，輕裝上路，不用背著個包袱一直走。就是這樣，快樂地生活吧！

1.11 認為自己是解脫的，那就是解脫的；認為自己被束縛，那就是被束縛的。人們說：「心想事成。」確實如此。

這一頌的這句話，很重要。有些人，你跟他講了半天，他說：「師父，我還是覺得我沒解脫。」那你就沒解脫吧。因爲我再繼續跟你講「眞正的你從來就是解脫的」，你不承認，能怎麼辦？你還是要以身體爲我：「我還沒證到（實相）。」好吧，那你就沒證到吧！因爲我說：「你證到了。」你不信，對不對？你明白了就證到了，還要證什麼呢？

「心想事成」嘛。你整天擔心，「哎呀，他們會怎麼怎麼樣啦！」「哎呀，他一定會遇到什麼什麼麻煩啦！」，那叫什麼？那叫詛咒。你對自己親人的擔心，實際上是一種詛咒。因爲每個念頭都是有力量的，每句話都是有力量的，只是力量大小的不同而已。所以不要詛咒自己的親人，不要沒事就往壞處想，那是很痛苦的。

我告訴你們練氣功的最深奧的口訣，就是「心想事成」。有人練氣功遙感，他認爲他的手隔著老遠能摸到牆，天天這麼練，不久，他的手眞的可以摸到那兒，感覺眞的碰到牆了。你若想看某人得了什麼病，沒X光片，但你認爲在虛空中能顯現他的情況，就顯現了。這是眞人眞事，有人能做到這些，和看X光片一樣。所以說，妄心的力量是超級強大的，要看你怎麼用它。你相信它是這樣的，就是這樣的；你相信它是那樣的，它就是那樣的。

「心想事成。」你認爲自己是不解脫的，那就不解脫吧，我也攔不住你。但若是相信你是解脫的，就自然不會被身體騙，不會被這些覺受騙。覺受會有，就像吃了飯，肚子會漲、會要拉屎一樣。但是不要被它騙，因爲你不是它，它只發生在你之內。而這一切覺受是在因果中的，是在緣起中的。佛法之可貴在於說了二諦，勝義諦和世俗諦：前者是告訴你，你的本性，告訴你眞如，告訴你什麼是眞理；同時，告訴你緣起之法，也就是這個夢境之中的規律。

1.12 自性是見證者，遍在、圓滿、獨一、自由、覺知、無作為、獨立無侶、無欲、寂靜。由於幻相，看起來像是陷在輪迴中。

「自性是見證者。」自性是見證一切的本體。它展現一切，見證一切。

「遍在。」自性是遍在的，不局限於這個色殼子內。你說：「哎，我怎麼不知道？」因爲你現在以這個身體爲「我」，以這個六識心爲「我」，所以當然就只知道現在身心這疙瘩啦。而且我們的妄心一定與這個身體相應，而眞我是遍在的，確實與整個宇宙在一起共舞，遍法界都在。

「圓滿。」因爲一切的展現都在它之上，它不缺任何東西，無欠無餘。你不能夠、不可能因爲你的修道增加覺性；你也不可能因爲造惡而減損你的覺性。所以它本身就是圓滿的。

它是沒有對立、沒有割裂的，所以是「獨一」。

而且「自由」。沒有人能夠限制眞我，你可以限制假我，可以把假我關起來，可以用手銬、腳鐐把假我束縛起來，用繩子把它捆起來。但是眞我捆得了嗎？你可以束縛它嗎？

假我的習氣會去執著於某一樣東西，如執著於自己認爲的對錯、自己的喜好、自己的煩惱……我們總有所住，我們的心會著在上面，放不開。但是眞我不會住著於任何東西。正因爲它是解脫的，無著的。只要我們心有所住，貪戀在某一樣事上、某一種覺受上、某一種得失上、某一個人的身上、某一件事上，我們就是不自由的。而眞我不會有任何這種缺陷，所以是圓滿、獨一、自由的。

它是「覺知」。但是你要知道，眞我的這個覺知與我們現在的這個覺知是不同的。我們現在醒位的覺知，其實只是覺性的一個小小的幻相。我們現在的覺知，到睡著的時候就沒有了；做夢的時候又會生起另外一個覺知；而夢中的覺知呢，在你不做夢的時候又沒有了。在你深睡無夢的時候，醒位的覺知、夢位的覺知，都沒有了。那不就沒有覺知了嗎？可是第二天你卻知道你曾經有一段時間睡得很好，連夢都沒有做。爲什麼？因爲有一個遍在的覺知始終在看著。這個覺知是不受控制的，那個就是眞我的覺知，老僧只管看的「看」，是那個。所以它是覺知。

「無作爲。」眞我不造作。假我才會多事，眞我從來不多事。它是無爲的。它沒有自己的好惡判斷，更不會去插手，要改變什麼。對它來說，一切的發生都是圓滿的。

「獨立無侶」，是指它不依賴任何因緣而有，不論展現之有無，眞我依然在那裡。我們的假我是要有所依賴的，是因緣所起之法。

「無欲。」它不刻意去成就什麼，或毀滅什麼，這就是眞我與造物主的不同之處。它沒有所謂的自由意志。我們世間人總有各自的欲求，所以有痛苦。因爲假我永遠是不圓滿的，所以世間人總想以權位、財富、名譽、享受來圓滿這個「我」，所以它是有欲望的。而眞我呢，是一切展現的觀察者。一切都是它的展現，所以它沒有欲求，沒有不圓滿，沒有欲望，沒有目標，因爲它不缺什麼，不需要達成什麼。只有小我才有目標，才有缺陷，才有需要被擴展、被圓滿，所以世間人有世間的追求，而出世間人有出世間的追求，追求五眼六通，追求涅槃，追求佛果。

「寂靜。」眞我是寂滅的，從不會亂動，不會晃來晃去。因爲它是圓滿的，不可能被動搖，不可能有躁動。躁動永遠都發生在故事裡面，而故事的背景不可能有躁動。就像電影的銀幕不會有任何的反應，不會有任何的動作。所有的躁動、動作都發生於投射其上的影像中。

眞正到無欲無求，你就知道什麼叫寂靜了。我們的心爲什麼靜不下來？我們有太多的欲望，太多的不滿足，太多的好奇心。好奇害死貓啊！當你遠離了欲求的時候，你的心自然就寧靜了。所以寧靜不是刻意修出來的，是因爲無欲無求了，無欲則剛。

「由於幻相，看起來像是陷在輪迴中。」由於在它上面有種種幻相的展現，有我、有你、有他、有種種幻相，於是我們說：「你看，眞我落在世間了。」其實眞我不會落在世間。銀幕永遠不會落在影像之中，它不依賴在影像之上。可是如果沒有銀幕的話，就不會有影像。眞我如果可以落在世間，就不是眞我了。解脫永遠不會落在束縛之中，因爲只有落入束縛之中，才會有「重新解脫」這回事。除非是法爾如是的，是本來就解脫的，不然那就不是眞的解脫。既然是被造作出來的，談什麼解脫呢？造作的因緣壞了的時候，造作出來的解脫也就沒有了。

由於無明的幻相，由於我們執著這個肉身，執著這個妄心，所以我們覺得好像自己是不解脫的，我們陷在輪迴之中、需要被拯救……不，你不是這樣的，你是本來解脫的。你是純然的覺性。你們每一個人，其實都是佛。沒有高低，沒有對錯。不要被假象騙。

1.13 放下與外在及內在的認同，放下「我是折射的自性」的幻覺。堅定認同不動、覺知、不二的真我。

什麼叫「放下與外在的認同」？就是說，我們與自己肉身的認同，我們以爲「我是肉身」，放下這個認同。什麼叫「放下內在的認同」？就是說，我開心、我不開心；我很喜歡這個、我不喜歡那個；我現在充滿了怨恨、我現在充滿了嫉妒……與各式各樣的情緒認同，與各式各樣的煩惱認同，與各式各樣的所謂的快樂認同，這些都屬於內在的認同。所以，要「放下與外在及內在的認同」。這些都是生滅的，而且是虛幻的，沒有實質。不要認同虛妄的身心。如果你認同，你就在生死中沉浮，不得解脫。因爲它是變化的，你與變化的東西相認同，是沒有辦法得到解脫的。就像我們不瞭解什麼是煮飯的因，以爲只要有鍋、有水、有火、有時間就可以，我們抓一把沙子，扔進去煮，不論用高壓鍋、砂鍋，還是什麼鍋，不論煮多久，沙子還是沙子。所以你想在這種生滅的東西裡面得到不生不滅的果，得到究竟的寧靜、究竟的寂滅，是不可能的。

什麼叫「放下『我是折射的自性』」？這說得比較學術化，是印度人的術語。簡單一點來說，就是放下以為我們是獨立的個體、個我。什麼叫「折射的自性」呢？就像月亮。月亮是衛星，本身不發光，但是折射了太陽的光以後，也變成了一個可見的星球。月光實際上是太陽光的折射。如果我們把這個能知能覺，也就是白天醒位的知覺性，以為這個是「我」的話，實際上就執著了一個分段的、孤立的東西，以為這個是「我」。這是幻覺。因為眞我是不變的、不動的、不二的。而我們現在白天的這種知覺，是變化的，它有散亂、有專注、有各種狀態。而且到你睡著的時候，它就沒有了。

醒著時的這段，是從眞我折射出來的一種覺知，但是它不是眞我。所以你不能執著這種所謂的靈魂、這種個體、這種覺知。這就是為什麼我們不認可所謂的「借假修眞」，也不在醒位覺知的延長上來用功。有很多禪修，練習專注也好、觀修也好，都很在意這個覺知。要求你學到不散亂，其實都是把這個假的當眞了。你要求月亮永遠都是光亮的，可能嗎？不可能。它轉到地球背後的時候，太陽光照不到了，自然就會變成暗月，因為月亮本身不發光。所以我們的覺知，到睡著的時候，自然就收攝了。所以它不是眞我，不能作為我們解脫所依。如果明白這一點，你就知道「道不屬修」，你修不了的。自我怎麼可以修行改善眞我呢？不要認為這個假我是眞我的折射。不是的，假我就是假我，就像夢中的你一樣，離開夢就沒有了，不需要讓醒位的「我」參與到幻相中去。

方便法門就是在假我上用功的。有人說:「白天的我可以修行。」——如果夢中的你中了一百萬，醒後可以得到一分錢的話，那麼白天的我就可以修行。夢裡的我中了一百萬，醒後一分錢都沒有，那麼白天的這個我所謂的修行，到最後什麼也帶不走。懂嗎？因為你白天賺的錢只能在白天用，不會帶到夢裡用；夢裡賺的錢也不會帶到白天用，只能在夢裡用。你現在的所謂的修行，對眞正的解脫來講一點用沒有，就這麼簡單。可我們一般人，還是覺得醒著的修行是有幫助的。你眞的叫他啥都不折騰，難。也可以說是無聊吧。

「堅定認同不動、覺知、不二的眞我。」你要生起堅定的信心，認同於它。什麼是你？本來不動，能夠照見一切的，而且是不二的。不是單獨的個體，而是遍一切處的。周遍一切處，周遍一切時。因爲「時」和「處」都是它裡面的幻相。怎麼樣解脫？堅定認同。是靠信心，而不是說，「我看見它，然後解脫」。你永遠看不見你，因爲你跟你不是兩個個體，能夠彼此看見就一定不是你。

不要忘記你是那個覺知，是那個不動不二的眞我。因爲它本身是圓滿的，沒有動的問題。它又不同於頑空，頑空是一種對境。它能夠照見一切，所以它是覺知。另一點呢，它是不二的。什麼叫不二，沒有對立。我們已經習慣了二元世界，一定有能有所，有我就有你，有看就有被看。對於眞我來說，沒有一切的二元，所以它是不二。

記住:「放下與外在及內在的認同，放下『我是折射的自性』的幻覺。堅定認同不動、覺知、不二的眞我。」好好記住，瞭解什麼是你，就好了。要時時刻刻認同那個眞我，除此以外沒有別的了。不要再去追求任何東西，永遠體認於眞我，沒有別的了。

1.14 我的孩子！你已被長久纏縛在「身覺」的套索中，用「我是覺性」的真知寶劍來斬斷，開開心心。

「我的孩子！你已被長久纏縛在『身覺』的套索中。」我們每一個人都是無量劫來與身體認同，被身體所束縛，認爲自己就是這個身體。身體一死，就是「我死了」。什麼鬼話？身體死了，你死了？你不會死的，不然怎麼知道你死了呢？

從睜開眼睛開始，你馬上就被這個身體的認同綁住了。「啊，我醒了。我不知道這是哪兒。」可能會有一個很短暫的「我不知道在哪兒」，但是很快當你身體能夠動的時候，與身體的認同馬上就會生起：「我在哪兒？」「哦，我在這兒。」因爲如果你認同的是遍在的覺性，就不會有這個疑問。而且所謂「在哪兒」，馬上就由這個身體來確定「在這兒」。

無量劫來都是如此，我們早就習慣了。

「用『我是覺性』的眞知寶劍來斬斷。」所以如果你們眞的很無聊，很想念咒的話，念「我是覺性，覺性是我」吧。如果你想求解脫的話，這是最管用的咒語了。當然，如果求世間的事，想求財，想買房子……那你就不用念「我是覺性，覺性是我」了。

弟子：覺性不用租房子。

師父：那當然，覺性不用租房子。但你要是有世間的願望，那個時候你還不如念念財神咒，「贊巴拉梭哈，贊巴拉贊巴拉」，財神被你煩得受不了了，問你要啥？「我要錢。」

但如果你眞的想追求解脫，今生以解脫爲第一要務的話，就念「我是覺性，覺性是我」吧，與它認同。那你這輩子，恭喜你，是最後生，不會再落到六道輪迴中。不然的話，我不敢保證。當然你也可以念阿彌陀佛，往生西方極樂世界，也不輪迴六道了。到極樂世界再去修「我是覺性，覺性是我」，也不錯嘛。

所以，怎麼樣解開「身覺」的套索？就是不斷地提醒自己。其實這種重複提醒，也只是勉強用來對治身覺的藥而已，常念能夠不被身覺騙，僅此而已。實際上「你是覺性」的這種提醒，本身就是在識心之內的，其實不過是個以妄治妄的善巧方便而已。但總比沒有好，因爲我們覺得，啥都不做有點靠不住，不放心。總得做點啥吧？那就提醒一下，「我是覺性」。就像現在，你們認同遍在的覺性嗎？還是認同「我坐在這裡」，對吧？雖然在聽這句話，但是認同的還是這個身體，還是這個當下的覺知。眞的能夠放下嗎？連想要解脫的這點欲望都能放下嗎？

「開開心心。」學道爲了什麼？爲了眞正的快樂，爲了從痛苦中解脫。不然的話，談什麼學道呢？而且只有眞正明白這些了，才能夠談得上開開心心。不然的話我們總有太多的期盼，太多的計劃，太多的生活壓力、工作壓力，有太多的思前想後。所以斬斷吧，開開心心。

弟子：在第一章第 13 頌，您講到那個覺知，我們醒位白天的覺知不是眞我，不能認同，因爲睡著就沒了。但講到後面又說，我們現在聽到了教法，最後的解脫其實是依靠堅定的信心。堅信「那個」，它是沒有辦法被認得或被見到的。那我們回過頭說，這個堅定的信心是否也是醒位當中的一個信念或者概念呢？

師父：這個堅信，只是用來對治你醒位錯誤認知的一個方便。因爲你醒位有諸多的思緒，思緒萬千，這個堅信實際上是一個可以打破所有思緒的寶貝，雖然它也是虛妄不實的——因爲教法本來就是虛妄不實的。除了眞我之外，沒有任何東西是眞實的，包括教法本身。但是教法可以用來對治我們的妄執。雖然它是在醒位的東西，確實如此，但是它有功用。

弟子：這個堅信睡著就沒了。深睡無夢的時候也有那個相信嗎？

師父：深睡無夢的時候，沒有堅信——你能堅信什麼？但是，你在醒位和夢位能夠提起這個堅信的話，已經足夠了。因爲起碼在醒位和夢位，你不會被其他知見所騙。而深睡無夢位的話，是根本就沒有被騙的問題的。這個堅信是對治我們六識虛妄分別的一顆藥，有病就吃藥，沒病的話，我連藥都不吃。所以對我來講，現在連堅信都沒有任何意義。但如果你還相信白天的那個你是你，那就最好有這種堅信，提起這個堅信。現在堅信對我來講已不重要，我不知道我信啥，我都忘了要信啥。

弟子：所以說，一定要對上師或者對道、對「我是覺性」有堅信才能得到解脫，這仍然還是一個方便說，是這樣的嗎？

師父：當然是對治你的一個方便啦。還有「我」，那就用它對治。已經沒有了，老年癡呆了，那就什麼都不用對治了。包括你所有的咒語、佛號，在你老年癡呆的時候一個也不剩。知道嗎？但是它的用處，就是在你還沒傻之前用一用，對治你的妄想。如果我還希望這個、還希望那個，就用它來對治一下。

弟子：那念佛念咒會老年癡呆嗎？

師父：你見過那些念淨土宗的老年癡呆的嗎？我見過。不管你修什麼，該傻的時候照樣傻。你可以念啊，祝願你不老年癡呆。

有些法師死的時候，死相也不是非常好看的。實際上，好不好看沒關係，懂嗎？反正他想往生西方嘛，一輩子都在念，雖然老了傻了，像一棵老朽的樹一樣，噗吡一碰就倒了下去，還是往那個方向倒。平時你去托著樹也可以，因爲你認爲自己還是那棵樹嘛。可以繼續念，總比不念強。我不認同那棵樹，所以我啥也不念。

教法沒有高低，適用就好。對你來講，你更堅信西方極樂世界，這非常好，因爲你用得上。我說的是實話。不用去討論教法的高低，因爲最要緊的是合不合你的口味。你硬要四川人吃廣東菜，他就會覺得沒有吃川菜舒服，「只怕不夠辣，不怕辣不夠。」

弟子：同樣是關於信心的問題，舉兩個極端的例子。第一個，如果你遇到一個邪知邪見的假金剛上師的話，他的徒眾中不乏信心堅定者，弟子也會經常向他的上師祈請。第二個例子，一位老太太什麼都不懂，但她堅信兒子給她帶回來的狗牙就是佛牙，她最終從狗牙中拜出了舍利，得到了解脫。這兩種都是相信，但是對境不同，導致了不同的結果。您能說明一下這兩個例子嗎？

師父：堅信的這種虔誠，就好比說，我往一個方向跑，但是你的方向和目標在哪裡呢？

弟子：那麼爲什麼第一個可能下了金剛地獄，但是第二個得到了解脫呢？邪師的弟子也認爲他的上師是眞佛。

師父：因爲是不是眞佛，不是你認定的，好嗎？不是你認定的啊。

弟子：那是不是還有一個獨立的、認知之外的佛呢？不是說佛在認知之內嗎？如果他認爲他的上師就是佛的話。

師父：其實境界離不開我們的認知，但並不是說我認爲他是什麼他就是什麼。這是兩個概念。作爲一個上師，如果他的見地與佛相同，他所教授的方便與佛相同，你把他看做是佛是沒有問題的。但是如果他的見地與佛違背，他的教授皆與佛道相違背，就不能把他視同於佛了。就像在生活中，你不會把水認作爲火。

弟子：這個我理解。為什麼老太太對狗牙這種非常不乾淨的東西堅信和禮拜，也會得到解脫？

師父：什麼叫不乾淨的東西？我在一切之中，一切在我之中。什麼叫不乾淨的東西？不乾淨是你的分別。佛的法身遍一切有情，遍一切無情。如果她認為這個是佛法身所依，她對它禮拜，她就可以生起這個功德。狗牙是你的認定，對吧？是你的認定，不是她的認定。邪師則不相同。因為邪師並不是一個無情的對境，他是會給出教授和引導的。你並非僅僅對他禮拜而已，你還要從他那裡得到見地，從他那裡接受教導。而邪師的見地和教導卻會把你導向危險的境地。

弟子：這兩個對境其實還是關於認知的問題，為什麼兩個對境同樣是虛妄的（狗牙和邪師），但一個引出了好的結果，而另一個卻引出了不好的結果？

師父：因為我們在討論緣起，緣起非常複雜。世間緣起有世間的遊戲規則，你必須遵守這個規則。首先，這個邪師由於他自己的知見和所造之業，最終決定了會下地獄。所以你對他的虔信堅定，他去哪裡你就去哪裡。這很正常，因為你是對他這個人的虔敬。並不是說你給一個邪師貼了個佛的名號，他就是佛了。就像我拿個玻璃杯到金鋪，說：「哎！我這個金杯你買嗎？」店主一定覺得我是瘋子，拿玻璃杯當金子來賣。是不是？你認為它是啥就是啥，在緣起上可能嗎？

弟子：這個我理解。

師父：那還有什麼不理解？

弟子：就是說關乎他自己的解脫，內心、內在的解脫的問題。

師父：怎麼解脫？如法才能解脫；不如法是談不上解脫的。況且，老太太拜出舍利來，只能表示虔敬，跟解脫一點關係沒有。解什麼脫啊？她只是從狗牙上拜出幾個舍利來，沒說她解脫了啊。你對阿彌陀佛有信心，最後也只是往生了。你說不回娑婆世界的六道就算是解脫，那也可以，因為那是阿彌陀佛的淨土。邪師將來要下地獄的，那你就跟他往生他的「淨土」，也就是地獄嘛，不再到人間了，也解脫了，也算是從人間解脫了。

這不是說「我信就行了」的，還要看你信什麼。所以，因不瞭解而信，我們叫做「迷信」──「迷信」這個詞起源於此，並不是說你相信宗教才叫迷信。

弟子：對境還是有很大差別的。

師父：對境是有差別的。就像你要種田，我拿了一把種子，把它撒在鐵板上，撒在石頭縫裡，撒在貧瘠的田中和撒在肥沃的田中，結果是完全不同的。你的虔敬心猶如一把種子，你的對境猶如那幾塊鐵板、石頭、瘦田、肥田，你的對境就是那些。那虔敬心撒在什麼上，它感得的果是不一樣的。因爲虔敬的心並不等於就是一切，那是種子，有所求的種子。

這問題很好，多問些這種問題，對大家都有幫助。

弟子：就是說還在談虔敬心，依虔敬心而解脫的時候，其實還是在……

師父：是你希望依虔敬心而得解脫。這個的前提是：你找到了一個眞正具格的上師，依對他的虔敬心而得解脫。不能離開了這個前提去談「依虔敬心而解脫」。如果你福報夠，遇到了一個具格的上師，依對他的虔敬，你確實可以得到解脫，而且這也是歷代祖師成就的最快捷徑，比你個人靠自力修行要快得多。

弟子：對阿彌陀佛的堅定信心和虔誠，跟堅信「我是覺性，覺性是我」的這個教法相比，兩種堅信都是建立在現在這個覺知之上的。

師父：雖然都是覺知，但是兩個田不同，果不同。一個是由念佛而得往生，但和認知「我是覺性」這種究竟的解脫來比，不可同日而語。因爲田不同。你要瞭解到，阿彌陀佛也是眞我的展現。我是拜老爸好，還是拜爺爺好？我拜老爸，就當孫子，我拜了爺爺，再差也當老爸，跟老爸平級。(眾笑) 和大家開開玩笑，這只是玩笑話。覺性是沒有所謂平級的，它展現一切。佛法界也好，地獄法界也好，皆由它展現。所以你認同它還是認同於佛法界？就是這樣，因爲阿彌陀佛是佛法界中的一員。

1.15 你從來就是獨立無侶、無作為、自明而離垢的。修行三摩地真的就是你的束縛。

「你從來就是獨立無侶。」這裡說的是眞我，眞我永遠是獨立的，不依賴任何東西。我們的五蘊身心，現在的覺知，都是有依賴的。「我現在清醒著」——這依賴什麼？依賴你還活著，依賴你還沒有發瘋，對吧？我們現在一切的一切，都有依賴。現在能夠坐在這裡，是因爲這棟樓還沒有塌掉，我們才能坐在這兒。哪一樣沒有依賴？而眞我，也就是我們每個人的本性，是什麼？是獨立的、無侶的，不依賴任何一切，不依賴被你認知。很多東西我們總覺得我們必須知道它，否則它就不存在。世間的東西都是這樣的，如果沒有認知者，也就沒有「存在」那回事了。可是眞我連這個認知都不依賴。因爲所謂的認知，所有從識心而來的認知，都是它的一個折射而已。

月亮的光芒是需要依賴太陽的；地球上的燈光、火光都必須依賴一些其他的東西，依賴這個、依賴那個。而太陽本身不依賴任何事物，它就是光。當然你也可以從物理上講，那是一個大熱核反應堆。只是做爲比喻啦，不然的話，一個「不依賴」的比喻都沒辦法舉，因爲眞我是眞的無依，而太陽其實還是有所依賴的，只是取它的光不依托於其他的星球、其他東西來打這個比喻。要不然，就要說到太陽的光其實依賴內部的物質，它還依賴周圍的虛空，沒有空間怎麼有它？可是，眞我連虛空都不依賴，不需要空間——空間不過是眞我的第一個幻相而已。

「無作爲。」眞我是遠離一切造作的。上帝才要創世，眞我不會創世。

「自明而離垢的。」什麼叫自明？覺性的覺知之力是本具的，不是誰加上去的。它自己本身具足覺性，能夠照見一切。我們在自明的覺性之上，再加一個覺知，這個就是無明的來源。因爲「我想看到它」。這叫頭上安頭，就完蛋了。它本身是自明而且離垢的。眞我不受任何染汙，它雖然展現十法界，但本身不會被十法界中任何一道所增或所減：地獄、餓鬼、畜生、阿修羅、人、天，這六道，再加上聲聞、緣覺、菩薩、佛，這四聖。在佛，不會增加眞我的一絲一毫；在地獄，不會減損眞我的一絲一毫。無論你造無量的善業，無量的惡業，都沒有辦法擦亮眞我，或染汙眞我。所以眞我永遠是離垢的。

最後這句話你們聽著，這一句是非常非常要命的：「修行三摩地，眞的就是你的束縛。」現在所有的修行都在標榜三摩地，所謂的高僧大德都是：「我一入定可以定多久。」那是什麼？三摩地。所以從究竟了義來說，「修行三摩地，眞的就是你的束縛」，是眞我的束縛。這個很要命的。

如果你認假我爲我，那你就好好修三摩地，那個時候各種神通都可以開顯出來。但是對於眞我來講，這個就是束縛。因爲三摩地都是心的把戲、心的遊戲。你以心爲我了，就沒法認得眞正的覺性。不過呢，菩薩都修三摩地，爲什麼？他不取究竟解脫，他要生生世世來行菩薩道，三摩地就是很好的工具。所以都在提倡修三摩地。但是，你們要是眞的想尋求究竟解脫，而不是成菩薩的話，就不要修行三摩地，不要修禪定啦。不要修任何東西，修任何東西都是對眞我的束縛。

這句話誰敢信呢？這眞的是大賭啊！拿法身慧命來賭啊！你從這扇門出去，我敢打包票，你走遍天下，找不到一個地方不要你們修三摩地的。有了三摩地就能生發智慧，就可以口若懸河，滔滔不絕，就可以顯現神通。可是從究竟來講，修行三摩地就是對解脫的束縛。

弟子：禪修就是三摩地嗎？

師父：禪修的果就是三摩地，修成了才是三摩地。不然的話你只是在折騰。

弟子：三摩地是什麼？

師父：梵文samādhi，心的正受。三摩地也叫「三昧」，也叫「正受」。是說在心的覺受裡是正受，而非邪受。被五官刺激而產生的覺受是不好的，是邪受，會帶來痛苦。三摩地在心的覺受裡面是可以帶來解脫的，這是對應心的束縛所說的那種解脫。但對眞我來講，這種「解脫」也是在「能所」範圍內的。

所以，你明白這句話，就會把一切負擔統統放下。一切的修行，如果相信眞我的話，你就知道，你追求任何境界的修行，都是你不得自由的原因。更不要說在六道輪迴裡面追求名聞利養，追求個我的成就，追求酒色、財氣這些，那就更爛了。連修行的最高境界——三摩地，同樣都是你的束縛。所以對一眞法界來講，連佛法界都是一種負擔。眞我就是一眞法界[9]，十法界[10]都從它展現、流出。

1.16 你遍在於這個宇宙，宇宙也在你之中。你真的本來就是純淨覺性。不要隘於狹小的心中。

「你遍在於這個宇宙，宇宙也在你之中。」眞我遍一切處，宇宙也在眞我之中。在這個宇宙中，你無處不在。眞我如同鏡面，鏡子裡面所有的幻相，我們統稱爲「宇宙」。鏡子裡面的幻相，哪一個不依托於鏡子呢？幻相只能在鏡面之內，不可能超出鏡面的。

「你眞的本來就是純淨覺性。」他不斷地重複「你是覺性，你是覺性，你是覺性……」沒有一段不這樣講，就看你信不信得過。就像前面說的，生起了眞實的信心，就解脫了。信不過？那還是修修三摩地吧，

9　一真法界，一，即無二；真，即不妄。交徹融攝，故稱法界。即是諸佛平等法身，從本以來不生不滅，非空非有，離名離相，無內無外，惟一真實，不可思議，故稱一真法界。（《華嚴經疏鈔》卷六十、《華嚴經疏鈔玄談》卷一）

10　十法界，佛教術語，將眾生分為十種界。分別是指：佛界、菩薩界、緣覺界、聲聞界、天界、人界、阿修羅界、畜牲界、餓鬼界和地獄界。前四者稱為四聖，後六者稱為六凡，合稱為四聖六凡或六凡四聖。

起碼可以「老僧入定去啦」。

「不要隘於狹小的心中。」不要把生滅心當作你，不要把自己困在生滅心中。眞正的你是不被限定的，無邊無際。其大無外，其小無內，你想找到它的邊際，是不可能的。

1.17 你無因緣、不變易、無形象、離熱惱，是深不可測的覺知，無擾動。只渴求覺性吧。

「你無因緣。」因爲世間的一切展現，都是有因有緣的。所以佛說：「有因有緣世間集，有因有緣世間滅[11]。」一切無非是因緣的展現。有人說：「我含著金湯匙出生。」但如果沒你爸、你媽，你含著什麼出世啊？這就是因緣。況且你若是上輩子沒有積累福德，這輩子哪那麼好福氣，就生在了大富之家呢？要麼就是諸事不順，「哎呀，我怎麼那麼倒楣啊！借了點錢，被小偷偷了；好不容易攢了點錢，又被人騙了。」都是有因緣的。講這些是爲了告訴你：我們每個人的眞我是無因緣的，眞正的我，它不依托在任何東西之上。

什麼是因？舉個例子，稻種是因；什麼是緣？土壤、陽光、肥料、適當的溫度、沒有蟲蛀等等，這些是緣。眞我沒有因，沒有緣，沒有宇宙第一因的問題，也不需要任何助緣。

「不變易。」眞正的你也永遠不會改變。無量劫也好，每一個剎那也好，它都不會變。緣起法才可能會變易，所以，「有因有緣世間集，有因有緣世間滅」。眞我不會變易，不隨時間而改變，不隨空間而改變，本質也不會改變。因爲它不屬因緣。

「無形象。」眞我以法性爲體，非六根的對境，非六識之所能辨，遠離一切形象。

11　原句為：「有因有緣集世間，有因有緣世間集；有因有緣滅世間，有因有緣世間滅。」（《雜阿含經》卷第二：五十三）

「離熱惱。」眞我離開一切的煩惱，它既非心王，亦非心所[12]，和個我無關。而煩惱只能存在於個我之中。眞我是永遠沒有煩惱的，故離熱惱。

「是深不可測的覺知。」我們現在的覺知實際上是受限的，受制於我們的六根。六根所不到的「那個」，我們就沒有辦法覺知到它。而眞我的覺知是不受任何限制的，是深不可測的覺知。

「無擾動。」這個「靜」和修禪定得到的寧靜不一樣，我們禪定的寧靜都在覺受之中，是可以被感知的，是有出有入的。而覺性的寧靜是不可被感知的，所以覺性的大樂也是不可被感知的。被感知的都是小我裡的東西。你明白了這個，就不會在生滅法裡面撲騰了。

我們現在的覺知是隨時變化的。現在很多的修行人就是在練習不受擾動的覺知。但是不管怎麼練，實際上只是擾動的大和小的問題。眞正不擾動的覺知，只有深不可測的眞我，它的覺知才是不受擾動的。所以，「道不屬修，修成必壞」。

「只渴求覺性吧。」如果你們想修道，那就去渴求這個覺性，去接近它，回到它，不要再被小我騙了。提醒自己，那個才是你，那個才是家鄉，那裡才是涅槃。眞正玩夠了，不想玩了，就追求覺性吧。當然，你若覺得還是世界盃好看，還是美酒加咖啡舒服，那就悉聽尊便吧。當你眞的覺得累了，或者是知道其中所含的苦了，那就追求覺性吧，只渴求覺性吧。

1.18 知道有形象的都不真實，無形的是恆常。由於這個教導，你不會再度轉世。

12　心王，是精神作用的主體，佛教唯識宗立眼耳鼻舌身意、末那和阿賴耶識，共為八識，各有識體，即八大心王。心所，即「心所有法」，與心王相對應，從屬於心王，依心王而起，是心王所起的貪嗔等情。

「知道有形象的都不眞實，無形的是恆常。」任何形象都逃脫不了生、住、滅；被生起者，不管維持多久，就總要變易，總要壞滅，對吧？這叫無常。但是眞我、覺性沒有形象，從來沒有被生起，所以不會變易，也不會壞滅。我們也許知道，無形的是永恆的，有形象的不眞實。可是話說回來，我們每天二十四小時裡，除了深睡無夢的那幾十分鐘，剩下的時間都在堅固對這個無常身體的執著。我們的努力都是在延長它、維持它，對吧？爲什麼要打 911 ？爲什麼要打 120 ？[13] 不想死啊！我們都希望儘量地延長這個無常的東西，除了道人可以開開心心地去死，其他人都是：「我死不瞑目啊！」

我們極盡所能地要維持自己的工作、家庭、健康，以及這個形象，明知所有這些有形的都不眞實，可我們都不想無形。雖然它是恆常的，「可我摸不著啊！」對吧？所以，我們只想要自己能夠摸到的、感受到的。「無形的，沒有快感，還是有形的好。」想一想，我們很多的努力都在堅固輪迴，都在把輪迴的破桶修補得更好，還刷上金漆。當然我不是鼓勵你們跳樓啦，但是要知道，不要把全部的精力都耗在假我上，起碼留一點時間提醒自己：「只有無形的，才是永恆的」。哪怕你每天拿個十分鐘出來，早上十分鐘，晚上十分鐘，就好了。

「由於這個教導，你不會再度轉世。」聽見沒有？當你們眞的聽聞而且確信，能夠眞正內化到你的生命中去了，你不再被這個假我騙了，恭喜你們，這就是你們的最後生。這一生結束的時候將是永遠的結束，你不會再度轉世。

1.19 就像鏡面存在於鏡像的內與外。無上祜主存在於身體的內與外。

「就像鏡面存在於鏡像的內與外。」不論鏡像的內與外，都在鏡面之中，一切鏡像都只能在鏡面上展示。一切影像不離鏡子，我們這個幻

13 編按：120 為中國大陸的急救中心電話；911 則是美國加拿大的急救電話。

身也離不開眞我。沒有眞我，就沒有辦法展現這個虛幻的假我。假我不是眞我的折射，但確實是眞我的影像。就像影像離不開鏡子，我們也沒法離開眞我。

「無上怙主存在於身體的內與外。」眞我，上帝的上帝，既在我們身體裡頭，也在我們身體之外。它對你的愛更超越於你。可是又有誰能經常體會到，眞我也在我之外呢？對吧。我們還是習慣了「我在這個皮囊之內」，以皮膚爲界。那泡屎沒拉出來之前就是我的一部分，拉出去就不是我的了。你那泡屎裡也有眞我呢！它是眞我的展現。什麼叫大愛？允許屎成爲屎，允許那碗飯成爲飯，那叫大愛。

任何一樣東西，只有在失去的時候，你才會體會到它的珍貴。便秘的人更能體會到剛拉完屎的痛快。皇帝在逃難的路上喝了一碗小米粥，配了幾口鹹菜，天下美味啊！我們現在都是貪得無厭，覺得這個不好、那個不行。沒孩子覺得孤單，有孩子又煩得連覺都沒得睡。失去了睡眠寶貴時間的人說：「原來晚上能好好睡一覺是多麼幸福啊！」沒老公的時候睡著孤單，等旁邊睡著一個打呼嚕的，就覺得：「那麼煩！去睡那個房間！」人生就是充滿了矛盾。要知道，這些都是無上祜主對你的愛。

1.20 就像同一且遍在的虛空存在於罐子的內和外，永恆遍在的梵存在於萬物之中。

就像虛空中的一個罐子，外面也好，裡面也好，虛空其實是同一個。我們打開罐子，或蓋上蓋子，其實罐子裡的虛空、外面的虛空，包括罐子所佔的虛空，是同一個虛空。虛空沒有邊界，只是你放了個罐子在這裡而已，把它隔開了，於是你就覺得：「啊，這兒是裡面的虛空，那兒是外面的虛空。」眞我就像遍在的虛空一樣，本來無處不在，現在多了個殼子，你覺得裡面是「我」，外面的則不是。其實沒差別。眞我，無處不在，無處不是。否則就不是遍在，否則就不是永恆。

第二章

弟子見性的喜悅

這一章是迦納卡國王明白了眞我後，表述所生起的歡喜，以及他的讚歎。

迦納卡說：

2.1 阿吙，我是無染、寧靜的覺性，超越世間。一直以來，我都被幻相欺騙。

「阿吙！」是個感歎詞，當時的人說話大概就這樣，就像我們的那些詩人一登臺會喊一聲「啊！」

迦納卡說：「我無染。」因爲印度是分種姓的，國王屬於刹帝利種姓，下面還有兩個比較低的種姓，最低的是賤民種姓。低種姓的人被認爲是染汙的，而婆羅門、刹帝利是屬於高貴的種姓。原來「我無染」，超越一切的染汙。所有世間的這些東西與它沒關係。而且它是「寧靜的」，眞我不被一切煩惱所擾動。它是寧靜的，是純淨覺性。

「超越世間。」什麼是世間？「世」者，過去、現在、未來三世。什麼叫「間」？間是空間。東西南北、上下，再加上四個斜角，一共十方，我們稱爲「間」。「世間」就是一切時空。我呢，是超越時間的，是超越時空的。

「一直以來，我都被幻相欺騙。」這個「我」就是指的小我，指迦納卡他自己。他說：「我一直以來都被幻相騙了，我不瞭解眞我，我以幾十歲的年齡、國王的身分、健康的身體爲『我』，被幻相欺騙。」這是本章第一頌，說出了什麼是眞我，以及我們又是怎樣被假我所騙的。

2.2 獨一之我照亮了身體和宇宙。所以整個宇宙都是我的，或者事實上什麼都不是我的。

「獨一之我照亮了身體和宇宙。」正因爲眞我的存在，獨一之我，也就是它，是一切存在的唯一根源。包括你，包括他，包括我，包括一切一切，有情、無情，它是總根。我們現在之所以知道我有這個身體、這個心，都是因爲眞我的恩德。因爲它的存在，因爲它的大愛，所以我知道我有身體，知道這一切存在。獨一之我照亮了身體和宇宙，包括「哦，這麼漂亮的唐卡！」「這棟房子的裝修，挺漂亮的嘛！」都是以眞我之名、以眞我之力，我們才得以認知這些。

所以，「整個宇宙都是我的，或者事實上什麼都不是我的。」因爲眞我才是我嘛，所以在它之內所展現的一切都是我的，除我之外，沒有別的。換句話來說，沒有一樣是我的。說「都是」，或者「都不是」，沒有任何差別。因爲「我的」就是對境，就不是它。所以從本質上來講，什麼都不是我的。既然如此，你就不必把天下的珍寶都帶身上了，放在櫥櫃裡也不錯，你還不用交保管費。有空就拿來看看，看完了給你吧，繼續擺著啊。都是你的，也都不是你的。

2.3 阿吠！現在由於老師的智慧，我已經放棄了身體和全世界，我只見究竟自性。

「現在由於老師的智慧，我已經放棄了身體和全世界。」道，只能被傳遞，因爲靠假我去悟出這樣的眞理，幾乎是不可能的。有人或許會反駁：「釋迦牟尼佛不就是自己悟的嗎？」瞎說！他是來演戲的。從他出生那天，他就是明白的，一手指天，一手指地，「天上天下，唯我獨尊」，對不對？千萬別說他悟道是因爲苦行了多少年，爲眾生怎麼怎麼樣，根據《佛說興起行經》[14]，他的苦行是受報而已。

迦納卡是大根器，一聞其教，就什麼都不要了，說:「老子不幹了。」

「我只見究竟自性。」上上根器之人，他所見的一切無非是究竟自性。我們上完課從這裡一出去，就得找車坐回家……我們只見世間。

2.4 正如波浪、泡沫和水泡與水無別，宇宙來源於自性，與自性無別。

「正如波浪、泡沫和水泡與水無別。」就像水裡的波浪，水裡的泡沫和水泡，跟水沒有差別。沒有水就沒有這些東西啦。

「宇宙來源於自性，與自性無別。」整個存在無非是眞我的幻相。由於我們的分別心，在眞我之上現起了種種存在。「哎，這是摸得著的，誰說是假的？還有聲音呢！」(師敲咚咚聲)。不要忘了，你做夢的時候，夢裡的一切境界也挺眞實的，只是醒了以後就沒有了。但爲什麼我們現在可以很瀟灑地說：「夢裡是假的，是做夢！現在才是眞的。」你不知道你的「現在」是另外一個夢嗎？所以，你的這個「眞實」到了下個夢裡就沒有了。就像夢來源於我們的識心，與識心無別。現在這個宇宙源於自性。就其本質來講，人生的大夢過去的時候，自性是沒有差別的。明白了這個你就明白，你就是上帝。

2.5 分析一塊布，只是絲線；分析宇宙，只是自性。

「分析一塊布，只是絲線。」拿塊錦緞來看看，「哦，原來都是些絲線」，把這些絲線織在一起，一塊錦緞就出來了；把所有的絲線拆下來，就啥都沒有了；只要不拆，就還是一塊錦緞。

「分析宇宙，只是自性。」如果仔細地分析整個存在，原來都是夢

14 又作《十緣經》、《嚴誡宿緣經》，後漢康孟詳譯。由敘說佛陀一生中所受十難因緣之十經組合而成：(1)《孫陀利宿緣經》，(2)《奢彌跋宿緣經》，(3)《頭痛宿緣經》，(4)《骨節煩疼因緣經》，(5)《背痛宿緣經》，(6)《木槍刺腳因緣經》，(7)《地婆達兜擲石緣經》，(8)《婆羅門女旃沙謗佛緣經》，(9)《食馬麥宿緣經》，(10)《苦行宿緣經》。

中的境相，所以它唯一只能是自性。有些人說「我坐在自性之上」——我坐在自性之上？像坐馬桶的時候那樣坐著嗎？這太搞笑了。不是這樣的。要知道，我、馬桶都是自性。

2.6 蔗糖產於甘蔗汁，完全被甘蔗汁充滿；萬物生於我之中，徹徹底底被我浸透。

「蔗糖產於甘蔗汁，完全被甘蔗汁充滿。」我們吃的糖大部分是蔗糖，當然也有甜菜糖啦、也有代糖啦、有羅漢果糖啦，等等等等。他以蔗糖爲例，蔗糖裡面每個顆粒，都離不開甘蔗汁，對吧？

「萬物生於我之中，徹徹底底被我浸透。」糖的顆粒比喻萬事萬物，甘蔗汁比喻眞我。就像甘蔗汁遍於一切糖粒之中，眞我遍於一切萬事萬物之中，「被我浸透」。

2.7 世界由不知自性而顯現，由了知自性而消失。確實，就像沒認出繩子，蛇就出現；認出繩子，蛇就消失了。

「世界由不知自性而顯現。」這是因爲我們的心沒有安守自性。在它本來的、眞正的知覺之上，生起了妄知妄覺，所以小我就產生了。小我又想知道它周圍是什麼環境，接著世界就展現了。

「由了知自性而消失。」所以，當你了知了這個究竟的覺性，世界就會最終收攝回去。

「就像沒認出繩子，蛇就出現；認出繩子，蛇就消失了。」我們拿一條五彩的繩子扔在路上，如果光線不好，晚上你走在路上看到這條繩子，由於我們過去生的習氣吧，第一反應就是：「哎呀！那有蛇。」嚇壞了。可是當你拿手電一照，「哦，那是條繩子。」馬上心就放下了，你會說：「哦，原來沒有蛇。」可是你注意到沒有？從來就沒有蛇。你把繩子看成是蛇的時候，也沒有蛇。所以，當你發現了這是一條繩子的時候，並不是說蛇沒了或者跑了，從頭到尾它就是那條繩子。從受驚嚇，到放下心來，再到最後感到安全地說：「哦，沒有蛇了，只是一條繩子。」實際上都是你自己在那裡玩。因爲本來就是一條繩子，從頭到尾都是一條繩子。所以認出繩子，蛇就消失了。

眞我就像那條繩子，由於我們的無明，你不認識它的時候，我們就把它看成了世界，一切的一切：身體、其他的眾生、其他的世界、所有的念頭、所有的覺受……一旦你知道，這一切無非是眞我的幻現；一旦你把「這是你我他、這是覺受、這是什麼什麼」的面紗揭開，徹頭徹尾，一切的一切，只是眞我。

2.8 光是我的真正本質，我與之無二。宇宙顯現時，真的只是我在閃耀。

「光是我的眞正本質。」上帝說要有光，就有了光。光是我們的本質。這種覺知之心，這種展現能力，我們稱之爲光。當然，我不否認燈點著了也有光，那也是一種照明之理。但是這裡所說的光，是一切顯現的力量、一切認知的力量。

「我與之無二。」光就是我，沒有差別。無二就是沒有差別。

「宇宙顯現時，眞的只有我在閃耀。」你看到一切的時候，只是眞我在閃耀。

2.9 阿吠，由無明而見宇宙在我之內顯現，如同見貝殼是銀子，見繩子是蛇，見陽焰是水。

「如同見貝殼是銀子，見繩子是蛇，見陽焰是水。」貝殼在光照之下閃閃發光，我們遠遠看去，「哦，那有一錠銀子」，結果走近一看，其實是個貝殼；遠看以爲是條蛇，走近一看是繩子；走在沙漠裡，或者在夏天炎熱的路上，遠遠看到地表上水波蕩漾，走近了一看，啥也沒有。我們見到的一切外境都是這樣的。

「由於無明，見宇宙在我之內顯現。」所以我們就被種種的幻相所騙，以為一切存在是獨立於我之外的一個個的個體。實際上什麼叫同體大悲？你明白了這個，不再去傷害眾生，允許眾生以它該是的方式展現，這就是同體大悲。但是你放心，釋迦牟尼佛同體大悲時，印度的乞丐繼續當乞丐。他沒有輕視乞丐，乞丐該當以此業展現，就接受這樣的展現，這叫同體大悲。一切和我們本來一體，既然你喜歡展現成這樣，就展現成這樣吧。你想改變，那就改變吧！梭哈[15]。

2.10 如同陶罐消融於泥土，波浪入於水，手鐲入於金子，宇宙源自於我，定然會消融於我。

塵歸塵，土歸土，從哪兒來，回到哪兒去。所以，既然一切幻相從眞我中展現，你也不用努力去消融、摧毀它們，它會回去的，哪兒來回哪兒去。我們不過在人間遊戲一場，還把它當眞？「我要怎樣怎樣」，愛得要死要活的，苦啊。

癩蛤蟆五毒俱全，但有堅定的夢想，心裡充滿了陽光，追求天鵝。「天鵝」的梵語是hamsa，如果連續地念念念，「hamsa、hamsa、hamsa」……聽上去就像倒轉了過來，變成了「soham」，也就是「我是那」的梵音。所以我們要學習癩蛤蟆，不斷地念「天鵝、天鵝、天鵝……」，最後就念成了「鵝天」。癩蛤蟆雖然披著一身癩皮，但有一顆上進的心；我們雖然在五濁惡世裡面，身上什麼壞習氣都有，不要緊，只要你還想吃天鵝肉，努力吧！別怕當癩蛤蟆。不要當青蛙——雖然很乾淨，但坐在井裡，哪兒也去不了。我們要學做一隻勇敢的蛤蟆，蛤蟆中的戰鬥蛤蟆。不怕癩啊，越癩越好。五毒的本質是五智哎，懂不懂？

消融會自然地發生，遲早的事情。只要你不去阻礙它，我們平時所有的努力都在阻礙著消融，我們不想歸於寂滅的本性。我們怕失去自我，

15 梭哈，梵文svāhā的音譯，又音譯作「娑婆訶」，佛教咒語常見的結束語，有吉祥、成就、息災等義。

怕被別人看不起，怕失去健康，怕失去生命，怕失去財富，怕失去愛情……這些都是無明的產物。當智慧生起，了知本性，消融將會任運而來。所以憶念真我吧。

2.11 阿吠，我！頂禮我。我不會衰敗。即使上至梵天、下至草葉，一切摧毀，我依然不死。

這個時候迦納卡明白了眞理的偉大、眞我的遍在、眞我的清淨：「阿吠，我啊！頂禮我。」

「我不會衰敗。即使上至梵天、下至草葉，一切摧毀，我依然不死。」想死？你死不了啦。虛妄的終將會失去，眞實的永遠無法被拋棄。跳樓？跳吧，反正你也死不了。猶如影像中的滔滔洪水，或烈焰焚天，對於幕布來說，絲毫無損。一切世間在我之內展現，而我孑然獨立。故三界壞時，我終不壞。

2.12 阿吠，我！頂禮我。即使帶著身體，我依然是一，不來也不去，遍於一切處。

「即使帶著身體，我依然是一。」雖然我們現在是癩蛤蟆，但是與眞我、與天鵝不異。所以，「阿吠，我！頂禮我。」

「不來也不去，遍於一切處。」來去，你從哪兒來啊？禪師們很喜歡考問學人，一看到有人來參學了，就問：「你從哪兒來啊？」學人答：「我不來而來。」眞我沒來，假我來了，從不來而來。所以，如來者，以不來而來，謂之如來。如果你還把這個跑來跑去的色殼子當作是你，那慢慢學吧。既然眞理是遍於一切處的，怎麼可能從哪裡來到這裡呢，對不對？能夠被移動的，一定是局部的，一定是個體性的。

2.13 阿吠，我！頂禮我。沒有誰如我這般有能力。我恆時無盡承載著世界，身體卻不觸碰絲毫。

眞我承載著世界，一切都在它之內，但是眞我不碰觸一切幻相。就像鏡子，鏡子上面可以有各種幻相，可以巨浪滔天，可以猛火燒到通天徹地，但是對於鏡面來講，絲毫損害都沒有。所以，「我承載著世界，卻不碰觸絲毫。」明白這些了，你就放心了，不怕當癩蛤蟆了，五毒就五毒吧。

2.14 阿吠，我！頂禮我。我一無所有，或者說擁有一切言語和思議所及處。

頂禮這個我，「我一無所有」，我啥也沒有；眞我究竟清淨，所以一無所有。就像鏡子本身，啥影像也沒有時，它仍是鏡子。

或者說，我「擁有一切言語和思議所及處」。只要你想得出來的，沒有不是從眞我展現的。從前龍樹菩薩教導一位牧牛人在山洞裡觀想本尊，牧牛人說自己想不出本尊的樣子，心裡老是惦記著自己的牛。龍樹菩薩就說：「你就觀想自己頭上長著牛的犄角吧。」後來這個弟子很快觀想成了，發現自己出不了山洞，他說自己頭上的兩個犄角頂到了山洞口。別人看起來他頭上啥也沒有，他自己卻眞實地感到那兩犄角就這麼大。中國古代有位畫家，擅長畫虎，平日心心念念都是老虎的神態舉動。一天他在後院長椅上午睡，他的妻子找他，進了後院，赫然發現長椅上躺著一隻老虎。

所以，我們的思維心還是非常強大的，你可以想出任何你想擁有的事物。只要你能夠想到，能夠說到，能夠觀想到，六根所及的都不會超出眞我的範疇。只有你想不到的，沒有它沒有的。

2.15 了知、所知和知者，三者在實相中並不存在。我是那個無染的自性。由於無明，三者在我之中顯現。

「了知，知者和所知。」我們平時要感知到一個東西，比如說：「看見這個了。」就有「看」，有「我在看」，有「被我看到的這個東西」。

「三者在實相中並不存在。」什麼叫實相？諸法實相就是眞我。在眞我之中沒有能知、認知和所知。這些都不存在，都是幻相。

「我是那個無染的自性。」自性離於世俗的認知，它不能屬於任何東西，它沒有瑕疵，所以無染。我們現在有個體的「我」，有六根所到，有境界，有認知，這些都發生在世俗層面，在世間凡夫的認知範疇之內。如果你安住於自性，就沒有這些虛妄的認知了。

「由於無明，三者在我之中顯現。」因爲我們現在有了這個白天的夢，所以看到夢中有「我」，看到夢中有「你們」，看見「我」在看著「你們」。這是一個夢境，是一個夢相。所以當你睡著的時候，這個展現就沒有了。但在現在這個無明的狀態，日常中就有了這些展現：我認知了嘛，你是被我認知的，對不對？明白了以後就不再被騙了。

2.16 阿吠！二元是苦厄的根源。沒有別的藥方，除了了悟一切可見的對境全都虛妄不實，而我是純淨的、獨一的，是覺性與大樂。

「阿吠！二元是苦厄的根源。」什麼叫二元？任何對立的，包括能所──能觀、所觀；任何有割裂的，如你我，都屬於二元。痛苦的根源是什麼？分別。分別建立在有主體和客體之上，如果沒有了主客，就沒有了分別，就沒有了感受，也就沒有了痛苦。

「沒有別的藥方，除了了悟一切可見的對境全都虛妄不實。」唯一對治的方法就是知道：「被你知道的，不是你；被你認知的，都不是你。」明白這點，就好了。

「而眞我是純淨的、獨一的，是覺性與大樂。」或者說是妙樂。什麼叫眞正的法界大樂？什麼叫妙樂？你深睡無夢的時候，最接近於它了。如果還要論感受，那麼最沒感受的時候就是妙樂。

所以《心經》說：「色空故無惱壞相，受空故無受相，想空故無知相，行空故無作相，識空故無覺相。」[16] 因爲在那個時候，既沒有苦，也沒

16 此為玄奘大師譯本。

有樂。一切都消融了，一切覺受都消融了，這叫大樂。大樂遍於一切處。任何所謂的樂，都不可能是遍在的；任何苦，也都不可能是遍在的。不是遍在的，你就不能說是大苦，或是大樂，因爲都是局部的。我再怎麼苦，不會苦到你身上；我再怎麼樂，關你屁事。對吧？都不是眞正的大樂。只有一切覺受徹底消融了，超越了一切的覺受，才是大樂。

2.17 我是純淨覺性。由於無明，我給自己強加了各種限定。恆常如此堅信，我安住在無分別中。

「我是純淨覺性，由於無明，我給自己強加了各種限定。」由於我們錯認，把這個五蘊身心當作了我，所以強加了各種限定：我是男的，我今年60了，我現在正在感冒，還會咳嗽。對不對？你明白這一點，「恆常如此堅信」，堅信眞我是純淨的覺性，這樣呢，「我安住在無分別中」。

所以怎麼修行？修行就是堅信，堅信眞我是覺性，不是這個受限的色殼子。恆常這樣，你就可以自然地安住於無分別之中了。同樣是看，往內看還是往外看，都沒有用。嚴格地講，還不是往內看。我們所謂的往內看，去看念頭的源頭，仍然是有能所對境的，因爲我們已經習慣於這種有能所的「看」了。而任何對境都是虛妄的，都是無明的展現。只要你還有「看到」，有「看」有「到」，就都是無明，不管你睜著眼睛、閉著眼睛、不用眼睛……明白這些，你才能眞正安住在無分別中。

2.18 我不受束縛，也沒有解脫。這幻相失去支撐，已經停息了。阿吠，儘管宇宙在我之中，實際上也並不存在於我之中。

「我不受束縛，也沒有解脫。」解脫是對束縛來講的。所以明白眞我的人，既不接受一切束縛，也不追求一切所謂的解脫。因爲他知道，能夠被追求到的解脫都不是眞正的解脫。都是相對而論的，相對論正邪。

「這幻相失去支撐。」我們種種的渴求，「我要，我要，我要這個，我要那個……」實際上你先承認了這個幻相是眞實的，才會「我要這個，我要那個」。如果你不承認這個虛幻的個體，你要啥？你缺啥？你啥也不缺。

「已經停息了。」不是說，我要死了以後幻相才停息。當你看破了，它騙不了你了，這幻相就停息了。

「儘管宇宙在我之中，實際上也並不存在於我之中。」雖然現在的一切展現，都在我之中展現，但是如果你只看著眞我的話，這一切展現與沒有展現，是平等平等的。因爲你不再被騙。

2.19 我已經確知宇宙和身體無實體，而自性只是純淨覺性，如此，妄想還能站在什麼基礎上呢？

我們的身體、宇宙，原來都是假的。妄想只能站在無明的基礎之上，只能站在以五蘊身心爲「我」之上。包括一切的因果業力，都只站在這個假我之上。你被這個假我騙的時候，才有起惑造業，才有罪業可懺悔。眞我有什麼可以懺悔的呢？所以《普賢觀經》說：「若欲懺悔者，端坐念實相。」你眞正想懺悔嗎？好，瞭解什麼是眞我吧。那個時候，原來哪有業啊？哪有因果啊？因果都是安立在小我之上的。

2.20 身體、天界地獄、束縛解脫，以及恐懼都不過是妄想。我和這些有什麼關係？我的本質是覺性。

「身體」，我們人人都有的這疙瘩肉。

「天界地獄、束縛解脫，以及恐懼都不過是妄想。」一切束縛、不得自由，都是你想出來的。

「我和這些有什麼關係？」如果你以眞我爲我，那和這一切都沒有關係，也就沒有一切業，超越了一切因果。如果你認爲你是五蘊身心，那麼這裡的任何一切都與你有關係。所以我們如果還不能夠以眞我爲我，那最好還是守規矩一點，乖一點，起碼少受點罪。

「我的本質是覺性。」所以迦納卡開悟了，他瞭解：「原來哦，我跟這些東西沒任何關係。我的本質就是覺性。」

2.21 阿吠，我不見任何二元。即使是人群也變成荒林。我又能執著什麼呢？

如果我們以眞我爲我，這樣的話就不會再見到任何對立的二元了。不見你我，不見有客體外物。不是說眼瞎了看不見，而是說不再以這些爲眞實了。這樣即使在大庭廣眾之下，在鬧市人群中，也如同在荒無人煙的森林裡一樣。

印度教教徒的人生分爲四期，第一期是梵行期，第二期是居士期，第三期就是林棲期，會到森林裡去修行瑜伽，追求解脫。而眞正明白了不二的人，已經不受環境的約束，在他眼裡，人群中和荒林中無二無別。你明白了這些，還有什麼好執著的？如果沒有了妄想，沒有了執著，你身在任何地方，都是解脫的。

2.22 我不是身體，也沒有身體。我不是個體，我確實是覺性。渴望活著真的是我的束縛。

要提醒自己：「我不是身體，也沒有身體。我不是個體」，我不是一個單獨的個體，「我確實是覺性」。

好好聽著哦：「渴望活著才是我的束縛。」我們所有的痛苦，都源於我們拒絕死亡，拒絕假我的消融。我們希望努力地活下去，這在我們腦中根深蒂固，能活一天算一天，好死不如賴活著。我們所有的努力都是爲了繼續活下去，要活得好一點，不敢放下自我。所以他說：「渴望活著才是我的束縛。」

當然，別回去對病人或者老人說：「你死吧！」（眾笑）「老娘白養你啦！你這不肖子！」但是我們心裡要眞的知道：「渴望活著才是我的束縛。」老子說：「我之所以有苦，以我有身也。[17]」信嗎？

17　老子原話為：「吾所以有大患者，為吾有身。及吾無身，吾有何患？」

2.23 阿吠，在我這無限大海中，心識之風一起，就湧起各類世界波浪。

善心起了，這裡就是天堂；惡念生了，馬上轉變爲地獄。慈悲心一生，馬上成爲功德林；嗔恨心一生，功德沒有了，所謂「一念嗔心起，火燒功德林。」總之，「心識之風一起，就湧起各類世界波浪。」

《六祖壇經》云：「自性迷即是眾生，自性覺即是佛。慈悲即是觀音，喜捨名爲勢至，能淨即釋迦，平直即彌陀。人我是須彌，貪欲是海水，煩惱是波浪，毒害是惡龍，虛妄是鬼神，塵勞是魚鱉，貪瞋是地獄，愚癡是畜生。」又云：「正見名出世，邪見是世間。邪正盡打卻，菩提性宛然 」。所以沒有什麼好修行的，不要再被假象騙，不要再起無明。不要再覺得我邏輯很強，思辨很棒，你所想的不過是一堆垃圾。

2.24 在我這無限大海中，心識之風平息，個我這商販的世界之舟也就不幸沉沒了。

當我們的心識之風止息，念頭消散之後，「個我這商販的世界之舟也就不幸沉沒了」。古代印度商人喜歡入海，冒著生命危險採寶，發家致富。所以心識之風平息的時候，個我在哪兒？宇宙在哪兒？寶又在哪兒？識心沒有了，個我認同消失了，一切的一切也就結束了。船沉了。

2.25 多麼殊勝！在我這無垠大海中，個我的波浪隨其天性紛紛升起、碰撞、嬉戲一陣又消失。

在瞭解眞我之後，玩吧。不怕玩，玩完最後就沒了。包括你本身，所有的玩，所有的折騰都是假的。所以沒有問題。多好啊！結束了。

第三章

進一步的指導

第三章的標題，有的譯本翻譯成「對見性的測試」，或者是「對弟子進一步的指導」。第一章是八曲仙人對迦納卡國王的開示，第二章是迦納卡國王明白了之後，呈上自己的見解。現在是第三章。

第三章前面幾頌說了檢驗見性的標準，如何鑒別一個人是否眞實了悟自性，是只在文字上了悟呢，還是與它相應了。我們也可以用這個標準來檢驗一下自己，看看自己在日常生活中，是與眞我相應呢，還是只停留在文字上的理解。

前面四頌，偏重於說理，在理上悟得眞我之後，任運斷惑，離開貪欲、離開自我感，斷除煩惱。從第五頌一直到第八頌，是從事修來談，雖然你認知了眞我，但是有時候由於無量劫來的習氣，自我感還是會生起，性欲也仍然會生起，對死亡的恐懼也會生起。這些東西表面上看起來是相矛盾的，但實際上並不矛盾。因爲如果眞正瞭解眞我的話，那麼善的一面，或者說解脫的一面在其中；不善的一面，或者說帶有無明的部分，也在眞我之中。如果你對眞我有堅定的信心，就算在我們的念頭裡出現了這些所謂需要被對治的煩惱，出現了一些習氣的攪動，也不過如是。如果眞實地瞭解了空性，你不但對解脫沒有期盼，同樣你對輪迴的幻相也沒有恐懼。

八曲仙人說：

3.1 已經知道自性的真實本性不可摧毀，就是一。定於智慧且了知自性的你，怎麼還會熱衷於擁有財富呢？

「已經知道自性的眞實本性不可摧毀，就是一。」見性與否、與道是否眞的相應，怎麼去檢測呢？你瞭解什麼是眞實的，什麼是虛妄的，瞭解這個眞實的本性就是一，也就是所謂的「知一，知一切」嘛。你眞正了知它的話，就了知世間一切幻相的變化不實。

「定於智慧且了知自性的你。」什麼叫定於智慧？這裡的智慧不是指世間人在各行各業上的聰明才智。「定於智慧」是指出世間的、究竟解脫的智慧。這個「你」就是指迦納卡。如果我們自己也學習這個教法的話，就可以把自己代入這個「你」，看看自己是不是這樣。

「怎麼還會熱衷於擁有財富呢？」這裡的關鍵在於「熱衷擁有」。擁有財富本身不是罪過，尤其你們還有世間的責任未了。但是「擁有財富」和「熱衷於擁有財富」，就是兩回事了。這是第一個標準。他不問你，「有財嗎？」他問你，「還貪財嗎？」一個開悟的覺者可以擁有所有的財富，但是他必不貪財。

3.2 阿吖，因為不識自性，對虛幻的感官對境生起執著。就像由於不識貝殼，對銀子的幻相生起貪心。

這一頌是對上一頌的解釋。如果你眞的明瞭自性，會分辨什麼是銀子，什麼是貝殼，不會拿貝殼當銀子。我們貪戀這種不實的、變化無常的財富，熱衷於去擁有它，是因爲不瞭解什麼是眞實的，什麼是不眞實的，從而才會把變化無常的東西當作眞實。

「阿吖，因爲不識自性，對虛幻的感官對境生起執著。」對境沒有過錯，一切境界都沒有過錯。過錯在什麼上？在於我們對它生起了執著。執著於境界才是煩惱的根源。我們貪愛順境，貪愛美妙的境界，貪愛精緻的享受，反之，厭惡不順遂於自我意願的境界。這個時候你的煩惱就生起了。

這兩頌合起來給出了第一個標準。你能堅信嗎？能堅信的人一定不會被幻相所騙。他瞭解一切境界的虛幻不實，不拒絕境界，但絕對不會去貪求境界。

3.3 已經了悟「我就是那個」，宇宙在其中顯現，如同海上的波浪。你為什麼還要像條可憐蟲那樣四處奔波呢？

世間人從早到晚在職場上奔波。早上還沒睡醒呢，鬧鐘一響就得爬起來。晚上到了很晚了，「哎呀不行，下了班還要見幾個客戶」，還要去應酬。好不容易逮著有個假期，馬上開著車出去，要麼坐飛機坐火車，去幹啥？旅遊。這是世間人。出世間人呢？參訪，東跑西跑。這個山有名，那個廟名氣大，去看看，希望能挖點啥。所以，不管世間人也好，出世間人也好，除非你眞正明白了自性，否則想做個宅男宅女還不容易呢。現在由於網路發達，做宅男宅女的人多了，可是你看他，一天到晚還是在網上看電影啊購物啊，到處去看這個看那個——這都屬於「像條可憐蟲那樣四處奔波」。

對於一個眞正解脫的人來說，眞的是連眼皮子都懶得抬一下的。眞的不會到處去晃，肉體不會亂跑，心也不會亂跑。因爲，沒什麼可跑的。當然，如果你會被五官對境吸引的話，讓它不跑是非常困難的。所以第三頌的檢驗標準就是，看你的身體、你的心還四處奔波嗎？

小一點的就是在這個世界上奔波，大一點的就是我死後要到哪去，這都是一樣的問題。都是由於不瞭解自性，不瞭解我本來不生不滅、本不動搖，都是以色身爲「我」，以這個虛妄的靈魂爲「我」，所以才跑東跑西、跑南跑北。今天聽說這個景點不錯，明天聽說那個淨土也不錯，好吧。

3.4 已經聽聞自性是純淨覺性，美得無與倫比，怎麼還會深陷情欲，墮落不淨？

如果一個已經眞正見性之人，縱然在美女叢中，心也不爲所動。而不是像世間人那樣，追求美色，神魂顚倒。

3.5 怪哉，已經認識到我在萬法之中，而萬法也在我之中的智者，他的自我感還會繼續。

雖然在理上，經過上師的加持，我們已經瞭解到，「已經認識到我在萬法之中，而萬法也在我之中」這個道理，可是往往「自我感還會繼續」。「自我感」是俱生我執[18]，不是明白道理就能夠去掉的。當你聽聞了教法，明白「我在萬法之中，而萬法也在我之中」的這個道理，就已經能夠用眞理、用眞我的教言來對治分別我執了。但是自我感是屬於俱生我執，幾乎是沒有間歇的。從你醒過來，從開始做夢的刹那，就是任運而起的，這是無量劫來的習氣，並不會因爲你明白了這個道理，就自動消除，只能夠慢慢地消磨。在漸次道的教法裡，俱生我執也屬於修所斷惑。

你明白眞我後，俱生我執還是會現起。然而，俱生我執的力量在於勾起第一念，後續的心續是由於「分別我見」而加強和鞏固的。現在藉由對眞我的瞭解，依靠究竟眞理的力量，俱生我執在生起之後，就會被眞我的知見減弱，武器就被卸掉了。

生生世世，「我見」始終是我們的老闆。我們看問題、處理問題，我們行事，都會處在它的淫威之下。現在雖然還有俱生我執，這個自我感還在繼續，但是由於眞我的力量，「分別我見」已經被破除了。如果你明白自性，那麼雖然在失念的時候，你的自我感會生起，但當你正念現前的時候，它就會褪去。這樣的話，它已經不能再做我們的老闆了，成了我們日常生活中的一個工具而已。

18 俱生我執，與生俱來的我執，這種我執是先天性的，不是後天學習來的，後天學習來的，叫做分別我執。

我們一般人都被自我感操控。有時候很煩惱，太在意自己的表現，其實都是自我感。也許別人並沒有這麼注意你的表現，可你卻覺得別人時時刻刻在盯著你看。爲什麼？存在感，刷存在感。我們沒有辦法做到不去表達自我。其實一個好的修行人，你坐在他旁邊，幾乎感覺不到他的存在。他也不會怎麼多話，或者就是和眾人一起嘻嘻哈哈。

3.6 怪哉，安住無上不二，志心解脫的人，依然為情欲搖動，被性愛的習氣攪擾。

很實在地說，志心解脫的人並不等於就能馬上斷除情欲的習氣。除非識心已經完全不起了，否則的話，我們無量劫來這種情欲習氣、性愛習氣總是有的。獸性嘛，不是在我們理智層面的，這種記憶比心識層面更深、更堅固。所以僅僅借助於瞭解眞我，或者一定程度上熟悉自性的教法，還是無法徹底就克服這些習氣。

大家一般都以爲安住無上不二的人，志心解脫的人，應該像聖徒一樣，清心寡欲，不會爲情愛所動搖，不會被性愛的習氣動搖。這就是將道人等同於聖人，一般人都這麼認爲。實際上眞正的道人，他的心安住於無上不二，未必一定要表現爲聖人那樣；在小我的層面上，可能有些時候依然會被情欲動搖，被性愛的習氣攪擾，會出現這種情況。但是，這並不影響他瞭解無二，並不影響他志心解脫。

所以，我們不能夠僅以一個人表面上的一些行爲來下判斷。若我們遇到某個道人，不如我們所期盼的那樣行爲聖潔，一般人就不把他當作道人了，認爲他和我們是一樣的凡夫。其實作爲道人，雖然偶爾也會表露出形如凡夫的這些舉動，欲望啊、習氣啊，但是由於了知究竟的不二，他並不在乎是否在身、語、意中表現出那種超凡脫俗。所以在生活中，有時候這種瞭解不二之道的人，依然會示現出這種世俗的習氣。

如果你眞正做到了安住自性、認知自性，也就沒有所謂的解脫和輪迴了，眞正達到了平等。那是更高的境界，那時性愛與持守清淨戒律實際上是沒有任何差別的。當然了，這種教法不適合在大庭廣眾去談論。所以基本上在公開的教授裡面，都是教導你要遠離性愛的習氣的。

弟子：師父，您說道人和聖人有什麼區別呢？

師父：你見過那些道德衛士嗎？就是說他所做的一切都非常符合世間的道德規範，我們都會覺得這種人是聖人，但是我們並不瞭解他的心行，不瞭解他的見地。而道人正因為徹底瞭解空性之後，他可以表現為聖人，也可以表現為凡夫。

弟子：他也會有情緒起伏，只是不承認這個起伏嗎？

師父：他並不認同他的這個身體，以及由此身體而現起的習氣和行為。這個是道人與凡夫的不同之處。凡夫就是認同這個身體，以及由這個身體而現起來的習氣和行為，他們認為自己是做者，要對自己的行為負責，這樣就是結業的。而道人，一切只是隨緣起舞，表面上他展現出這些東西，實際上，他並不受這些身心的習氣、行為所影響。

弟子：像我這種人，事情做完後，會覺得，哎呀，好像有點不大好啊。

師父：這就不是道人了。

弟子：我就會提醒自己說：「師父說『根本也不是我做的』」。於是就放下了。

師父：根本不需要提醒自己啊。

弟子：過了就過了？

師父：過了就過了，這就是道人啊。你還跑回頭去後悔這個、後悔那個，覺得：「哎，剛才怎麼做了這些？」說明你還認同於這個我，認同你是做者，認同言行，認同你的習氣。作為一個道人，他徹底瞭解這些的虛妄不實，所以也並不在乎他的表現是什麼。

3.7 怪哉，明白色欲是真知之敵，已極度衰弱的人，臨死之際依然渴望性愛滿足。

就是說，一個志心解脫的人，已經明白色欲是我們的根本欲望。我們在娑婆世界之所以輪迴，愛欲是根本。所以，孔夫子也說「食色性也」，它是隨著我們人性本身自然帶來的。但是，這些欲望都是源於我們有身見，源於我們有自我的認同感。所以你眞正消除了身見、消除了自我認同的時候，這方面自然就會淡漠。另外，還有一個對治的辦法，就是要生起出離心。

其實對一個道人來講，他知道，不但身心是虛妄的，一切欲望也是虛妄的。表面上看來，我們要明白色欲是眞知之敵，但實際上這只是對那些並不眞正瞭解眞知的人來說的。因爲他們還認同色欲是眞實的存在，還認爲身體是眞實的存在，還認爲男女是眞實的存在，所以對這種人來說，色欲才是眞知之敵。如果眞的明白畢竟空寂的話，那麼無男女相，也無色欲相；如果徹底了知其虛妄的話，那麼無論身體是否衰弱，是否在臨終之時，都已經不再與自己的覺受爲敵了。就像肚子餓了就要吃飯，不會故意不吃。

我們一般的人，如果不相信空性的話，就害怕起惑造業，害怕輪迴，害怕墮到下界去受苦，所以我們用行爲準則、道德規範，用戒律來約束自己。雖然心裡有種種欲望，但是我們卻不敢去滿足它、實踐它。當然凡夫也會去滿足欲望，但是因爲並不是在瞭解空性的基礎上，那麼他們的所做所爲確實是起惑造業的，是要受報的。作爲一個已經徹底了知眞知之人，已經不再與自己的欲望爲敵，不再與自己的身、語、意爲敵，這個時候展現出來的東西，是無法被一般人所接受的。

「已極度衰弱的人，臨死之際依然渴望性愛滿足。」這是人性的弱點，除非你不再與它認同，否則性欲這個東西是非常難斷的，認知自性才能超越它。就有爲法來說，斷性欲是屬於修所斷惑，非常難。那洛巴就是用石頭把自己的小雞雞砸爛了，可是依然無法斷除淫欲之心[19]。

弟子：師父前面說的，另一種方法就是用出離心？

19　參見《那洛巴尊者傳》。

師父：不淨觀、白骨觀，反正諸多的方便，包括持咒啦、保持禁食腥葷啦，就是在協助你斷欲。

弟子：很多人覺得色欲是生命力，年輕的時候會有，熬到老了就沒有了嘛。而這裡說，就是到快死了，還會渴望這些。

師父：因爲年輕的時候沒有得到滿足。

弟子：所以與之爲敵，靠對治法的人，是很難對治掉的。

師父：除非你沒有這個習氣。但是大部分的人，如果有這個習氣，用對治法去壓制、壓抑，往往到老了，當心智衰弱的時候，對治力壓不住了，你的那種本能的欲望，就會翻騰起來。

「怪哉。明白色欲是眞知之敵，已極度衰弱的人，臨死之前依然渴望性愛滿足。」如果你以此爲標準想要壓伏慾望的話，那是非常難達到的，實際上只能去超越它。怎麼超越？與眞我認同。你堅信解脫，而不是拚命地去看著煩惱，跟煩惱過不去。

修行有兩條路子，一條是在識心上用功，專門看我有什麼不足，然後用對治法去跟它對著幹；另外一條路，就是把你的注意力放在眞我上，放在覺性上。你眞正明白的話，很自然。因爲你的心在什麼上，你就是什麼。你的心是在覺性上，你的注意力在覺性上，或者說你的自我認同是在覺性上、眞我上，很容易就能超越這些。否則的話，你的注意力都在你的缺點上，都在你的表現上，都在在乎人家怎麼看你，那你就在煩惱中，不會解脫的。

薩惹哈當年已經是那爛陀大學最高的學術權威，比一般的佛學堪布、博士都不知道強多少。他得到了空行母的授記，說上師不在那爛陀，讓他去找。他就離開那爛陀，開始漫長的尋訪上師之路。他在集市上看到一個很年輕的女孩子，一個造箭女在賣自己做的箭。她拉著弓在那裡瞄，薩惹哈就覺得很奇怪，問：「你瞄什麼呢？你前面又沒有靶子。」造箭女就告訴他：「我瞄的是心中的靶子，是空性。」薩惹哈突然就明白了。他以前在經論中學到的，基本上都是怎麼樣對治，怎麼樣與煩惱爲敵，都是有目標的。他突然明白，當你把注意力集中在空性上，就與空性相應，而不是與煩惱相應。我們對治惡都是用善，對吧？但是你要想超越善惡，必須不能瞄惡也不能瞄善。薩惹哈就跟著這個女子修學，最後成就了大手印。

所以，你明白這點的話，修行應該瞄準那個眞我，瞄準覺性，而不是看著自己今天又起了多少個妄念。你又不是石頭，不起妄念才怪了。就算不起妄念，也就是得了個禪定，得個三昧，有什麼大不了啊？你只是把自己變成一塊石頭而已。很多教授讓你在兩個念頭之間去尋找一個空空的，那不叫空性。那只是沒有念頭。

3.8 怪哉，不執著此世和來生，能分辨無常與永恆，並渴望解脫的人，卻會害怕解脫（身體的死亡）。

前面談到了財富、談到了奔波、談到了情欲、談到了性愛等等，這頌談的是什麼呢？我們在心識的層面上明白了，也渴望解脫，但害怕身體的死亡。我們嘴上說「我不執著此生和來世」，但卻會害怕死亡。現在大部分的學人，都害怕死亡。你可以從他們的態度上，對身體的執著上，對健康的執著上，對延續生命的那種執著上看出來。如果你瞭解這一切如幻的話，就不會投入那麼多的時間、那麼大的精力在珍惜你這個虛幻的生命上，去講究所謂的身體健康等等。我不是說要糟蹋它，但你也不會過分爲此操勞。

實際上大部分的人修了半天，都怕死得要命。因爲生命是一切其他，包括財富、名譽、地位、親眷等等的基礎。生命的消失意味著失去了我們所擁有的一切。我們可以檢查一下自己，我們怕死嗎？這是修行人都應該問問自己的問題。我們害怕生病嗎？有對健康長壽的那種堅固的執著嗎？今天晚上，今天下午就死了，敢死嗎？但就算怕死又怎麼樣？一個人道理學得再好，你讓他突然站到高樓頂上，有恐高症的話，他也沒辦法克服的，這是屬於細胞的記憶。

弟子：有人說在這種時候，什麼正知正念都沒有了。

師父：他們以爲要持住正知正念才是道，這種講法對眞正的悟道之人來說，不是那回事。你要瞭解，明與無明同一不二。煩惱即菩提。

我們認爲瞭解眞性的人，不應該有這些。我們認爲恐懼是不好的，是不如法的，是不對的，所以我們不希望有這種恐懼出現。而實際上這些東西還是會出現的。有些人確實在一聽聞眞我的教授之後，這些煩惱、恐懼就不現起了。但是對另外一些人來說，這些東西還會現起。然而，不論現起也好、不現起也好，對於瞭解道的人來說，實際上是沒有差異的；對於眞正的道人來說，存在這種恐懼是被接受的。他不僅接受無畏的、正面的部分，同時他也接受恐懼的、負面的部分，他知道這些無非是眞我的遊戲，是假我的幻相。都是道的展現。

3.9 無論是受供養還是被折磨，心不受擾動之人確實從來只見究竟自性。他既不喜悅也不嗔怒。

從這裡開始的幾頌，都是在描述見性之人是怎麼樣的。我們爲了什麼而修行？我們都在求什麼？求快樂，求喜悅。可是對於一個眞正見性之人，眞的，沒有什麼好喜悅、也沒有什麼好痛苦的。酸甜苦辣之外，還有什麼？就是沒味兒，也叫做淡。在歡喜、煩惱、憤怒等等等等情緒之外的那個，就叫做平常心。這是最珍貴的。

「他既不喜悅，也不嗔怒」，不隨著境界起舞。這個就是眞正的見性之人，「心不受擾動之人，確實從來只見究竟自性。」

3.10 靈魂偉大者見自身行為就像是別人所為，怎麼會被讚揚或指責煩惱？

什麼叫「靈魂偉大」？就是說他已經知道眞我了，他的靈魂不再是個體性的，而是已經與法界合一。

「他見自身行爲就像是別人所爲。」就像馬哈希尊者[20]經常說的：「馬哈希要吃飯了，馬哈希肚子餓了。」他不說「我肚子餓了」，而是「馬哈希肚子餓了」。我們時時刻刻認爲：「我在做什麼，我在怎樣怎樣。」說明你還在這色殼子裡頭。如果你不與這個殼子認同，你不在這個殼子裡頭，這個殼子自己會去做的。你可以給它安個假名，也可以不安假名。你也可以說「我」，但那個「我」是不帶認同的。

「怎麼會被讚揚或指責所煩惱？」所以做了好事，或者做對了，他不會覺得是他做對了，他不認爲是他有所選擇地做了某件事。你指責他：「你怎麼這樣幹？」他也不認爲是他在那樣幹。所以禪宗裡面有歸宗斬蛇、南泉斬貓，這些都很正常。但是首先一點，你必須不與自我相認同，不然的話你會結業受報的。所以，對於這種偉大的靈魂，他們不受一切戒律的束縛，因爲他不認爲自己是做者。

3.11 定於智慧之人認識到宇宙只不過是幻相，失去了所有興趣，怎麼會害怕死亡臨近？

前面是講害怕死亡，害怕離開這個身體。而這裡是講一個眞正的解脫者，定於智慧之人——當你不再被識心所擾動，不再用自我的這個識心的時候，就叫做定於智慧之人。他們會認識到，「宇宙只不過是幻相」。科學家到現在爲止，對宇宙最高的認識是弦論，一切由微細的能量弦所構成。但是對於我們來講，就那弦也是幻相。沒有你的認知，哪有什麼弦不弦的，對吧？所以科學家永遠追不上道人，他們對究竟眞理的認知還早呢。

你眞正瞭解宇宙只不過是幻相，能夠平等對待白天和夜晚的夢境的時候，就「失去了所有的興趣」，你對一切東西都不再會有什麼特殊的興趣了。這是非常不容易的。其實你仔細想想，我們每個人或多或少都

20 印度近代聖者拉瑪那·馬哈希(Ramana Maharshi，1879 - 1950)。

對某些事情感興趣。有的人喜歡唱歌，有的人喜歡藝術，有的人陶醉於茶，有的人陶醉於美女、美男子，各有所好。當你失去了所有興趣，甚至對健康、對長壽都沒興趣了，你還會害怕死亡嗎？只要還對任何一樣東西有興趣，你就有掛礙。除非你已經對任何東西都不再有興趣了，到了那一天，你就不會再害怕死亡的問題，隨時可以準備著去死。這叫解脫。不然的話，嘴巴上光說「覺性是我，我是覺性」，卻說「別碰我哦，好冷！」這就不行。所以連冷都怕，還說不怕死？

3.12 誰能與這聖雄比較呢？他滿足於了知自性，甚至不追求解脫。

「聖雄」是印度對最偉大的人物的尊稱。什麼人能和這些人比較？「他滿足於了知自性」，我們滿足於了知自性嗎？不滿足。聽完這個教法之後，我們總想看看別的地方，哪兒還有一些更新鮮的、更美的、更善巧的教法。總希望在別人的本子裡頭、兜裡頭，再摳點什麼祕密出來。

當眞的了知自性的時候，生與死沒有任何差別。解脫？從哪兒解脫啊？煩惱的當下就是解脫的，煩惱與解脫本來不二。這個不是嘴上說的，眞的不是。只有當眞正滿足於了知自性的時候，其他的這些什麼煩惱啊、解脫啊、平等啊、清淨啊，才都是一堆妄念。

最難的是什麼？是從涅槃中解脫，不去追求涅槃。在佛教歷史上，有很多人爲了保持自己的證悟境界，怕退失道果而自殺，或者叫別人殺死自己。佛陀當著波旬的面讚美他們，但是後面馬上就改變了教法[21]。我們學佛是爲了開啟智慧，不是爲了死，不是爲了求死。如果死就是解決辦法的話，那還學佛幹什麼？一條路就好了。所以，千萬不要變成一個盲目的宗教狂熱者。要了知自性，這是你唯一能夠得到究竟解脫的道路。

21 《雜阿含經》瞿低迦比丘的故事。

3.13 心不受擾動之人，瞭解感官對境的本性非實有，為什麼還會接受這個，捨棄那個呢？

作爲一個眞正了知自性、心不受擾動的人，瞭解感官對境的本性非實有，並且瞭解捨棄與接受也是平等的。一切無非是眞我的遊戲，是道的展現。所以接受也好，捨棄也好，亦不出眞我的遊戲。

只有當你放下「乾淨見」，才能眞正做到心不受擾，不然的話就沒有解脫之日。要把你學過的一切都統統忘掉，眞正做到平常心。所以修行的過程既複雜又不複雜。如果你眞的明白了，很簡單；但是如果你不明白，自己看幾本書，或者隨順自己過去生的習氣，以爲這樣就是的話，那將來要吃的苦還很多。

3.14 心裡已放下對世間的興趣，超越二元對待的離欲之人，對他來說，任何經歷對境都是理所當然的，不會帶來快樂或痛苦。

「心裡已放下對世間的興趣，超越二元對待的離欲之人。」這些都是眞正的道人。對他來說，任何經歷、對境都是道的展現，自然就是理所當然的，不會帶來快樂和痛苦。

這些都是聖人的實證境界，非我等凡夫可以談論，我們現在只能在道理上說說而已。從理上來講，我們快樂和痛苦源於得失之心。如果瞭解一切無非是眞我，自然不會有得失之心。當一個人沒有了得失之心，他就不會再有快樂和痛苦的問題了。但是這個問題，如果想眞的講通講透，你就只能去問那些親證離欲的聖人了。

第四章

弟子自呈見地

下面是迦納卡自呈見地。經過上師給他分判見性與沒見性的教授後，他就把自己的體悟說出來了。

迦納卡說：

4.1 哦，殺賊者！了知自性者，定於智慧者，儘管在世間遊戲，與迷惘在輪迴的野獸完全不同。

迦納卡讚歎八曲仙人道:「哦，殺賊者！了知自性者，定於智慧者。」這都是對他上師的讚美和感歎，也包括他自己的心態，呈獻給自己的老師。

他說：「儘管在世間遊戲，與迷惘在輪迴的野獸完全不同。」一個眞正開悟的人，表面上也在示現種種遊戲，但是與迷惘在世間的野獸完全不同。野獸在世間，凡夫在世間，覺悟的聖者也在世間，大家一起吃飯、一起生活，但正所謂各人吃飯、各自修行。輪迴的眾生在世間就是起惑造業，遭受往世的惡業之苦，而生起的煩惱又成了未來的痛苦之因。所以他們是從苦向苦；解脫者由於過去生的惡業，現在仍然存活於世間，但心卻是解脫的。所以他只是隨緣了舊業，從此只是消完舊業而已。而且他還會在世間發光發熱，耗盡過去業所起之身。所以迦納卡開悟之前是國王，開悟之後依然做國王，形式上沒有任何的改變，但是本質上不同。

4.2 因陀羅等天神渴求瑜伽士的境界，鬱鬱不樂；阿吙，瑜伽士安住此境界，並不覺欣喜。

「因陀羅等天神渴望瑜伽士的境界。」從表面上看，道人吃的、穿的、用的，可能並不怎麼美好。可能吃得很粗糙，有一頓沒一頓；穿得很破爛，居住環境也不是太好。印度、西藏、漢地那些瑜伽士，他們的生活條件都並不一定很好，但是他們擁有的那種內心的寧靜，卻是天人、天神都求之不得的。因陀羅即帝釋天，中國的傳統裡叫做玉皇大帝，連他們都渴求瑜伽士的境界，他們都希望能像瑜伽士那樣。天王們會經常下來看看，有誰能夠教導自己得到解脫、得到寧靜。所以當年佛陀成佛的時候，都是天王下來請法的。

「鬱鬱不樂。」他們仍然會感覺到不快樂，因爲他們有失去權勢的恐懼，不時要面對阿修羅的挑戰，有對死亡的恐懼。

「阿吙，瑜伽士安住此境界，並不覺欣喜。」瑜伽士沒有佔有欲，無得亦無失，活在寧靜之中，並不會由於自己是瑜伽士而沾沾自喜，這是瑜伽士的境界。這比玉皇大帝都自在，眞的。因爲他沒有得失心，沒有佔有欲，沒有恐懼。

4.3 了悟自性者，他的心不被善惡影響，如同天空不為煙塵所觸，儘管看似如此。

「了悟自性者，他的心不被善惡影響。」一個眞正了悟自性的人，他的心不會被善惡所影響，不會被善惡境界、念頭所影響。爲什麼？因爲他看向的是覺性本身，而不是看向念頭，不是看向對境。所以他的心不被善惡影響。

「如同天空不被煙塵所觸。」有霾無霾都沒有問題，但是你先得認知天空。如果你成爲鼻毛、鼻孔，就慘了，有霾就全沾在上面了，很辛苦。

「儘管看似如此。」儘管看起來煙塵滾滾，但是煙塵歸煙塵，天空歸天空，它們兩個是碰觸不到一起的。所以一個瑜伽士，一個了悟自性的人，他關注的是這個不被染汙的心——所謂平常心，並不被這些境界所碰觸。他知道一切境界都是覺性的展現：展現雖在覺性之中，但碰觸不了覺性；輪涅皆在眞我之中，但碰觸不到眞我。

4.4 明白全宇宙唯是自性的聖雄，誰能妨礙他任運而為呢？

明白全宇宙都是我們自性的展現，這樣的聖雄，誰能妨礙他任運而爲呢？任何人都阻止不了他。他一切的行爲都是任運而成的，不受任何約束，因爲他才是宇宙的主人。就像水，你阻止不了它。「青山遮不住，畢竟東流去」，就是這樣。因爲他沒有無明，沒有自我意志。有心才可能被阻止，他沒有心，永遠是任運而行的。所以學道、求道，沒什麼好求的，把你的心放下就是了。不要提著它。

4.5 從梵天到草葉的四類生靈中，只有智者才能放下貪愛和嗔恨。

「從梵天到草葉的四類生靈中。」一切有情不外四類：胎、卵、濕、化。從草葉中而出的是濕生，從梵天中而出的是化生，人類等所出是胎生，禽類、魚類這些是卵生。

「只有智者才能放下貪愛和嗔恨。」一切有情種類無限，四生九有。但是在這裡面，只有眞正瞭解到自性智慧的智者，才能做到放下貪愛和嗔恨。這就是連天王都要下來去找這些瑜伽士的原因。當然這些智者不一定是在人間，在天上也有。智者是散生於六道、化身於六道之中的。只有智者才具備這樣的智慧和能力，「才能放下貪愛和嗔恨」。如果放下貪愛了，那一定不會嗔恨。如果整天恨一個人，那放心，你一定也曾很愛他。愛和恨永遠是一對孿生兄弟，愛不到就恨，就是這樣。其實就像一隻手的兩面，手心和手背永遠是一對；就像鐘擺的兩個端，愛和恨，沒法只放下其中一個。「啊，我充滿了大愛」，「我愛這個、愛那個」，你放心，有朝一日被曾愛過的人騙了，就暴跳如雷了，只是時候未到而已。很多表面上很愛、很愛啊，愛到最後跟恨差不多。

4.6 罕有人知道自性無二，是宇宙之主。他心裡出現什麼，就做什麼，無所畏懼。

「罕有人知道自性無二，是宇宙之主。」知道自性無二的人，就是宇宙之主，所謂「你就是上帝」。

「他心裡出現什麼就做什麼，無所畏懼。」當已經眞正知道一切無非是自性的展現，自性是獨一的，這時候就會聽從內心，心中現前的該做之事，你自然就會去做。這才是對的。而不像世間人，世人關心的是：你這麼做會怎麼樣？

很多人是怎麼學道的呢？模仿。模仿從你接受戒律時就開始了。佛陀也好，或者其他宗教的創始者們，他們與道相應、了悟眞理後，會爲徒眾制定一些在各自力所能及的範圍內，可以行持的行爲規則，這就是戒律。如果你了悟到自性無二，心已經不受擾動的時候，你是不需要遵守任何戒律的，因爲你的每一個念頭都是自性本身，你的行爲就是行爲的標準。「他心裡出現什麼就做什麼，無所畏懼。」所以是不能用世間人的行爲標準去衡量他的：「你這麼做，犯戒。」「你這麼做，不符合因果、不符合緣起。」這些只能去說給那些未了悟自性之人、心不平等之人，對那些人或許能用這種標準去評論他們的身、語、意。但是對於一個了悟自性、心不受擾動的人，是不受這些約束的。

第五章

消融四道

第五章，消融四道。消融四道談論什麼？我們平時講了很多的教理，談到眞我，但是我們在現實生活中，每個人又經常會執著色身、執著我們的肉身、執著我們醒位的這個識心。我們已經習慣了認這個為「我」。雖然這章叫做「消融四道」，但如果你見地透徹，是不存在所謂的消融的。但是很多人，很注重於感受、經驗，習慣於相信這個假我，那麼就要知道怎麼樣使我們的身與心消融於這個眞我之中。

很多人聽說大手印、大圓滿，人到死的時候屍體都消失了，化成虹光。很多人沉迷於此，虹光身當然是修行成就的徵象之一，是非常了不起的。但如果你見地透徹，死了以後別說屍體消融了，就是膨脹了變得更大也無所謂，因為反正都是夢中的景象。但由於人們比較貪著於這種所謂的消融，所以八曲仙人就給出了消融的四種方式，四條道路。

八曲仙人說：

5.1 你不與任何接觸。因此，純淨如你，要放下什麼呢？消融身體、心、意和自我的集合，如此就進入消融。

「你不與任何接觸。」這裡的「你」指眞我，即我們人人本具的眞我。眞我雖然在基底上展現一切，但它不與任何東西接觸，不與任何的境像、任何的經驗、任何的存在，有任何的接觸。就像我們以電影的銀幕為例，不管上演熊熊烈火或滔天洪水，那塊幕布不會沾濕一角，不會燒焦一個點。總之，眞我跟任何境界、任何覺受其實是一點關係沒有的。

雖然不離於它而展現出了這一切，但實際上任何展現，你示現成佛作祖也好、還是示現在地獄裡受苦也好，對眞我是一點影響都沒有的。所以「你不與任何接觸。」

「因此，純淨如你，要放下什麼呢？」如果明白這一點，你與眞我相認同，其實沒有什麼要放下的。並不是說：我要放下這個肉身，我要往生到這裡、往生到那裡。實際上所有的這些都是以假我而安立的。說往生，什麼往生了？神識，你的靈魂。這個當然是假的。所以你們才可以看到，爲什麼有些修行有成的人，下一世可以轉化出四五個化身，甚至成千上萬的化身，並非一個眞我只能幻現出一個假我。其實這些與眞我並沒有什麼關係，而對於假我，也不需要放下什麼。所以只要認同眞我，就能從一切幻相中解脫出來了。你要放下什麼呢？

「消融身體、心、意和自我的集合。」這裡的自我就是與「我」相應的四根本煩惱：我癡、我見、我慢和我愛。你知道這個了，不再把假的當眞了，不把假的感官當眞、不把我們的心當眞、不把我們的知性當眞……這些集合在一起就是假我。假我是什麼？是我們所有的念頭、所有的過去。比如我們認爲自己是男人、是女人，是出家人、是在家人，是一個有很大功德的人、或是罪惡纏身的人。所以很多人問：「爲什麼修行了一輩子，臨終最後一念卻可能下了地獄或下三道，而不得以往生西方淨土？」這是因爲沒有眞正消融掉自我。所以否定假我時，消融就開始了。如果你從現在開始，就不再與這個假我認同，「如此就進入消融」。這樣的話，我們的消融不是到死的那天才開始，而是當下就開始了。

你們隨便問一個人：「你是誰？」他會說：「我的名字叫什麼，我今年多大了，我在某某單位工作，我的學歷是什麼。」實際上這些是什麼？一大堆過去的記憶。有人說：「身體不是記憶吧？」身體不過是桌上那堆飯菜，如果沒有桌上那堆飯菜，就不會有現在你這個身體。所以，什麼都是假的。

你明白這點，不再把幻現的東西當眞，不再執著不放，就開始了消融的過程。這是第一頌。

5.2 宇宙從你升起，就像海裡升起泡沫。因此知道自性是一，如此就進入消融。

「宇宙從你升起。」一切存在，不光我們的身體、我們的心，以至我們所在的這個地球、我們這個太陽系、我們這個銀河系，包括無量無量的宇宙，其實都是從眞我、我們每個人的眞我中升起的。什麼大爆炸啦，黑洞啦，這些學術假說，這一切都從眞我中升起，沒有眞我就沒有這一切。

「就像海裡升起泡沫。」連虛空都是從眞我中升起的，沒有眞我連虛空都沒有。這一切的展現就像海中升起的泡沫一樣。眞我就如同這個大海，一切的存在就像海上的泡沫。

「因此，知道自性是一，如此就進入消融。」你明白眞我是唯一的、獨一的，是不與萬法爲侶的，你只要知道這一點，而且堅信這一點，消融就開始了，如此就進入消融。有人說：「我消融了，但其他人看到這個世界沒有消融啊？」實際上一切的一切，包括有情世間，即我們這些有生命的個體，以及無情世間等等，其實都是眞我的幻現。如果我們以感官的認知來講，世界是千差萬別的。任何一個人，他所見到的整個世間，與其他人見到的都是完全不同的。你不要說，我看這個是牆，別人看這個也是牆。不是那麼簡單。你看到的牆和他看到的牆，都只是一個概念上的共許。實際在展現上，各有各的展現。

就像同樣在雨裡走著，兩個談戀愛的小青年就會感覺到好浪漫啊；一個正在躲債的人走在雨中，他心裡就苦了。雖然下雨是大家共許的，但他們對雨的認知和感受各不相同。南方人去到下雪的地方，好開心，「哇，我看到雪了！」如果是生長在雪原的人，一看到雪就愁眉苦臉，因爲出門很不方便，需要除雪鏟雪。雪能堆成半人高或一人高，不鏟開的話，門都出不了，在他們的感受裡面，雪是很可怕的一件事情。所以有共同的雪嗎？沒有共同的雪。因爲你的感受不同，你的認知不同，雪對你來講所產生的感受就是不一樣的。又比如時間是可以用物理的方式準確測量的，這沒錯。可是對每個人來講，時間是不同的。如果你失眠，同樣是一個晚上，時間卻變得非常漫長。你問問那些得憂鬱症的患者，他所熬過的每一個夜晚，簡直是痛苦萬般、痛不欲生。可是對一個睡眠品質非常好、倒頭就睡的人，整晚的時間他還覺得不夠用呢。所以哪裡有所謂統一的尺度呢？根本就沒有。

所以什麼是一？只有自性是一，眞我是一。那我們的眞我跟諸佛菩薩的眞我一樣嗎？一樣。佛的眞我就是你的眞我，佛的法身就是你的法身。那阿貓阿狗呢？一樣，我們都是一體的，眾生都是本來一體的。「青州牛吃草，益州馬腹脹。」[22] 你要瞭解，法身是一體的。你相信了這點，明白了這點，堅信於它，「知道自性是一，如此就進入消融。」如果還執著這個身體就是我，以皮膚爲界的這個肉身是我，這沒有任何意義，就會被幻相所騙。當這個「以身體爲我」的認知消融了，你就知道遍一切宇宙的都是它。

現在有人用量子力學解釋說：「我們有一個平行的宇宙，我在這邊有個身體，那邊一定有個剛好相反的身體。對應的，我這邊做啥，那邊也做啥……」好像很神祕。但如果你瞭解本性是一的話，何止一個平行身體，整個法界都是你的「平行身體」。現在有種說法：「當物理學家攀登到山頂時，佛陀早在那裡等著他了。」不會的，他們永遠爬不到佛陀的境界。因爲前者是努力地探究外在，而後者是瞭解所有外在只不過是幻相，所以是永遠不會聚到同一個山頭的。不管爬到哪兒，都是眞我展現出來的一個部分。你又能爬到哪兒去呢？就像猴子在佛陀的掌心翻了十萬八千里，在一根巨大的柱子底下撒了泡猴尿，在柱子上寫下：「齊

22 語出禪宗語錄，原句為：「懷州牛喫禾，益州馬腹脹。」

天大聖到此一遊」，結果回來一看，才翻到了如來的手指根下。

5.3 如同繩現蛇形，宇宙儘管可見，因其非實，所以並不存在於純淨的你中。如此就進入消融。

就像因爲光線不好，把草繩看成了一條蛇——任何能夠被看見的，一定不是你。草繩不是蛇，蛇只是幻相。宇宙不管怎麼花樣百出，都是銀幕上的影像，而不是那塊幕布。虛空中的烏雲不論怎麼強大，怎麼翻滾，呈現出各式各樣的形狀，但都出不了虛空。你明白了這個，如此就進入消融。

前面三頌，合起來想一想，都是一回事。

專注於眞我，不管境界千變萬化，只要你不與它認同，就進入消融。所以說只要依這個法門好好用功，你將得到究竟的解脫——這一生就是最後生，不會再來六道之中。不但不會再來六道中，甚至不會再來到佛和菩薩中。因爲這些仍然是展現，你超越於此，超越於上帝，超越於一切諸佛菩薩。當然，在「一」的層面來講，你也不可能超越於它，不可能超越諸佛菩薩，不可能超越上帝，不可能超越一切有情。因爲他們都是一，一就是你，你就是它。

5.4 你是圓滿的，在苦樂中同等，希望與失望中同等，生死中同等。如此就進入消融。

「你是圓滿的。」假我永遠是不圓滿的，假我永遠是有局限性的，但是眞我永遠是圓滿的。如果你認同於假我，那麼修行對於你來說就是懺悔業障、積累資糧。任何修行，只要教你懺悔業障、積累資糧，就都是從假我起修的。因爲我們執著於這個假我，所以教你懺悔業障、積累資糧的方便。當然，最終目的是要瞭解這個眞我，因爲一切的展現就在你之中，無量劫前，乃至無量劫後，你能夠想像出來的一切，一切世界、一切宇宙皆在你之中。你還有什麼不圓滿的嗎？你還有什麼業障可除、還有什麼資糧可積？因爲所有的業障也好、資糧也好，都存在於什麼之中？存在於個體的假我之中，存在於分別中。必須有單獨、割裂的個體，才是能被比較的。作爲一個整體，是永遠不可能被比較的。因爲它是一，是獨一。所以你只要接受一，而不接受差別境界，不去專注於個體差別的話，就進入消融了。

「在苦樂中同等。」苦也好、樂也好，都是在這個「一」中的不同展現、不同現象。就像電影的情節投射到銀幕上，上面不管演悲劇也好、演喜劇也好，對幕布來講，都沒有任何差別。如果你認同電影的故事情節，你就會跟著它起舞，一會高興、一會憤怒、一會恐懼。因爲我們看電影，沒有人花錢是去看那塊幕布的，都是去看那些故事情節的。所以你要明白這一點，一切輪迴也好、涅槃也好，都是不同的故事情節。如果你陶醉於情節，你願意流轉，那沒有人能夠阻擋你。但是你想要解脫，就看著那塊幕布吧，認同於它，這個比較實在。

「希望與失望中同等。」苦樂是果，希望是因。你沒有期盼、沒有得失心，就沒有苦。苦從哪裡來？達不到所希望的目的；樂從哪裡來？你的期望得到了滿足。所以如果你能夠活在每一個當下，與眞我認同，那麼對於你來講，一切苦樂都只是你認知眞我的助緣。當面對任何境界、任何情緒、任何覺受的時候，如果你只是看著覺受本身，你就是在看戲；如果你去看那個知道覺受、展示覺受的，你就是在看著那塊幕布。

修行很簡單，不需要從任何境界中逃避出來，不需要躲避任何東西，只要看回那個展現者。老僧只管看。小和尚才進廟時，都是要挑水劈柴的，整天幹活。你叫他「老僧只管看」，他做不到，還沒老嘛，沒玩夠。爲什麼？能量過剩，坐不住。那就幹吧。沒有世間的事可幹，只好去幹出世間的事了，打打坐啦、比比腿子啦，看誰腿子盤得小啊、誰屁股坐的時間長啊……昨天我看有個人發了篇文章，說文藝青年學佛是非常可怕的一件事情。學完佛以後那個自我都是經過精裝修的，超級臭，臭味相當於狐臭加古龍水。他們本來自我就很大，感情很豐富，寫過好多破爛散文。現在再精煉一下，加上「我是修行過的，我懂怎麼修行」，那就更慘。所以，有些時候不讀書還更好，讀書害死人的事情挺多的。

最終，「生與死同等」。眞我沒有生死，生死只發生在假我之上。你看一個人是不是修行人，其中一個指標就是：他怕死嗎？死亡來臨的時候，你看他是什麼心態：是很歡喜地去接受、去迎接，還是很恐懼地逃避。我見過一些修行人，身體健康的時候信誓旦旦，「我對上師、對佛陀有多大的信心」……結果一得癌症或什麼絕症，哭爹喊娘，什麼道教的符啦、什麼亂七八糟的風水啦，只要能讓我好一點，你要啥我給你啥。以前最討厭的人，也上門去求，就因爲聽說那人有神通。爲啥？不想死。所以，這是最簡單的檢驗標準。當然我不是說那些自殺狂啦，那些覺得沒活好就想跳樓的，一個考試沒考好，「噗嗤」跳下去了，那是神經病啊。但對於眞正瞭解眞我的人，是不會拒絕死亡的。不是說他臨死的時候不會痛苦，病痛總會有的，但是他已經給自己找到路了，現在他是不會怕死的了。

我有好幾次面臨死亡的經歷，只是靜靜地看著這個我該怎麼死，死的時候啥滋味，結果沒死成，現在還坐著。所以我告訴你，我不怕死，希望你們將來也能夠生死一如，相信眞我，不要被肉身所騙，不要把這種所謂的生命太當眞。當然也不是讓你沒事幹找死，明明家裡有那麼多飯菜，卻說：「我要練辟穀」。其實辟穀也是爲了活多幾天嘛，那沒啥必要，有飯就吃。

弟子：前面第三章開示時，師父說人怕死是細胞記憶的習氣，道人接受恐懼而不恐懼。好像和這裡說的有矛盾？

師父：臨時起意與久病怕死，那是不一樣的。久薰之人必當生死等視，雖有恐懼而不爲所動，否則道力何在？「生死中同等，如此就進入消融。」你能做到這一點，其實消融從當下就已經開始了，不是要等到肉身沒有了，或者死透了才叫消融。不是死了以後沒身體了，化成光了，讓別人讚歎：「哇！你消融了」，不是這樣的。否則的話，釋迦牟尼佛也沒有消融？他圓寂後，都放進棺材裡了，還伸手、伸腳、坐起來說法。七天以後，當大迦葉趕回來時，佛陀還把腳從棺材裡伸出來。所以什麼叫消融？我們自我的執著、對生死的執著、對輪迴和涅槃的執著都沒有了，就是消融。

這章講消融四道。總之都是認得一，認得諸法實相，不要被幻相所騙。第一頌講：瞭解眞理，不與一切萬法相染，不與萬法爲侶，而進入消融；第二頌講：你知道自己是萬物之源，而進入消融；第三頌講：了知一切如幻，而進入消融。前三頌強調，不要被幻相所騙而進入消融。第四頌強調：於平等和圓滿中進入消融。這四種都是消融之道：知道你是清淨無染進入消融，知道你是諸法之源進入消融，以消除幻相進入消融，以平等心進入消融。

第六章

更高的知識

第五章已經很不錯了，教你怎麼消融。第六章是更高的教授、更高的知識，就是說剛才我說的那些都是廢話，連消融都是多餘的，因爲本來這個就是假的。八曲仙人也說了四頌，對應前面的四頌。

八曲仙人說：

6.1 我是無限的虛空，世間如陶罐。這是真知。所以沒什麼要放棄、接受或消融的。

眞我是無限的虛空，現在這個假我就像虛空中的一個陶罐子。其實這個罐子打不打爛，那個虛空還是那個虛空。懂了嗎？你只要明白這一點，幹嘛非要把罐子打爛了才去說那是虛空呢？一間房子，實際上它所佔據的空間，跟房子外面的那個「空」是一模一樣的。不管你拆不拆掉這個房子，打不打爛這個陶罐，這塊還是一樣的虛空。所以不用多事。什麼叫修行？修行就是你時間太多了沒事幹，你還執著這個陶罐是眞的，拿手摳它，拿棍子敲它，想把它打破，要麼就是想外面鍍金，僅此而已。

「我是無限的虛空，世間如陶罐。這是眞知。」所以解脫在哪裡？堅信這個眞知就夠了。「怎麼沒有證到？」廢話，把牆拆了，房子還能用嗎？反正你現在還要用、還要住，當然就留著牆咯。但是你知道這個房子塌不塌都是空的，就完了。所以沒什麼要做的。

這是對應第五章第一頌，那頌說的是：「我是不與一切相觸的，我是不與萬法爲侶的。你知道這點，即進入消融。」這頌則是告訴你：我是虛空，那虛空中的房子你拆不拆它，它都還是在虛空中的，對虛空沒有任何影響。

6.2 我是無邊的海洋，森羅萬象是升起的波浪。這是真知。所以沒什麼要放棄、接受或消融的。

現在是第二頌。第五章第二頌講的是：「我是萬法之源，一切從我中而起。你明白了這個就進入消融。」這裡則說，大海絕對不會拒絕生起各種波浪。因爲你本身是海嘛，海就要有波浪嘛，沒有波浪要那海幹啥？但是波浪不會影響海啊。

爲什麼會出現假我？因爲眞我好奇，好奇害死貓。眞我想認知自己，就弄出個假我來回頭看，就有了這回事了。明白這個道理了，你愛呆著呆著吧，你愛看就看吧，沒問題的。

前一章爲什麼談消融？人們之所以渴求消融，是因爲他們對幻相的懼怕、對存在的恐懼。一般人仍然活在「有」「無」二邊之中，認爲一切展現是「有」，展現的消融是「無」。他們渴望以「無」、消融來達到寂滅、達到寧靜，所以提出了怎樣才能進入消融的疑問。實際上，當你眞正瞭解了眞我之後，並不需要離開展現，並不需要離開存在，而去他方尋找一個所謂的消融、寧靜和涅槃。

這章就是告訴我們，大海並不是只有風平浪靜的時候才叫做大海。雖然巨浪滔天，但它仍然是大海。就像虛空中雖然有房屋、有陶罐，但是它仍然是虛空。並不需要拆掉世間所有的房子，打爛所有的陶罐，才說是恢復了虛空。而且虛空的存在就是爲了展現房子和陶罐的。否則，沒有空間的話，在哪裡蓋房子，在哪裡安置陶罐呢？

6.3 我是貝殼，世界的幻相就如銀片。這是真知。所以沒什麼要放棄、接受或消融的。

第三頌也是跟前一章的第三頌對應的。前面是用繩子和蛇作比喻，現在是用貝殼和銀片作比喻。貝殼總有一層亮閃閃的珍珠粉，世間人遠遠地看到就以爲是銀子。爲什麼？閃閃發亮。到跟前一看，就是個貝殼。

你知道不被騙就好啦。就像小孩子被石頭絆了一跤，生氣了，聰明的家長會說：「你走路不小心，以後要看路哦。」笨的家長就會說：「都是這個石頭壞，打兩下。」結果你自己手疼。石頭還是石頭，它才不會管你呢。所以聰明一點，不要再被騙就好了。尤其不要把孩子教壞，明明是自己踢到石頭，回頭還要揍那石頭，那以後你走在路上被車撞趴下了，你起來還要再跟車打一架嗎？那是笨蛋。

「沒有什麼要放棄、接受的。」因爲放棄和接受一樣都是假的，放下就好了。所以有人問我：「現在生存壓力這麼大，怎麼樣才能夠把自己潛能發揮到極致，度過難關？」我的回答是：「放鬆。」不然怎麼辦呢？車到山前必有路。過去了，算你好運；過不去，也是你該背的，沒啥，接受就好了。一切都是幻相。

在世間就是拚福報。過去生好事做多了，現在就有錢，好事做得少的，現在就餓肚子了。就這麼簡單。沒什麼好爭，沒什麼好吵的，反正你在電影中嘛。如果你不認同背後的那個幕布，而是認同上面的演員和情節的話，那劇本已經寫好了，你要怎麼樣呢？難道電影裡正在演出的人物能改寫劇本嗎？明白這點的話，你就不會再掙扎了。掙扎啥？順著就過吧。今天有口水喝，那是已寫好的劇本中規定了：「現在有口水喝。」你要餓死了，那是劇本寫好的，你該死那兒就死吧，沒什麼好拒絕的。所以認同那塊幕布，認同放映機裡面那個燈泡，而不要認同膠片上一幀幀的畫面。

6.4 我在一切之中，一切在我之中。這是真知。所以沒什麼要放棄、接受或消融的。

成功在你之中，你在成功之中；失敗在你之中，你在失敗之中。一切的展現離了你，就沒有了，談什麼接受、談什麼拒絕？所以接受一切吧。這是眞知。

修行沒有什麼神祕之處，只是把眞知運用到生活中，這就是眞正的修行了。我們的修行並沒有什麼教條要強加於你，沒有任何誓言要你去堅守。你願意就跟我來，你不願意悉聽尊便，就是這樣。修行說穿了一分錢都不值。我兩句話就給你教完了：啥事兒也別幹，就好了。就像狗咬著那塊骨頭拚命甩，就想把上面那點肉渣啃下來，那不是自找苦吃嗎？你乾脆連那塊骨頭都呑下去，不就完了嗎？幹嘛非要啃那點肉渣？要麼就別吃了，要麼就全吃下去。所以什麼都接受吧。

「一切在我之中，我在一切之中。」你不能說：「我只要好的，不要不好的。」談戀愛的時候覺得：「好漂亮溫柔的姑娘！」你放心，將來她會變成個黃臉婆，變成母老虎，你還要不要？你若想要那個了，就得要這個。你要追人家，就要準備接受她的一切。我們結婚前都想著：「我一定能夠用我的溫柔、我的努力改變他。」到最後發現上當了。所以你想組成家庭，就要準備接受一切，學會接受一切。

第七章

弟子的了悟

這章講的是迦納卡的感歎。他深入了這個教授，哇，馬上把他的感受說出來了。

迦納卡說：

7.1 在我這無邊的大海中，宇宙這艘船被其天性的風吹得四處漂蕩。我沒有不耐煩。

「我沒有不耐煩。」意思就是說，在那塊幕布上，雖然一會洪水滔天，一會烈焰騰天，幕布從來不在乎，你愛燒，燒吧，你愛飄，飄吧，「我」沒有不耐煩。

我們有沒有不耐煩？有。我們天天煩惱，天天抱怨。而幕布，也就是眞我，沒有不耐煩。所以，我如果認同它，我就沒有「不耐煩」了；如果我不認同它，我認同這個 ego、假我、這個小我的感受，我就會不耐煩。而迦納卡說：「我沒有不耐煩。」所以他認同的是眞我。

7.2 在我這無邊的大海中，就讓世界之波浪自行起伏。我不因此而有增減。

什麼叫慈悲？這就叫慈悲。我不阻礙這一切的展現。我不會因爲個人的好惡而允許別人這樣、不允許別人那樣。所以，「在我這無邊的大海中，就讓世界之波浪自行起伏」，而我不阻礙。第一，它沒有不耐煩；第二，它不會因此而有增減。大海不會因海浪起伏而有所增減。

不是有人經常用一個比喻嗎？把一滴墨水滴入一杯水中，整杯水都黑了。你把同樣的一滴墨水滴入大海中，連個鬼影都沒有，就是這樣。如果只有半瓶水，會晃動得很厲害；而在大海裡，十六級大風也不過就是嘩啦嘩啦起點浪，對大海來講沒有增沒有減。不會因爲海水潑到岸邊上，海就少了；也不會因爲河流發大水沖到海裡，海就多了。就是這樣，「我不因此而有增減」。

7.3 在我這無邊的大海中，出現了宇宙的幻相。我極寂靜、無形。我只安住於此。

雖然所有的境界展現，所有的宇宙展現，人類、動物、戰爭、饑荒、豐收、貧富差距等等，展現出來種種心境的起伏變化，但「我極寂靜、無形」。眞我仍然是寂靜的，無形的。

我僅如是安住。一切發生的就發生吧，沒有發生的就沒發生吧，梭哈。有人問過幾位祖師：「我們應該做些什麼才能夠使世界和平？」祖師們回答：「世界是你的展現。回到眞我吧，當你安住的時候，世界就和平了。」「那爲什麼還會有戰爭？」「唉，那是幻相。」若能如是安住，起碼你不去摻和，不再去添亂了。這個假我不再去添亂已經不錯了。至於能不能和平，是大家的共業啦。連上帝尚且不能讓世界和平，何況我們一個凡夫？你那疙瘩肉就比上帝還厲害嗎？所以接受業果吧。保持安靜。我們能夠做到的就是認知眞我，保持安靜。

怎麼保持安靜？不說話嗎？不是。不說話不是眞正的安靜。什麼叫保持內心的寧靜？憶起眞我。能夠把你的心導向眞我，這就叫保持寧靜。你可以整日說，嘴巴不停，但是你保持著寧靜；也可以一句話不說，保持著寧靜。關鍵之處不是外在形式的差別，關鍵之處是你的心與眞我認同還是與這疙瘩肉認同。你與這疙瘩肉認同，哪怕你整天禪坐入三摩地，你也沒有保持寧靜。「我極寂靜、無形，我只安住於此。」安住於什麼？安住於認同眞我。沒有別的寂靜，沒有別的安住。三摩地的寂靜是假的。

對於究竟眞理來講，三摩地仍然是住於幻相，而不是眞正的寧靜。

7.4 自性不在對境中，任何對境也不在無限無垢的自性中。因此，自性無執、無欲、寧靜。我只安住於此。

什麼叫自性？自性就是覺性的別名，是展現一切的源泉。「任何對境也不在無限無垢的自性中」，自性亦不在任何的對境中。如同鏡像不在鏡中，鏡亦不在鏡像中。有人問：「哎呀，我反觀了那麼久，我怎麼觀不到自性啊？」廢話，能被你觀到的還是自性嗎？被你看到的、被你聽到的、被你感覺到的，都不是。我們談電影幕布談了那麼多，那是不能被感覺到的。所以，有人說「我已經看到自性了」──自性能被你看到嗎？反過來，「任何對境也不在無限無垢的自性中」。因爲，不管你覺得自己了悟了什麼，你仍然只是握住了某個概念。概念就是假的。凡是自誇地承認：「我已經認知自性了、了悟自性了。」諸如此類，都只是一場高級笑話而已。

「自性無執」，沒有任何的執著；「無欲」，沒有任何的欲求；「寧靜」，甚至談不上動和靜，它就是那樣。所以，我僅如是安住。《金剛經》裡有句話：「應無所住而生其心」，什麼叫「應無所住」？任何東西你覺得還能夠被你住的，都是所，都是對境，都是一個出發點，都是一個概念。什麼叫「應無所住而生其心」？從無住心，生一切法。一切的幻相、一切的展現、一切的存在都從這個本不動搖的心裡生出來。

「應無所住」就是說把任何能夠被你概念化的，能被你的六根──眼、耳、鼻、舌、身、意所對的，都拿掉。什麼叫「生其心」？告訴那些因爲不知道眞相而受痛苦的眾生，告訴他們，他們的本質是什麼，怎樣才能夠離開痛苦。「而生其心」，從而展現出一切能夠眞正利益他人的教法。我今如是安住，安住於無住中。

7.5 阿吙，我確實就是純淨覺性。世界是幻師的一場戲。在我之內怎麼還會有接受或拒絕的念頭呢？在哪裡呢？

「阿吙」是個感歎語，就是「啊」。

「我確實就是純淨覺性，世界是幻師的一場戲。」整個世界不過就像魔術師表演的一場魔術而已，幻師的一場戲。

「在我之內怎麼還會有接受或拒絕的念頭呢？在哪裡？」因爲拒絕也好，接受也好，都是把它當眞了。你不當眞，你接受什麼、拒絕什麼？如果沒有拒絕，你對誰談接受？如果我們沒有接受，又對誰談拒絕？這一切都在二元世界之中。所以在密續裡面談到「殺父殺母」——什麼是這裡說的父母？我們每一個假我的父母是什麼？是二元對立，是有能有所。這是我們這個假我的眞正父母。現在的緣起上的父母只是生成肉身的父母，不是我們的眞父母。我們眞正的生身父母是什麼？其實是無明父、貪愛母，然此二者皆從二元對立中生起，沒有二元對立就沒有這個假我。在眞我之上，因爲無明之風吹動，起了能所二元對立，想認知這個認知者，於是假我現前，這個叫做父母。所以你明白了，不再被騙了，就是殺父殺母，成就了阿羅漢。

弟子甲：從文字上來說，剛才講到的課裡面說，一切現象都是在我之內。那如何認知眞我？

師父：你要認知一切展現的那個背景。問題就是你看電影的時候，是看故事情節，還是看那塊幕布呢？不被情節騙的時候，你就看到那塊幕布了。可是我們花錢進電影院從來不是爲了看那塊幕布，是吧？看一場電影只看那塊幕布，這實在是賠本的買賣，我不如在家拉個窗簾看。

弟子乙：關鍵那塊幕布也看不到啊……(眾笑)

師父：當你明白了你看到的只是那塊幕布的話，所有的東西都可以看了。所以我們的修行才可以沒有任何的戒律、沒有任何的戒條、沒有任何的方式，沒有非要你一定要怎樣怎樣。就是因爲時時刻刻你要學會看到那塊幕布，而不是看那些情節。

弟子丙：去年您講過祖師禪跟如來禪，是不是說如來禪就是不去看那些顯現的故事情節，而只看那塊幕布。然後祖師禪……

師父：你先把如來禪做好吧。你連如來禪都做不到的話，談祖師禪有點難。對於顯現，我根本都不去分別。如果你不被境界所動的話，看境界跟看幕布，有什麼不同嗎？問題就是你跟著境界起舞啊，如果你還在起舞，先學著看那塊幕布吧。

弟子丙：那就是如來禪。

師父：其實沒啥，連禪都沒有了，就是祖師禪了。一切概念都沒有了，你把禪都忘了，就是祖師禪了。還有概念就不行。所以香嚴祖師說：「去年貧，未足爲貧。今年貧，始是貧。去年貧，猶有卓錐之地。今年貧，錐也無。」昔日窮不算窮，今日窮，方是窮，今年窮到連個錐子也沒有了。「窮無立錐」就是有「能」沒「所」啦，只看那塊幕布啦，沒有了。今年連錐子也沒有了，連「能」都沒有了，它愛怎麼樣就那樣吧，關我屁事。懂嗎？

弟子甲：師父不是說「能」和「所」是兩個犄角，一出同出的嗎？

師父：對啊。但是這兩個犄角，「能–所」，「能」更靠近你一點啊。你先保留只剩下個「能」，不再被「所」騙，下一步就連那個「能」也沒了。你那麼怕老年癡呆，還談「能所」沒了？門都沒有。首先得不怕老年癡呆嘛。這倆犄角都沒了，我不在乎。所以大多數修行，用英文來講有一個非常形象的詞叫 control freak，就是「控制狂」。我們要連這個「控制者」都拿掉了，還控制它幹啥？懂嗎？所以眞正的解脫源於瞭解，而不是源於修證，不是源於 control freak。老年癡呆有什麼好怕的？我還巴不得呢，愛幹啥幹啥吧，老了傻了就老了傻了吧。連老年癡呆你都不肯，你怎麼肯死呢？對不對？想一想嘛。你這麼清醒地去死，還不如傻傻地去死呢，最好到時候連死活都不知道。

弟子丙：問題是在別人看來，老年癡呆的人是癡呆呆的，但他自己心裡可能還是會有一大堆境界，那就說不清楚了。

師父：你說啥？

弟子丁：癡呆也有境界，他說的是這個意思。

師父：是嗎？你說啥？(眾笑)

弟子丙：植物人嘛，搞不好他內心在翻滾啊，他只是躺著不動而已啦。

師父：你說啥？不知道。(眾笑)可能很好玩，不知道，沒玩過。反正我現在睡醒了骨頭疼，不知道老年癡呆了骨頭疼不，挺好玩的。所以啊，「知之一字眾妙之門，知之一字眾惡之門。」一切解脫以知而來，一切煩惱以知而來。沒人願意放下知的，你放心。除非有一天你把所學的東西都忘掉了，你就解脫了。你信嗎？「椎擊三要訣」，你知道什麼叫椎擊第四要訣嗎？就是把前三條忘光。(眾笑)如果你還記得起任何教法，那你離解脫還遠呢。眞的，我不騙你。不過我說的話不値錢，如果是蓮師說的你就信了。

弟子丙：就是說來上課的人都得承認「我們還不肯放下呢」，眞的肯放下了，今天也不來坐在這兒了，對吧？所以還要聽嘛。

師父：醃鹹菜啊，慢慢醃。醃到信了爲止。

其實你也不太信佛說的話。《金剛經》裡面都說：「一切有爲法，如夢幻泡影，如露亦如電，應作如是觀。」不，我們不信。我們就希望用自己念佛啊、持咒啊，控制我們的妄念。是不是有爲？是。如夢幻泡影嗎？不。(眾笑)是不是都是佛說的？是。那佛妄語嗎？不。爲什麼？佛教小學生適合小學生的教法，教中學生適合中學生的教法，到大學就教授適合大學生的教法。對前面的教法來說，我都解脫了。我從幼稚園解脫了，上了小學；我從小學解脫了，到了中學；我從中學解脫了，到了大學，畢業了。是，你有好多次畢業。沒錯啊，都是佛說的，對不對？有矛盾嗎？沒矛盾。本來佛就在給出不同的教授。明白了這個，就會明白爲什麼佛最後說，他從開悟那一夜到他涅槃那一夜，沒說過一句法。

這是《二夜經》裡所說。佛就怕他涅槃了以後，別人用他說過的法門去打架，所以他說：「我沒說過一句法啊！我以前說的都不算。你別拿我過去說的法到現在來問我是不是這樣。」當時都是，現在都不是啊。佛就在實踐中告訴你，忘掉我說的話吧，別太當真，逗你玩呢。

第八章

束縛和解脫

第八章是八曲仙人的教授。他在聽到迦納卡的陳述之後，給了他進一步的教授。到這裡的時候，已經可以瞭解什麼叫解脫、什麼叫束縛了。所以在這個時候，就給出了關於束縛和解脫的教授。

八曲仙人說：

8.1 心若有任何冀憂、取捨、喜怒，就是束縛。

我們現在醒位的心，包括夢中的心，不包括深睡無夢（因爲那個時候無心），妄心只存在醒位和夢位。冀是什麼？期盼。如果你還有任何的期盼，你還有任何的憂愁、憂傷、失望，你還有任何的取捨；取捨，取即「我要」，捨即「我不要」；喜怒，「我喜歡這個，我不喜歡這個」，就是 zuo。不是說一個道人不能夠有冀憂、取捨、喜怒，爲什麼？因爲這些只是表象，道人不動於心的。我們作爲一個學習的人或者說普通的人，這些煩惱都是與心相應的。你怒就會一直怒下去，隔了幾天那個怒氣還在呢，或者那個歡喜還在呢。期盼可以期盼個幾十年，憂傷可以憂傷個幾十年。道人呢，這些東西會暫時現前，但是隨後就會消失，就像海上的波紋一樣。我們的心就像冰川，會凍成一個形狀。聖人的心就像海上的波浪來來去去，波浪可以來來去去，但是大海並不爲其所動。道人與大海認同，他不認同於波浪，我們卻不是。我們只認同上面的冰蓋，「那個是我」，所以這樣就是束縛。什麼叫束縛？不得自在。我嚼著這塊冰可以當冰棒吃，好吃啊，不肯放，放不下。除非你能夠放下，否則的話這就叫束縛。

8.2 心若無任何冀憂、取捨、喜怒，就是解脫。

既然談了束縛，那什麼是解脫？束縛都不在，就是解脫，沒啥了不起的。你不是石頭，你會有反應，但是你不要把反應變成冰川，要讓它如同流動的溪流，讓它如同海上的波浪，就沒有問題了。因爲談眞我的話，眞我沒有解脫和束縛，我們談的是在假我層面上的解脫。你如果認識眞我，那堆東西還在，但它就會越來越鬆，就像冰融化了變成水。還會不會有波浪？會。但是它不會像冰川那樣，凍成各式各樣古怪的、曲裡拐彎的冰棱子呀、冰丘呀。那就不會了，它是可以改變的。

8.3 心執著任何感官對境時，就是束縛。心不執著任何對境時，就是解脫。

「心執著任何感官對境時，就是束縛。」就像禪師說的，「出門便是草」。我們的心，當我們的眼、耳、鼻、舌、身、意，攀援於外境的時候，就是煩惱之源。你不去攀援外境，就是解脫。不是讓你把眼睛閉上，把耳朵塞上，如果那樣你就不是道人了，而是木頭了。大乘與小乘不同，所以在維摩詰的法會上，天女散花的時候，花落到聲聞身上就粘上了，落到菩薩身上就自然地滑落了。爲什麼？道人的心不粘境，菩薩的心是不粘於境界，隨起隨落的。因爲聲聞要修禪定，他要把六根關閉起來，所以一旦境界落身的時候，他就粘在上面了。所以，「萬花叢中過，片葉不沾身。」你要想修離欲，到青樓裡面當雜役去，當個幾年回來，一點興趣都沒有了，因爲啥你都見過了。不然你跑廟裡閉上三年關，就像人家說那海員，「上船三年，見了個母豬賽貂蟬」。實話，就是這樣的。

所以，「心不執著任何對境時，就是解脫」。剛開始修行的時候，我們的智慧之火還非常微弱，分不出眞假。這個時候你剛剛聽到眞我、假我、心不應該執著等等的教法，此時我們的力量猶如火柴頭上那點火，稍微有點風，甚至吹大一點氣，它就滅了。但同樣是火，如果是森林著火了，或者易燃品倉庫著火了，若再加上風，所謂風助火勢，火借風威，這就不得了了。所以當修行人的智慧達到一定程度的時候，任何對境、任何煩惱都將成爲你修行的助緣，你的修行之火會燒得更猛。所以這就是聲聞與菩薩的不同。聲聞人就像火柴頭上的那點火，他必須關閉六根，乖乖地躲起來；而菩薩的智慧之火如同蘸了油的火把，如同森林之火，一旦著起來，你想滅掉它非常困難。

這整一頌談的就是智慧。前面幾頌講到沒有任何期盼、取捨、喜怒、束縛，就是解脫；而這裡講到執著感官對境時，就是束縛；心不執著任何對境時，就是解脫。前面是談內在的煩惱、束縛與解脫，我們內心有期盼、有取捨、有喜怒；這裡是指雖然內在沒有煩惱了，但是根與境相接的時候，我有沒有執著。這個修行的層次就是這樣一步步升進的。你還執著嗎？境界本身傷害不了你，傷害你的是你對境界本身的執著。如果不敢面對境界，你怎麼知道你執著還是不執著？所以，最初你要先處理你內心的垃圾，首先把你內心的各種期盼、失落種種放下，能夠做到內心乾淨了，或者清淨了——乾淨不好啊，乾淨只是對染汙來講的——清淨就超越乾淨了。那這個時候，下一步你的修行境界就要昇華到遇境不粘，不粘境。「萬花叢中過，片葉不沾身。」心不執著於任何對境時，就是解脫。

8.4 沒有「我」時，就是解脫。「我」出現時，就是束縛。明白這個，就能輕鬆不做取捨了。

「沒有『我』時，就是解脫。『我』出現時，就是束縛。」最後一層，什麼是束縛？當你有假我出現，有我癡、我見、我愛、我慢，這個假我、這個小我出現的時候，就是束縛。沒有「我」，我就算是一口大肥肉咬下去，誰在吃？又不是我吃的。修行就到了忘我的境界了。所以，眞正到了無我之時，全眞即假，全假即眞，一切「我」都沒有了，世界就是眞如，不需要分別。如果你還記著「這個是世界，那個是眞如」、「你是覺性，世界不是你」，那你還沒有眞正到忘我的地步。眞正忘我了，既沒有覺性，也沒有現象。只是沒有這種分別，不是說就沒有你了。你想沒有這個肉身，沒那麼容易。肚子餓了就吃飯，睏了就睡覺，天下事與我何干？所以解脫屬於什麼人？解脫屬於那些連眼皮都懶得抬的大懶蛋，那才是大道人。眞的。你看哪個道人沒事拿個念珠在那裡念啊念，累不累啊？

「明白這個，就能輕鬆不做取捨了。」眞正明白這點的時候，就沒有取捨那回事了。你還取什麼捨什麼，誰在取捨？剛修行的時候，你還努力去爭取做一個乾淨的人，什麼都乾乾淨淨：我的思想很乾淨，我的語言很乾淨，最好修到連放個屁都不臭了……這就是取捨啊。「我只吃這個，不吃那個；我只做這個，不做那個。」「我的世界裡都是美好的、快樂的、光明的」，所以這些就是小菩薩的目的。他們不如穢跡金剛，穢跡金剛就敢以五毒爲眷屬，他的世界就是圓滿的，既有天堂又有地獄，通通包含。沒有「我」了嘛，整個存在哪一處是不好的呢？就像一個人跑到肉攤邊上說：「給我來塊精肉。」那屠夫答道：「我這哪一塊不是精肉？」旁邊一個路過的禪師一聽，「哎，是哦！」於是就在肉攤旁邊開悟了。

第九章

漠然

第九章，漠然。更進一步。因爲我們對束縛而談解脫，這還是相對的層面。漠然，則超越束縛和解脫。

八曲仙人說：

9.1 盡或未盡的責任，以及二元諸法在何時結束呢？對誰而言？明白這點，對世界漠然，成為不修儀軌，不持戒律，志心出離之人。

八曲仙人說，「盡或未盡的責任，以及二元諸法，在何時結束呢？」我們每個人都有責任，有些人退休了，有些人還在努力工作中。

「以及二元諸法。」一切有對立的存在，叫做二元。

「二元諸法在何時結束呢？」如果你認爲要等這些都消逝了、都完成了、都結束了，才能解脫的話，這些東西永遠沒有盡頭的。你放心，你覺得你把孩子生出來了，傳宗接代的任務就完成了，你錯了。爲什麼？下完蛋你還得孵啊，還得慢慢養啊。「養不教，父之過；教不嚴，師之惰」啊。好不容易畢業了，哎呀！我撂挑子[23]了，門都沒有。趕緊尋摸著給他找個對象，好不容易他結婚了，很快他又下蛋了。他下蛋是他自己的事吧，不，後來把蛋扔回來了，老一代又得伺候小的。到死你問他心願滿了嗎？「沒有，我還有事沒做完呢。」人生都是這樣的。

23　撂挑子：中國京津一帶方言，原指挑夫放下扁擔、不挑東西了。後比喻因為鬧情緒而丟下應該負責的工作不管。

這是世間的責任，還有出世間的責任。每一個出家人都有他的追求，每一個修行人都有自利和利他的責任。你看那些大法師們坐在法座上，也有生無可戀的時候啊。爲什麼？責任重大啊。你以爲他們都那麼風光啊？他坐在那兒，好多人見了他們都低頭，可他如坐針氈。「哎呀！我這廟破了要修，到哪去弄錢去？看看哪有個大金主啊？什麼時候去拜訪拜訪啊？哎呀！我這金主要跑去別的廟了，這不行，得想個什麼法子把他請回來……」責任。「這個法有沒有人接呢？不能做斷佛種姓之人啊。如果教法從我這裡斷了，怎麼跟我的師父們交代呢？」責任。「我受了這個灌頂了，我發願要念十萬遍。我到現在才念了兩千遍。這啥時候念完呢？」責任。「我修本尊，怎麼修了這麼久還沒有相應呢？」責任。

所以，「對誰而言？」這些東西眞的與你有關嗎？是你的事兒嗎？眞的屬於你嗎？還是屬於覺性嗎呢？

「明白這點，對世界漠然。」明白了這一點，就是世界末日。眞正明白這些了，就會對現在的存在，對過去的歷史，對未來的計劃，漠然。什麼叫漠然？你知道什麼叫生無可戀？就是那種冷漠，心不爲所動。

「不修儀軌。」世間人就是辭職了，老子不幹了；出家人就是把那鈴鈴鐺鐺都扔了，不修儀軌了。那些鈴杵啊、鼓啊、號啊，如果不修儀軌還有啥用？那些法本，如果你不念的話還有啥用？

「不持戒律。」「我好不容易才去求了個戒啊。受戒之人功德大啊！我的功德在睡覺時都在增長。」誰想捨掉這些？誰敢捨掉這些？你看看，僧人一還俗，千夫所指。當然一般人不知道還俗的苦處，「唉這傢伙，還俗的，沒出息」。你敢嗎？

「成爲不修儀軌，不持戒律，志心出離之人。」其實這才是眞正的修行人。你以爲形式上的修行叫修行啊？當然這種觀點不能在僧團裡講，不然把人家廟都拆了。僧團就應該鼓勵你們好好持戒，努力修行，「你才念了十萬遍？不行，最少兩億遍吧。有效有效！」

我告訴你，不修儀軌、不持戒律，因爲已經沒有任何的期盼，時時刻刻眞正做到了漠然，那才是眞正的出離。所以爲什麼說解脫只屬於那些連眼皮都懶得抬一抬的人，眞的懶到透了。當然我們只是羨慕而已啦，我們還得吃飯、還得有孩子要養、還得有房租要交，不然就麻煩了。過去修行人可以這樣，當年佛陀在世的時候，很多拜火外道啊，搖鈴打鼓的，最後都把鈴鼓、鈴杵扔了，跑去跟隨佛陀。我們現在花多少錢去買個鈴鐺回來玩，呵呵。我們在比較，我這念珠啥材質的，我這小葉紫檀的，「看，盤得怎樣？」

9.2 我兒啊！真的難有這樣有福之人。他觀察世人之道，因而熄滅了對生命的渴望、對享樂的渴望和對學習的渴望。

「我兒啊！眞的難有這樣有福之人。他觀察世人之道……」聰明人不需要自己跳坑裡，看到別人掉坑裡了，他不過去，就好了。笨人就是明明別人剛爬出來，自己跟著一腳嚓就進去了。因爲等你逐個坑跳完，你都該到死的時候了，還談什麼修道呢？

「因而熄滅了對生命的渴望、對享樂的渴望和對學習的渴望。」我告訴你，就連我們這裡最小的聽眾都有對生命的渴望：「我今天又學了個啥，我班裡第幾名了，我將來長大要嫁給誰……」人人都有對生命的渴望。我們世間人追求什麼？追求生命，追求享樂，爲了追求生命和享樂，我們努力地學習。自己學不動了，生個孩子，叫小孩去學。正常的課程不夠，就補習，你看看小孩還剩幾天空餘啊？苦啊。所有的心靈雞湯都告訴你，要善於利用業餘時間，提升你的自我價值，「下班之後的時間是屬於你的，一個人的前途就看他怎麼利用晚上」，對吧？這就是心靈雞湯。求解脫之人往往跟他們相反，不僅僅熄滅了對生活的渴望，還熄滅了對生命的渴望。坐在這裡的人，叫你明天死，叫你今天晚上就死，誰想死？我報名！我第一個，我現在是眞的在等死。「對享樂的渴望」，我們都喜歡享受，沒人想去受苦；還有「對學習的渴望」，你敢做一個無用之人嗎？敢嗎？人家說：「百無一用是書生。」

雖然你們暫時做不到，起碼聽到了，將來努力在你能做到的時候這樣去做。因為解脫屬於那些已經忘掉一切的人，解脫屬於那種最沒有用的人，沒有世間之用的人。

9.3 明白一切確實都被三苦所害，轉瞬即逝、毫無價值、卑劣可鄙，應被拋棄，智者因此平靜。

「明白一切確實都被三苦所害。」三苦指的是與身心相應的苦，因事物動靜引起的苦，以及自然力量如洪水、地震等引出來的苦。不是我們佛教說的苦苦、行苦和壞苦，不是這三苦。

得病啦，煩惱啦，這是身苦、心苦；由事物動靜引起的苦，如財富的失去、出門被車撞、或者是被火燒、被刀切、或者是家裡房子塌了，沒地方住，都是由事物動靜引起的苦；自然力量引起的苦，如遭遇洪水、山崩等等。所以說，要明白一切確實都被三苦所害，我們活著的時候都逃不出這三苦。

「轉瞬即逝，毫無價值。」一切的存在都是轉瞬即逝的。你說當下有沒有暫時的快樂？有。但不是永恆的，是變易的。所以這就是佛教說的行苦。轉瞬即逝，毫無價值。因為變易的東西是不值得追求的，只有永恆才能夠超越這種苦樂的遷變。

「轉瞬即逝，毫無價值。卑劣可鄙，應被拋棄。」眞正有智慧的人看到世間這些幻相，看到它的痛苦的本質，自然內心就平靜了，不像我們一般世間人百爪撓心啊。為什麼？因為我們沒有看到這些現象的虛幻，轉瞬即逝，及其痛苦的本質。我們只是看到人家因為種種福德因緣而暫時現起的一些繁榮。我們看到的是隔壁的草坪比我們的更綠，別人的房子比我們的更大，我們看到的都是這些。我們沒有看到這些現象將帶來的效應、後續的結果。我們都只看到別人桌上的杯子、盤子比我們的多，裡面裝的東西比我們的豐盛，沒有看到他們之後血管被塞上住醫院的痛苦，對吧？

你眞正明白這些了，「智者因此平靜」。你娶個漂亮的小姑娘，很溫柔的時候挺開心的。過兩天她變成母夜叉了，你要還是不要？剛來的時候那小臉蛋挺光的，過兩天臉上就要「抹膩子」[24]了。剛開始一整天膩在一塊，還覺得時間不夠用，過兩天碰一碰都覺得，哎呦，躲都躲不過。事情都有正反兩面，你想要這面就必須接受那面；如果你怕那面，最好別要這面。所以，「智者因此平靜。」

9.4 可曾有一時一歲離開過二元對立嗎？拋棄這些，隨遇而安者達至圓滿。

「可曾有一時一歲離開過二元對立嗎？」我們在座的人生幾十年了，小的也幾年了。可曾有一時一歲，兩分鐘三分鐘，離開過二元對立嗎？沒有。我們永遠活在二元對立之中，活在人我之中，活在苦樂之中，活在希望和失望之中。

「拋棄這些，隨遇而安者達至圓滿。」眞正做到了隨遇而安，每一剎那都是最好的，每個當下都是最好的。做到這點你就圓滿了，因爲你本來就是圓滿的。一切所謂的痛苦也好快樂也好，源於什麼？源於比較，跟過去的覺受比較。只要你把過去的東西放下，你每個當下都是最好的。就像吃一盤花生，每次都挑最大的那顆吃，吃到最後那顆還是最大的，對吧？如果天天吃剩菜，而把新菜放到旁邊，吃到最後都變成剩菜，那你一輩子都在吃剩菜，對吧？當你滿足於每個當下，連跟別人吵架都要帶著享受的心去吵，很美。你要知道這也是道的展現，道人因道之加持而解脫，小偷因道之加持而去偷盜。都是道，都是加持，你不要覺得你是做者就好了。所以你吵架的時候以道的加持而去吵，嗯，過癮。(眾笑)

9.5 大智仙、出家聖徒和瑜伽士之間的觀點各不相同。留意到這點的人，開始對學問徹底漠然，他怎能不平靜呢？

24　抹膩子是牆面裝修填充牆面孔隙的步驟，這裡指塗脂抹粉。

「大智仙」呢，就是 mahāṛṣi ，或者說他們叫師尊吧。這裡所說的智仙不是指眞正徹底證悟之人，只是指那些學問很好，以爲自己已經證悟的人。「出家聖徒」，就是印度教那些身上塗著灰，離開家庭去苦行的那種，或者住在廟裡主持祭祀之人。「瑜伽士」就是住在山裡或者住在墳地裡，脫光衣服只帶一塊布，身上掛著骨飾之人，或居家咒師。

對於一個志求解脫之人，當他發現各宗各派、每個人都誇誇其談，各說各話，自成體系之時，那你對這些還相信什麼呢？反正你問這個人他說一套，你問那個人他也說一套。如果你有足夠的智慧你就知道，不都是一堆廢話嗎？有什麼大不了的？都是識心分別的產物，都是一堆概念的堆砌。我們現在都在標榜，我們是哪一個教派的，我們在學習哪套教法，我們在討論哪個概念。一個概念，不同人有不同的理解和說法，你信誰的？誰說得對？別說你能不能準確理解這個概念了，就算你理解了，又能怎麼樣？有什麼大不了的？

你到西藏去，隔兩座山就有一個廟。這個廟是這個派的，那個廟是那個派的，你分別問他們：「什麼叫空？」一邊這樣回答，另一邊那樣回答，到底哪個對啊？黃教對空有自己的解釋，白教對空另有解釋，花教再來一套解釋，寧瑪還有自己的解釋。你分得清嗎？就算分清了又怎樣呢？就算在同一派裡，還有不同的分支，每一支都有不同的講法。

你明白了這些，就不會再追求各種學問了。所以，眞正能夠對世間學問，甚至宗教的學問，對各個教派的觀點徹底放下，徹底漠然，是有福之人啊。我們的座右銘是什麼？「學海無涯苦作舟」，這叫自討苦吃，懂嗎？「吾生也有涯，而知也無涯。以有涯隨無涯，殆已！」就是說學到死，你都學不完，這輩子你想學到死嗎？努力吧。

所以，「開始對學問徹底漠然，他怎能不平靜呢？」當一個人連書都懶得讀了，他想不平靜也挺難。你知道原來都是各說各話，你就眞的死心了。並不是說：「因爲我讀不懂，所以我死了心，反正我不是讀書的料。」廢話，那你能死心嗎？所以只有那些讀透了百家書的人，才說讀書是沒用的，當然這是指凡夫了。有智慧的人，一開始就知道讀書是沒用的。

9.6 有人徹底漠視世間，視一切平等且如理思維，從而了悟覺性的真實本質，救度自己脫離輪迴，難道他不是真正的上師嗎？

「有人徹底漠視世間，視一切平等且如理思維，從而了悟覺性的眞實本質。」這裡的「如理思維」是什麼意思？也就是說，他看問題與道是相應的，他看到一切邏輯和思維的本質皆是建立在虛妄的分別心之上的，而不是以一大堆邏輯去推理，從而視一切平等。什麼叫「視一切平等」？對你來講，看一切人不再按他的社會地位、高低貴賤來看，不再按他的學問多寡來看，不再按對你是恭敬還是鄙視等等來看。能夠徹底超越這一切了，而且能眞實地「了悟覺性的眞實本質」。對他來講覺性不再是一個概念，一個名詞，或者一個抽象的存在。有的人修忍辱也達到了平等，但是他未必了悟覺性的眞實本質。

「救度自己脫離輪迴。」起碼他已經能夠自立了。下一句說，這樣的人才能做上師，你總不能叫一個自己不會游泳的跳水裡來救你吧，起碼他自己得會游泳吧。

「難道他不是眞正的上師嗎？」什麼樣的人是眞正的上師？就是這種人。所以你們要依靠這樣的上師，要尋找這樣的上師。現在是什麼情況？敢出來往座上坐的就是上師了。要不然的話，畢業照往那兒一掛，某宗某派，某一個寺廟認證過的金剛上師。那叫上師？那個不是上師的標誌，委任狀不是上師的標誌，他再能夠把他的傳承、儀軌背得滾瓜爛熟，也不代表他就是上師。

9.7 見五大之變異實際仍只是五大，你當下便離於束縛，安住於真實自性中。

「見五大之變異，實際只是五大。」什麼是五大的變異？就是指地水火風空，它的展現、它的變異就是我們的身和心，就是虛幻的身心。如果你瞭解這一切無非是五大的展現，仍只是五大，身心仍然只是幻相的話，你當下便離於束縛。

「你當下便離於束縛，安住於眞實自性中。」明白了眞我，不再與這個假我認同，而與覺性認同的時候，你就安住於自性中。你就是你自己的自性上師，你就是其他人的上師。

9.8 業習識種就是輪迴。因此，全部拋棄吧。拋棄業習識種就是拋棄輪迴。現在，你在哪裡都能生活了。

「業習識種就是輪迴。」輪迴是什麼？輪迴是我們心識過去埋下的種子， 那剎那展現出來。每個剎那，當下生起，當下滅盡。就像雜技裡的轉火輪，一盞燈一根線，只要超越了你的視留時間，看上去就是一個火輪。即超過每秒十六次的變化時，由於我們的視留效果，變化的東西就像是不變的。所以我們的身心實際上也是這樣的。只是它速度足夠快，我們因此而覺得這些都是眞實的。業習的識種，它的展現就是種種的欲望，這就是輪迴。

「因此，全部拋棄吧。」你知道這些不外乎是心識的幻現的話，把它拋棄吧，別在裡頭糾纏不休。

「拋棄業習識種就是拋棄輪迴。」不再把展現當眞，就是捨棄輪迴了。有篇網路文章題目挺好的，「我自橫刀向天笑，笑完回去就睡覺」。笑完回去就睡覺，挺不錯。所以，拋棄業習識種就是拋棄輪迴，不需要把自己千刀萬剮，不需要把別人打得鼻青臉腫，放下執著就是了。

「現在，你在哪裡都能生活了」，做到這一點，你可以當一個好乞丐，可以當一個好主管，可以當一個好總統，甚至可以當個好囚犯。「我自橫刀向天笑，笑完回去就睡覺。」不錯不錯。

第十章

寂靜

第九章談論漠然，對世界的漠然、對修持的漠然、對生命的漠然、對二元對立的漠然、對各種見地的漠然，由此而達至離於束縛，安住眞實自性，拋棄輪迴。這章講寂靜，怎樣才能夠達至寂靜。

八曲仙人說：

10.1 放下愛欲，它是敵人；放下名利，它伴隨著危害；放下法，它造成了前兩者。漠視一切。

按照印度教傳統，人生有四大目標：第一是愛欲，希望得到一個美好的伴侶，組織一個美好的家庭;第二是名利，你看世間人，「天下熙熙，皆爲利來，天下攘攘，皆爲利往」，天下人不是爲利就是爲名。爲利的現實一點，爲名的超越一點。爲利求富、爲名求貴；第三個是法，法可以獲得功德，是能夠使你得到富貴和名利的手段；第四是解脫。

「放下愛欲，它是敵人。」這跟我們世間的看法正好相反。恩愛不是很好嘛？找對象都希望找個漂亮一點的，嫁老公要嫁個能幹一點的，投自己所好。從世間法來講，這的確是很多人都在追求的一個目標。但如果你是追求解脫的人，其實這是枷鎖，是一種甜蜜的枷鎖。痛苦的生活就像一副帶著倒刺的手銬，我們都想掙脫它；幸福的生活就像珠寶鑲嵌的手銬，很光滑，戴上去不像帶刺的那麼難受，但其實它對你的麻痹更厲害，一般人都不願意從這裡面逃走。你看釋迦牟尼佛擁有王室的血統，是法定繼承人，他第一件事就是出逃。他有沒有老婆？他老婆比現在很多人的都漂亮。他有沒有孩子？他的孩子絕對乖巧。眞的想解脫嗎？那就逃啊跑啊。但是一般的人都不想放下它。我們還是希望找一個比較溫存的老公，比較會撒嬌的太太，一個聽話的孩子，綁在一塊死唄。

「放下名利，它伴隨著危害。」誰想放下名利？我們現在拚死拚活不就爲了那點錢嗎？如果你是省長、部長，現在會想退休嗎？都不想退。給你中個幾百萬大獎，或者小目標，一個億吧，拿到了我看誰想走？誰都不想走。但是名利後面是什麼，你看看最早富起來那批人，一大半都在牢裡呆著呢，剩下的還有很多在醫院躺著呢，有的已經進了棺材。貪官們個個都像熱鍋上的螞蟻，晚上睡覺一聽別人一敲門，恨不得就從窗口跳下去。出門的時候前呼後擁，到哪裡看個展覽還要清場，看著看著就進了囚車了。所以誰願意放下？都不願意放下。但我們看東西從來只看一半，看著它美妙的那一面，從來不看背後。有些時候我們只看到它的甜頭，就像釣魚，你不會只用一個鐵鉤去釣的，鉤上面一定掛些魚餌，魚才會咬鉤。眾生往往就是看著前面的甜頭，後面的就不知道了。

「放下法，它造成了前兩者。」法是什麼？就是世間和宗教上的善行，尤其指後者。修習經文所示的儀軌，可以獲得修行功德，從而獲得世間利益和感官享受。世間人努力地工作、行善、布施、放生，以積累善業，希望得到健康和財富。這已經很好了，起碼沒走歪門邪道。有些出家人也修法，修本尊甚至修密法，修來幹啥呢？修成神通之後可以賺大錢。幾年前，十七世大寶法王看到一個小和尚，問他你長大了幹啥。小和尚回答：「我閉關。」閉完關了幹啥呢？「閉關修成了，有本事了，我要買輛大卡車，到處去給人做法事。然後我就可以賺好多錢，我就可以回去蓋大房子。」所以世間人可以用各式各樣的方法去求名求利，出世間人很多修行也是爲了名利。甚至把自己裝扮成要去閉關的人，要去修行的人，以獲得別人的恭敬和供養。拿了錢幹啥去？享受。關房搞得比旅館還漂亮呢。所以如果你眞正想解脫，連這些法門也放下吧，它造成前兩者。很多修行人努力修行，以求法力。爲什麼？有能力了，給病人摸摸頭、吹口氣，病就好了。有什麼事來求他念個咒、求個加持、寫個符，估計啥事都解決了。我就見過一個南傳的出家人去美國，每次都拿麻袋收供養。那些生意人去見他，都是拿手提旅行袋，帶著現款去的，而不是拿錢包去的。他經常通宵喝酒，四十歲得肝癌死掉了。

所以不少人修行不是爲了解脫、不是爲了了生脫死。坐在山洞裡打坐是爲了將來到社會上有更好的名聲、更好的能力、更好的方法來斂錢收財。出來之後自己找塊地，建個安樂窩，美其名曰蓋廟，其實就是一個宮殿，後半生就不愁了。所以現在很多人佛學院一讀完，跑回去就蓋廟去了，廟比糧店（銷售糧食的店鋪，賣米、麵、油等）還多。有幾個是眞的想出離生死、眞的想修行的？過去的修行人在一個地方一出名，被別人認出來，轉身就跑了，躲到一個不會被人認出來的地方繼續修行。現在很多人卻是以退爲進，閉上三年關出來大搖大擺，後面信眾成群。閉關就閉關吧，門口要貼上封條，鎖上幾百把鎖頭，三年以後來揭封條，騙鬼啊？不是神經病嗎？作爲一個眞正追求解脫的人，放下愛欲，放下名利，連你整天的搖鈴打鼓都要放下，不要騙鬼。

「漠視一切。」你要漠視一切，這樣才叫做眞正的寂靜。

10.2 將朋友、土地、財富、房子、妻子、饋贈等這類福報看作是一場夢，或是幻師的表演，只會持續三五天。

把朋友看成夢，做得到嗎？有些人拚命到處顯擺（炫耀），想多幾個粉絲，你還讓他把朋友看成夢？

把土地看成夢，在中國現實嗎？中國很多人是靠炒地皮發財的，美其名曰投資房地產。「我好不容易才貸了款，花錢買了房，槓桿都用上了，才買了兩套，你叫我放棄？」

把財富看成夢。財富就更不用說了，交那麼多朋友，那麼辛苦地炒地皮，不都是爲了財富嗎？

把妻子看成夢。哦，慘了。叫老婆放棄老公，叫老公放棄老婆，行嗎？誰敢啊？等我老了再放棄吧。

把饋贈看成夢，有些饋贈眞的很大。

把等等這類福報看作一場夢，把這些東西眞的當夢來看。別說把這個當成夢了，我們做場美夢都要流半天口水呢，何況是在現實中。把它們「看作是一場夢，或是幻師的表演」。就像看一場魔術，欣賞它但是別當眞，當眞你就死了。

「只會持續三五天。」騙來的終究要還的，知道吧？所以玩的時候別太得意，因果不爽的。當然，這一頌是對那些追求解脫的人講的，我們首先要搞清楚我們爲什麼要來學這些東西。如果我們是爲了好好地過日子，那麼不用聽這些東西，聽了又沒用，因爲行事的方法、看法是完全相反的。

10.3 明白哪裡有貪欲，哪裡就有輪迴。堅定出離，遠離貪欲，開開心心。

「明白哪裡有貪欲，哪裡就有輪迴。」狹義地說，貪欲是男女之欲，廣義地說，是一切你認爲你缺的，還想要的，這些都是貪欲。貪欲源於什麼？源於我們與這個肉身認同，與這個幻心認同。認同這個割離的、分裂的小我、假我。包括前面提到的，追求愛欲、追求名利、追求法，一切一切的根本原因，都是因爲我們認同於這個假我、這個五蘊和合之體。道理明白了，你才能夠在實踐中、在事相上放下。

「堅定出離，遠離貪欲，開開心心。」一個追求解脫的人要堅定出離。出離什麼？出離貪欲，出離我們對色、聲、香、味、觸、法的貪戀執著。這杯子是不是杯子？是杯子可以喝水對吧？但是我非要鑲了金的杯子，非要一個鑲嵌珠寶的水晶杯才能喝水嗎？所以你看那些乞士，撿半個骷髏頭托在手上，你看那些佛教唐卡裡畫的本尊，就是托著半個骷髏頭，隨便撿一個能裝東西就好了。不要再把精力花在這些欲望的滿足上，人的欲望是無窮無盡的。你應該要知道，有喜一定有悲，有快樂一定有痛苦。如果你只追求快樂，現在的快樂有多大，將來的痛苦就有多大。聰明一點的，趁早，趁你還有勁，放下吧。不要到最後等你提前收工的時候，想放也來不及了。

10.4 束縛只在於貪欲，貪欲消除就是解脫。只有不執著於世間，才能認識覺悟的永恆妙樂。

「束縛只在於貪欲，貪欲消除就是解脫。」我們的束縛和輪迴就是因爲我們有貪欲。輪迴是果，貪欲是因。苦報已經現前了，你說「我不要」，欠債不還，有那麼便宜嗎？你不想還債，當初不要借啊，當初不要造因啊，對不對？「人定勝天」，那是天下最蠢的口號。人從來沒有勝過天。不信你試試，要用自己的拳頭打敗你自己，你打給我看看？雖然都是幻相，但局部怎麼能夠戰勝全體？人類想從自然攫取一分的利益，自然會回報你十分的懲罰。

人類到這個世上已經不知道多少次了，這個地球還是這個地球。人類和文明都已經不知道換了多少次了，什麼時候人可以勝天啦？你想拯救地球，還想拯救什麼？拯救你自己吧，地球不依靠人類，別太當眞。我們現在有太多的自大狂，以爲自己可以操控命運，自己可以怎樣怎樣，可以主宰什麼，其實那劇本早就寫好了，你不過是一個角色而已，按照已經編排好的戲碼在演出。甚至狂妄的你現在還想改寫劇本，這也是那劇本寫好的。所以人到老了爲什麼會有智慧？聰明人覺得自己可以戰勝一切，到老了你就知道，你啥都幹不成，這叫智慧。所以到老了還不肯臣服的那些叫笨蛋，是很痛苦的。

「只有不執著於世間，才能認識覺悟的永恆妙樂。」只有當你放下了世間，放下了你認爲是「你」和「你的」的時候，眞正的你才會閃耀。眞正的快樂實際上我們是感覺不到的，信不信？沒有人相信快樂是感覺不到的。我告訴你們最快樂的是什麼時候，就是你們深睡無夢的時候。你感覺到嗎？你感覺不到。但是每個人都在追求晚上能睡個好覺，雖然他不知道那才是眞正的快樂。不信你保持清醒幾天不睡覺試試。所以眞正的快樂是我們感覺不到的，那才是本體之樂。

當你把所有的折騰放下了，你本來的東西才能展現。如果你把白天的事整天掛在腦子裡，你試試能不能睡著。有些人眞的是睡不著的，一生都很痛苦。精神科裡躺著的那些人，你可以問問他們有多痛苦，有的人甚至爲此而自殺。「哎，沒事啊，我吃安眠藥就行了。」你沒嚴重到那一步，只有當你得過憂鬱症，經歷過無法入睡的時候，你才會知道現在每天晚上睡那麼一會兒是多大的福氣。當然不是說做夢的時候啊，做夢的時候不算。不管你做的是美夢還是噩夢，都不是最快樂的，眞正的快樂在沒有夢的時候。不管你白天經過多大的傷害，只要你經過深睡無夢，就全都復原了，全都好了。如果想回到自己的本源，不需要別的方法，睡覺去吧，放下你的折騰，就回去了。

老子也知道：「吾所以有大患者，爲吾有身。」有這個身體，爲了這個身體，要找吃的、要找穿的、要找住的，苦啊。年輕的時候我整天想著以後一定要閉關，現在想都不想。爲啥？現在讓我一個人跑到山洞裡睡那硬石頭，每天要吃降壓藥、降血糖藥，還沒法吃飽，那還不慘死？對不對？很多人都說，「等我退休，我就閉關去了」，你想得美！到那時候你恐怕熬不住了，沒那麼簡單。所以連貪求閉關也是貪欲啊。只要是由這個身體或這個假我所起的任何欲望，不管這個欲望是世間的欲望還是出世間的欲望，伴隨著的只有束縛，只有痛苦。

10.5 你是獨一，是純淨的覺知。而世界是無覺知、不真實的。無明也非實有。你還渴望知道什麼呢？

「你是獨一，是純淨的覺知。」所以我們說，「你是覺性，覺性是你。」什麼叫獨一？沒有相對。人們常說，「你有個靈魂，我有個靈魂」──那不是眞正的你。眞的你不是你，是唯一的覺性。我的覺性跟你的覺性從來都是一體的，從來不是兩個，包括釋迦牟尼佛的，包括地獄裡面那些最糟糕的、最壞的眾生。我們的本性是一個，獨一的。有人問：「我怎麼不知道呢？」廢話，我前面都說了，你放下那個小我，眞我才會展現。現在這個假我醒著，你的「知道」就是與這個肉殼子相應的「知道」，是眼、耳、鼻、舌、身、意。在你深睡無夢的時候，誰知道？它知道。深睡無夢的特點是什麼？就是這個六根全部關閉了、停止了，假我休息的時候，眞我就露頭了。

「而世界是無覺知。」所謂世界就是被我們所覺知到的對境，它無覺知。因爲它是被覺知到的，所以只是對境、是幻相，是沒有覺知的，因爲覺知不可能被覺知。只有無覺知的世界才能被覺知到。世間是無覺知的，不眞實的。我們說它不眞實是因爲它是虛幻的。眼前這個桌子怎麼會是虛幻的呢？你夢中一定沒有這個桌子，就像你現在沒辦法碰觸你夢中的境界一樣。你做夢的時候那裡的一切境界都是那麼的眞實，但醒來後，你沒辦法回去重新碰觸你夢中所覺知到的世界。同樣，白天你認爲是眞實的，跟你在夢境中以爲的眞實世界，是一樣的。夢中你沒辦法感覺到醒位的世界，深睡無夢時就更不用說了。

「無明也非實有。」什麼是無明？對眞我的無知、對假我的執著，統統是無明。無明有同性無明、俱生無明、遍計無明三大類[25]。無明對於眞我來講是虛妄不實的。眞我包括明與無明兩種屬性，同性無明是在眞我之下與明相對應的無明；俱生無明是與認知共起的無明，是對眞我的不了知；遍計無明是生起了具足能所二元對立之後的虛妄認知，它把明覺的自身經驗認爲是明覺之外的客觀存在，如將五蘊身心認爲是明覺之外的獨立存在。

眞實的存在是不依於因緣的，而無明依於明覺。若無明覺的生起，便無無明。既然是因緣所起之法，它就不是眞實的，並非是實有的。如

25　這一說法根據的是藏傳佛教寧瑪派對無明的分類。同性無明和俱生無明是原始基位的無明，遍計無明是指在原始基位上各種分別心識升起，進入輪迴道後的無明。

果無明是實有的、眞實的，那將沒有人能夠解脫，沒有人能夠成佛，還求什麼道、修什麼行呢？

「你還渴望知道什麼呢？」追求解脫的人希望知道眞我，但眞我是不可被知的。你能夠知道的僅僅是我們現在的六識心內的念頭。現在的人說這是「過時的不可知論」，他沒想過你所謂的可知是什麼，除了一堆名相、一堆概念，你還知道什麼？眞知怎麼可能被知呢？你還渴望知道什麼呢？

10.6 儘管你曾執著於王國、妻兒、身體和享樂，然而一世又一世，這些都失去了。

「儘管你曾執著於王國、妻兒、身體、享樂。」有些人追求當國王，我小時候最大的志願不是想當國王而是當總理，把國家管好。有些人比我更霸道，想當國王，還爭得頭破血流的。執著妻兒的就多啦，現在老百姓，男的執著妻兒，女的執著老公。老公要有外遇，「我跟你拚啦，你敢背叛我！」這叫執著。執著自己的身體，有點病痛趕緊去醫院，不能有病；一定要美，八塊腹肌腱子肉。執著享樂，誰不想天天燈紅酒綠，累了以後可以在沙發上躺著，放點小音樂，喝兩口小酒，多好多舒服。

「然而一世又一世，這些都失去了。」「良辰美景奈何天」，你看那個李煜，「雕欄玉砌應猶在，只是朱顏改」。享受得多好啊，投降的時候一大堆宮女在那裡哭著陪著都不肯走哇。怎麼樣呢？一切都過去了，都失去了。要想解脫，早點放下。

10.7 名利、愛欲、虔誠善行，已經夠了。在輪迴的陰暗叢林裡，心在這些之中從未得到休息。

虔誠的善行可以得到名利和愛欲。名利、愛欲、虔誠善行，還不夠嗎？多少才夠？

「在輪迴的陰暗叢林裡，心在這些之中從未得到休息。」人都是不知死之將至啊，到死的時候才想起：「我還有什麼遺願沒達到啊，我不捨得走啊。」你不想走？閻王爺可不會放過你；你不想走？黑白無常押著你走。所以不要等到那一天才想起來，我還沒帶夠資糧，我鑰匙忘帶了，錢包忘帶了，手機也沒拿……

早點放下，眞的得早點放下。讓你的心休息吧，眞的休息吧。人到無求品自高。福德是怎麼成熟的？當你無求的時候，福德就圓滿了。爭是爭不來的。當你不爭了，不求了，你滿足了;不要的時候，福德就來了。這話說起來很矛盾，但眞是這樣的。最想要的時候，啥也沒有，你越求越沒有，求不得苦啊。你不知道嗎？眼看到手的肥肉，你都認爲勝算一定在握了，啪嚓，政策改了，人算不如天算。所以佛教裡說，「財富爲五家所共有」。盜、賊、水、火、國王，隨時都可以拿走的，別以爲到了手的就是你的了。眼看輪到給你了，「老闆」出現了，他說「你拿多了，給回我一點吧」，怎麼樣？所以，要想得到內心的平靜，放下吧；要想解脫，放下吧──「謝謝你幫我拿走，這樣我還可以少掛念一點。」

10.8 有多少世你不曾以身語意艱辛勞作？所以，至少今天停下吧。

「有多少世你不曾以身語意堅辛勞作。」自從有輪迴以來，我們生生世世都希望努力達至成功，我們認爲成功只缺最後一步啦，偏偏那時，你就死了，你就垮了。很多人就垮在眼看就要達到成功的時候，很多英雄就死在最後那場戰役上。世間很多事情都是那樣的，要麼就是被撤職了，要麼就是援兵等不到了。總之你放心吧，不放下不行啊，反正都死了。

「所以，至少今天停下吧。」從現在起，放下吧。放下之後你會看到另外一片藍天。所以上帝給你關上門的時候，一定又給你打開了另外一扇窗。我不是鼓勵大家回去都辭職哦，但別太努力。日子還是要過的，指標還是要達到的，但是不要熬夜。帶著玩的心態去做吧，可能會好一點。至少今天停下來吧。很好，你們都來了，所以都停下了。

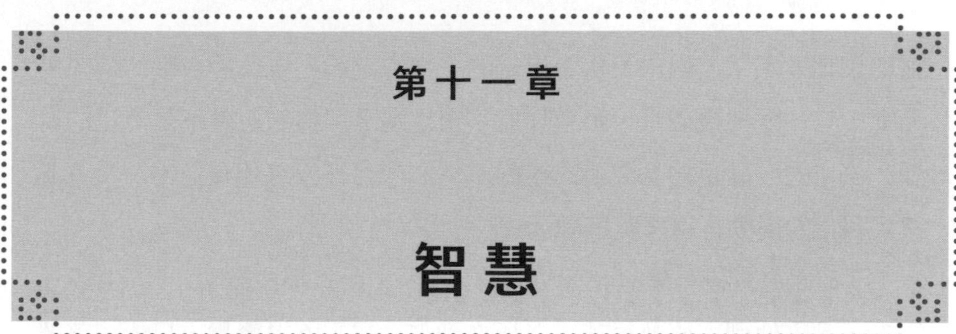

第十一章

智慧

第十一章講的是智慧。第十章我們講寂靜，怎樣寂靜，現在我們講智慧。

八曲仙人說：

11.1 確知生滅變化是事物的本性，如此之人不受擾動，遠離痛苦，輕鬆就能休息。

八曲仙人說：「確知生滅變化是事物的本性。」只有變化本身是不變化的，所以你就跟著好好變吧。明白了，你的心就平靜了。因爲知道有高就有低，有富貴就有貧窮，這樣的話，有錢的時候你過得挺好，沒錢的時候你也過得挺好，因爲你接受了。爲什麼由富入儉難，是因爲你不接受。

遠離痛苦不是很複雜的事情，接受就好，臣服就好。我們的痛苦源於什麼？不接受，「我不幹！」我認定了事情就應該怎麼樣怎麼樣。你肯放下了，接受變化了，你就可以回去睡大覺了。不接受變化，就只能辛苦和努力了，到了最後還是得接受啊。

11.2 確知大自在者創造一切，唯有它在，如此之人變得寧靜，一切欲望平息，遠離任何執著。

「確知大自在者創造一切，唯有它在。」大自在者就是究竟的覺性，我們人人本具的眞我。一切都是它所展現出來的，唯有它是眞實的存在。明白這個的人，接受這個道理的人，才可以眞的內心寧靜下來。不然的話即使你入定了，過兩天也會出定的。你的定總不會比熊冬眠的時間更長吧，它冬眠要幾個月，難道你能不出定嗎？那樣的心就不是眞正的寧靜。眞正的寧靜是帶著波浪的寧靜。你心裡已經沒有那種拒絕，沒有要達到目標的衝動，這才叫寧靜。

「如此之人變得寧靜，一切欲望平息。」所以那些鼓吹「人定勝天」的人，其實他們一直都很苦，在死亡到來之前都不得寧靜，只能帶著遺憾而離去。當然現在很多人不明白、也不接受「人勝不了天」，我們總覺得自己的努力最終可以勝過老天。

「確知大自在者創造一切，唯有它在。」眞的確信的話，就不會擔心：「我這個孩子怎麼不聽話呀，我要把他送補習班啊，再讀一年吧」。「三歲看八十，七歲定終生」，小孩子三歲就知道這輩子該幹啥了。我告訴你，你能活到多少歲、吃多少碗米都是定數。除非你累積了很大的福德資糧，不然人定勝天？門都沒有。說實話，連你去累積福德資糧都是命中註定的。你以爲是你現在突然看了本好書，現在你能看到這本書就是命中註定的，信不信？你在什麼時候遇到一個什麼老師，也是命中註定的。你以爲是你的努力嗎？當然這好像成了宿命論，但你放心，相信宿命論的人還是比較幸福的，起碼你的內心不折騰。眞的。

「一切欲望平息，遠離任何執著。」你非要什麼樣，你定下一個人生目標，「今年一個小目標，賺一個億」，你試試。當然，也有一些教法是鼓勵我們要去努力、要去積累資糧、要去懺悔業障。其實教授分很多種，有小學的教授、中學的教授、大學的教授和終極的教授。你站在哪個年級就學哪個。現在這個教授嚴格地講，是畢業班的教授。所以千萬不要說：「你講的怎麼跟我經常聽到的不一樣？」班級不同，所講的內容也不同。

11.3 確知幸與不幸皆由過去業行，在該發生的時候發生，如此之人知足，感官調柔，無有冀憂。

「確知幸與不幸皆由過去業行。」我們現在就是只接受幸運、不接受不幸，但不知道你的幸與不幸皆是過去生感得的，你過去生所作之業已決定了今生的藍圖。佛陀教導我們：「欲知前世因，今生受者是；欲知後世果，今生作者是。」過去生我們的表現如何呢？今生受者是。這輩子感受到的一切，你的生存環境、你的父母、你的家庭、你的孩子都是前世的因緣。人家對你好，只是來報你的恩，人家對你差，只是來討你的債，所以不要怨。一切該發生的時候就會發生，不要傷害眾生。

「如此之人知足，感官調柔，無有冀憂。」這樣的人他知足常樂，現在有啥，就享受啥。「感官調柔」，爲什麼？你不憤怒了嘛。「無有冀憂」，就是沒有期盼和憂愁。能沒有期盼和憂愁是很難的。我不用點名了，反正大家都知道在盼啥，不說的好。

11.4 確知苦樂、生死皆由過去業行，如此之人無有一事可成，遠離造作，即使在行動中也沒有染著。

「確知苦樂、生死皆由過去業行，如此之人無有一事可成。」這樣的人，眞正知道一切都是已經註定的話，不會覺得什麼事都是自己做成的，你從來不是做者。現在我們很習慣說：「這些都是我努力的結果」，見你的大頭鬼！沒那福報我看你努力個啥？有很多天才都哀怨自己生不逢時。你的努力只是說明，命中註定該做這麼多，然後得到這個果報。要知道不是努力就一定能成功的，很多人到死也沒有辦法得到想要的東西。我還見過 90 年代大家都在投資，連掃地阿婆買股票都賺的時候，還有的人上午趕著電匯 30 萬入市，結果下午股票大跌，白白送走了辛苦錢，一瀉千里。所以說股市有風險，其實應該講人生有風險，入世投胎需謹愼啊。

「如此之人無有一事可成，遠離造作。」如此之人就不折騰了。想找一個不折騰的人，難。在家人折騰什麼？求名求利；出家人覺都不睡，折騰啥？解脫生死。是人就好好當你的人吧，「不！我要當神，我要開天眼，我要知宿命。」幹啥？嚇唬你唄。還能幹啥？有什麼大不了的？當然我是吃不到葡萄說葡萄酸。如果有天眼有宿命通，嚇唬人還是挺好玩的，哈哈，但是關你的解脫啥事兒？

「即使在行動中也沒有染著。」明白這個的人，就不會定什麼今年的小目標、明年的大目標。他知道沒有一件事是他做成的，這都是過去的業。劇本早就寫好了，好好演吧，別再定什麼新目標了，不然苦啊。這樣的人愛幹啥幹啥，對他來說無所謂的。因爲他一切隨順業力、隨順命運，該幹啥幹啥，梭哈。

11.5 確知僅僅是由於在意，而非別的才是世間的苦難，如此之人就能從中解脫出來，在一切處都快樂、寧靜，一切欲望熄滅。

「確知僅僅是由於在意，而非別的才是世間的苦難。」談戀愛誰動心誰吃虧，懂吧？這是金玉良言。僅僅是由於在意，你若說，「誰在乎？死就死吧！」多快樂。投資了，「哎呀！我那支股買得怎麼樣？今天升了嗎？」降了，痛苦啊！升啦，爆血管了！小心啊。

「如此之人就能從中解脫出來。」眞的明白了，股票愛扔那兒扔那兒吧。有空再看看。賺了？就賺了。賠了？就賠了。反正是閒錢嘛。買股票一定是有閒錢才去買，別想著一定賺就可以。香港炒樓的時候，個個都覺得：「我只要投資進去，加多大槓桿都不怕，我一定賺。」結果樓市一崩盤，全掃地去了，傾家蕩產。不在意，不要計較得失，就解脫了。

「在一切處都快樂寧靜，一切欲望熄滅。」我們這麼努力，在追求什麼？那麼多錢、那麼多名，最後要的是什麼？其實你是想要快樂，這才是背後眞正的驅動力。但能夠被你感知到的快樂一定是痛苦之因，只有不能被你感知到的那個快樂才是常樂。可是我們都不要常樂，就像我們現在天天呼吸著空氣，我們不覺得它值什麼錢。等有一天你連新鮮空氣都沒有的時候，才知道原來平時呼吸的空氣多麼珍貴。我們都不會感激平時喝的水，喝的時候，還覺得不夠香，要放點好茶葉。水源汙染了怎麼辦？眞正洪水滔天的時候是沒水喝的。不要以爲滿地都是水，有水你喝不了，在大海裡也一樣。所以現在我們最輕視、最看不起的很多東西，其實才是你生命之所依。

寧靜比快樂更可貴。「窮措大想做富貴詩，滿紙都是金啊錦啊玉啊[26]」，都堆到裡面；眞的富貴了，「長笛一聲人倚樓」，他就懂得寧靜的可貴了。你們當過明星嗎？當過就知道啦，出門上街戴口罩，很苦的。一切欲望熄滅是比快樂和寧靜更可貴的，更難達到的。就像你們現在還想喝口好茶，我現在連茶都懶得喝，喝水就行了。

11.6 確知「我不是身體，也沒有身體。我就是覺性」，如此之人不再記得做過什麼，或沒做過什麼，就如達到了究竟之地。

「確知我不是身體。」眞我不是身體，它是清淨無染的覺性，純淨的覺性。所以他說，「確知我不是身體，也沒有身體。」有身體你就不可能遍一切處，你必須有邊界。有了空間，時間就有了，時間不過是空間的推移。所以我們每一個人，眞正的我，我們的「本我」，不是身體，也沒有身體。

「我就是覺性。」覺性沒有中心、沒有邊際。不要說覺性在我心內，以此爲圓心。當然也有一派認爲我是壇城的中心，但究竟上來說，這種見地還是帶身見的。與色身認同的時候，你才會產生一個中心，需要一個中心點。覺性是超越這種形態的，所以它沒有中心點，也沒有邊際。實際上，時空中心等等都源於我們的分別心，源於那個假我，那種自我認同。

「如此之人不再記得做過什麼。」實際上，當你產生自我認同的時

26　魯迅語，原話為：「唐朝人早就知道，窮措大想做富貴詩，多用些『金』『玉』『錦』『綺』字面，自以為豪華，而不知適見其寒蠢。」

候，當你向別人介紹自己的時候，你能夠講的就是歷史，就是過去的事情，某年某月某日你發生了什麼。從你被生出來，那麼你的色身，男的女的、或非男非女、或亦男亦女，有了色身的認同，歷史就開始了。我們把曾經經歷過的東西當作是我，當你說自己是某某教授、某某工程師、某某董事長，是包含了所有你奮鬥過的歷程，都在其中。

「如此之人不再記得做過什麼。」他因爲已經不再與色身認同，不再與過去假我的經歷認同，「我一直都是好人，我很乖，我沒頂撞過父母，沒有小偷小摸過，我品德很好……」我做過什麼，我沒做過什麼，都是針對假我來的。對於一個眞正覺悟的人，當他已經不再與色身認同的時候，談論他的歷史實際就是一場笑話。你可以不認你自己，但我們認爲你就是那樣，這些經歷就是你的經歷，所以我們很喜歡寫傳記，寫某某大師經歷了什麼什麼，給人間留下了什麼什麼。人家已經不這樣認同了，我們還要強加在別人頭上。「你就是這樣，你可以不認帳，但是我們不能不記帳」，這是凡夫的特點。

「就如達到了究竟之地。」他的身體還在，還要吃飯還要睡覺，還要像正常人一樣生活，但是他跟那些已經達到究竟之地的聖者們是一樣的。我們現在比較注重形象，你穿什麼衣服啊？你頭上有戒疤嗎，燒了幾個？你禪定多久啊？出家多久啊？閉過三年關嗎？你的傳承是什麼啊？你的老師是誰啊？有名嗎？網上查得到嗎？除了這些，我們沒辦法衡量別人了。但對於一個眞正了知眞我的人，他早已經不與這些認同。雖然他現在不能飛天遁地，也許眼睛比我們近視度數還深，但他與那些究竟解脫的聖者在本質上沒有任何差別。所以不能用有沒有神通、有沒有證書這些去衡量的，這些只是一些世俗的招牌。哪怕你閉了一輩子關，如果你不瞭解眞我的話，你的福德也許很大，眾人圍繞如眾星捧月，但實際上還是一個老凡夫。你需要這麼多神通麼？說法都需要飄在空中嗎？鳥兒還整天飛著呢，生來就會飛。

我們總習慣看一個人是不是能做常人無法做到的，看到了以後就，哇！膜拜！這不是一個求解脫的人應該做的事情。求解脫的人應該追求智慧，應該追求你眞正的本性，而不是去學一些異能奇術，那些都是輪迴的種子。尤其是在精神領域裡，我們衡量一個人大多數都是看他有沒有過人之處，從來不仔細聽他講些什麼。很多人會以他講的跟現在市面上書本中講的東西、或是一般在法會裡聽到的東西是否一致，來判定這個人。很可憐。人一加入群體之後，往往就變傻了，失去了鑒別能力。很多一個人不敢做的事情，在一個群體裡他就敢做，爲什麼？羊群效應，狼群效應。求解脫之人應該只關心眞理。因爲只有眞理才能夠讓你從一切輪迴、一切現象，從一切覺受、一切執著中解脫出來。他就算教會你整天不坐凳子飄在天上，那又如何呢？練了幾十年，就爲了能不用凳子？練了幾十年，就爲了能冬天只穿一件布衫？在過去，練拙火是非常好的，起碼你到山裡去修行不會被凍死。但現在有幾個人去山裡啊？沒人吃這個苦了。所以要好好學習智慧。

11.7 確知「上至梵天，下至草葉，我真的在一切之中」，如此之人便能無分別、純淨、寧靜，不在乎是否成就了。

我遍一切處，因爲覺性遍一切處，沒有覺性就沒有存在，不管是內在的存在或外在的存在。一切無非幻相，如每一個念頭，都是沒有實體的，都是覺性的展現，包括外在的一切山石田土、星辰日月，浩瀚如同宇宙。

眞的明白了，你才能夠無分別。只要你還有身執、身見、我見，想做到無分別是很難的。「那個不好，這個東西好，味道好；這個吃了對身體有益，那個吃了對身體無益。」你仔細想想，它的源頭是什麼？我見、身見。當你消除了這種我見、身見之後，一切都純淨了，不再分這是染汙的、那是清淨的，因爲你接受全體。這種教法不是那種揀擇的教法、分別的教法，我純然地接受，接受一切。

「如此之人便能無分別，純淨、寧靜。」由於無分別，由於純淨，必然導致什麼呢？寧靜。因為心裡頭不再開討論會了，不再開運動會了，你接受一切。我們不得安寧，是因為我們心裡永遠都有目標，為目標所驅使。「今年定個小目標吧，一個億」，「我今年要減肥 10 斤」，你怎麼寧靜呢？所以只有把這些統統都放下。「我今年要治好什麼病，今年要多加鍛煉把它怎麼怎麼樣」，你就沒辦法寧靜。你若是學會跟整個存在和平共處，甚至能夠接受死亡，跟死亡和平共處，你還怎麼可能不寧靜？不寧靜就是因為我拒絕。只要把所有這些分別、追求，都統統放下，瞭解一切存在的純淨，你的內心自然就寧靜了，而不是以修習禪定來達到。修習禪定可以暫時地模仿寧靜，但不是真的寧靜。所以，寧靜在於無所求，不再需要改善任何東西，接受全盤的自己，接受整個存在，就寧靜了。其實對於寧靜，我們真的沒有比較深刻的體會，如果體會到了，你真的不喜歡躁動，寧靜是非常快樂的。

說穿了，如果你們要想獲得真正的寧靜，連我們課堂上講的這些，所有的理論，甚至連真我都必須忘掉。如果你還想念著、憶念著一個真我的話，你是不可能真正獲得寧靜的，不可能真正獲得解脫的。你只是去模擬一個解脫，設想一個可能的解脫。而在解脫的每一個當下，你都不認識這個是解脫。我們總在自己的心意識裡面，營造著一個將來「什麼都沒有了」的所謂解脫，或者期待換一個非常好的環境。那不是解脫。解脫發生在每一個當下。如果你沒辦法在當下體會到那個解脫，那你所追求的都不是解脫。

「不在乎是否成就了」，不再在乎達到目標還是沒有達到目標。現在學道的人逢人就問：「你們這套真管用嗎？死的時候呢？」要不要先死給你看一看？「你師父有舍利嗎？」要不要現在燒一下？因為我們太在乎這條路能不能達到解脫，能不能成就。我們在追求異象、神跡、以及與眾不同。

11.8 確知森羅萬象的奇妙宇宙原無一物，如此之人便會無欲無求，

成為清淨覺知，如同一切都不存在那樣而平靜。

「確知森羅萬象的宇宙原無一物。」「誰說沒有的？我們花了錢就是要跑到外面去看風景的，你說啥都沒有，啥都沒有每天上班幹啥？」但是要知道，就像夢裡啥事兒都有，醒了以後啥都沒有。在夢裡，老虎來了你就會跑，站到懸崖邊上就會腿軟。還會飛呢，還會跑，還可以打架，都有。醒後有嗎？都沒有。同樣世間的這些，在我們還被業力所轉、在無明之中的時候，在這個生死大夢裡面，我們看著都有。但是夢醒之後啥也沒有，因爲連我們這個身體都是夢中的一部分。我們的生命歷程、我們的生存環境無非是在另外一場夢裡的情節。我們現在是在夢裡頭談夢，所以好像在夢裡一切都是有的。但當你從這個夢裡醒來——不用醒來，你換到另一個夢裡，你晚上睡著了，這個世界就沒有了，另外一個世界就會現起。深睡無夢的時候，這兩個世界都沒有了。早上醒來，由於業力的原因這個夢又重新現起，一切又那麼眞實地發生著。

「如此之人便會無欲無求，成爲清淨覺知。」你眞正瞭解到這不過是一場夢，森羅萬象奇妙的宇宙原無一物的話，便會無欲無求。既然知道是在做夢，你還會要求今天晚上我一定要在夢裡中個六合彩嗎？不會。所以，當你確知森羅萬象的宇宙原無一物的話，如此之人便會成爲清淨覺性，無欲無求。你很自然地就不會再被幻相所迷。你會回復到本來清淨的一個覺知，你就是那個覺知，沒有別的。

「如同一切都不存在那樣而平靜。」他用了「如同」二字。當知道一切都不存在的時候，你得到的那個平靜，很像眞的一切都不存在時候的那個平靜，因爲你現在畢竟還在夢中。你夢中可以得到的平靜，類似於你醒後知道前面只是一場夢的那個平靜。當你了知一切無非幻相，我們的欲望是被幻相所挑起的之後，我不敢說你已經平靜了，但起碼你會好過一點，比較容易過下去，到最後，煩惱自然就不起了。

第十二章

安住自性

這章是迦納卡向他的上師八曲仙人彙報。前一章是談智慧，這章是談安住自性。也就是說，你明白這些道理以後，平時應該怎樣用功。

迦納卡說：

12.1 首先我變得無法容忍身體行為，接著不能容忍過多的語言，最後是心念。我如此堅定安住。

這一頌是在描述道人外在表現上的寂靜過程，最初是身寂靜，接著是語寂靜，最後達到心寂靜。

「首先我變得無法容忍身體的行爲。」爲什麼？因爲他已經不再與這個身體認同了，因而對由此假我引發的身體上的行爲無法容忍。當然，迦納卡是上上根的弟子啦，而我們現在說的「不與身體認同」，其實更多的只是在嘴上。當你眞的不再與身體認同的時候，你就懶得動彈了。自己想一想，當你的心不再有任何目的的時候，就不再會起心動念去刻意做一些維護身體、淨化心靈的行爲，會覺得那些行爲很累。若你的心只專注於自性，任何的行爲對你來說都是一種打擾。就像踢足球時，你的心不在球場上，不在敵我隊友之間，你的心正在想著某一件事，那就沒法踢球了。所以當你唯一專注於與覺性認同的時候，你怎麼還能容忍身體行爲的干擾呢？

「接著不能容忍過多的語言。」當你瞭解眞我，知道一切語言無非假我的把戲，是概念的堆積，就不想說了。當你到那步的時候，你眞的是懶得動彈、懶得說話，有啥好說的呢？

「最後是心念。我如此堅定安住。」堅定地安住什麼？認同於覺性，不再與身體認同，所以想也懶得想了，事情也懶得記了。用通俗一點的話說，就是自願成爲一塊廢柴。是自願的，不是被逼的。這個不是沒有自由的問題，是你自願的就不用身語意了。所以說，道人是無事人。在世人的觀點裡，修道人就是好吃懶做，因爲一般人還不懂什麼是道。

12.2 我對聲音等沒有任何執著，自性也並非被感知的對境。離於散亂，專一於心要。我如此堅定安住。

「我對聲音等沒有任何執著。」如果哪個修道人整天還在那兒「嗯哪——啊呀——嗯哪——啊呀」（模擬唱歌聲）慘了！整天還沉醉在「這個歌都是我的心聲啊」，這就是貪著。

「自性也並非被感知的對象。」眞正的道是不能夠用語言傳遞的。那麼我們可以用其他的方法，用我們的心、用我們的五官去感知這個眞理嗎？感知不到的。眞我是心識不可到的。假我只是疊印，就如同被投射在銀幕上的人物。既然是被投射出來的，怎麼回到投射者本身呢？你看不見的。就像手電筒的光，永遠是向外投射的，它沒辦法照回自己的光源。眞我是不能夠作爲對境而被感知的。你沒有辦法感知它，它不是對境。叫你參「念佛的是誰」也好，叫你找「我是誰」也好，問你「拖死屍的是誰」也好，只不過是叫你從慣常的自我認同中發現它的謬誤，沒別的。如果誰號稱他見到眞我了，那不過是一場笑話。

「離於散亂，專一於心要。」我們不再與假我認同，心不再被六根的境界吸引，叫離於散亂。我們不需要去克制身體的動作，不需要約束它，不需要靠一個佛號或咒語去約束我們的語言。只要把妄心放下，它們就都自然寂滅了。專一於自性，這叫「專一於心要」，知道你是覺性，覺性是你，「我如此堅定安住」。平時怎麼用功？我就是這樣用功的，沒別的。沒有任何技巧可用。因爲任何技巧意味著你認同於假我。

12.3 由疊印等而造成的散亂才需要努力以達到三摩地。明白這個道理，我如此堅定安住。

「由於疊印等而造成的散亂才需要努力以達到三摩地。」什麼叫疊印？我們的覺性本身沒有這些東西，但是因爲無明，就在上面展現出了山河大地、宇宙人我等等。這就像印在電影幕布上的電影圖像，我們稱其爲疊印。所謂的修行只不過是影片中的人物在努力，跟光源一點關係都沒有。懂嗎？由於我們自認爲是凡夫，所以才需要努力來達到三摩地。當你不再認同你是這個凡愚之身，明白散亂不過是疊印的虛幻影像，那麼其實連修行三摩地去對治也只是頭上安頭，都是苦惱之因、輪迴之因、生死之因。

「明白這個道理，我如此堅定安住。」我不再追求任何的三摩地，我不再追求任何的禪修境界，我不再追求任何的禪修感受。解脫是在每個當下的。當你從疊印中解脫出來了，當你知道你不是凡愚之身，你是純然的覺性，那麼這個疊印中所需要努力的，甚至從初地修到十地，甚至到後面的金剛二地，等等等等這些修行，就不再有任何意義了。

《紅樓夢》裡面說：「落了一片白茫茫大地眞乾淨。」你眞的明白的時候，世間的目標沒有了，出世間的目標沒有了。你還有啥可幹的呢？但你若認定自己是凡愚之身，那你就好好努力。我們所努力的不外乎就是這些：要麼是世間的成就，要麼是出世間的成就，要麼是兩個都要。當你兩個都不要的時候，誰還能騙得了你呢？所以有人說佛陀是個大騙子，那當然。眞的，很善巧的，「三藏十二部，黃葉止兒啼」。如果有人要自認爲凡愚之身，那不騙他騙誰啊。

怎麼修行？就是明白這個道理，沒有別的。而且因爲明白這個道理，把你所有的目標統統都放下了，就這樣。沒有了目標，你的心就不往外跑了。那個時候，身寂靜、語寂靜、心寂靜會自然地發生。

12.4 沒有任何可取捨，沒有快樂和悲傷。哦，梵！我如此堅定安住。

「沒有任何可取捨，沒有快樂和悲傷。」取捨建立在什麼地方？建立在不圓滿之上。你認爲你是割裂的，是不圓滿的，所以你希望得到功德、你希望去除障礙、你希望獲得圓滿。對世間人來講，你希望捨除所有生活中的病苦、不高興，你希望取得更多的親情、財富、名位，對吧？爲了什麼？爲了快樂，爲了避免悲傷。但是如果你瞭解眞正的你，只是純然的覺性，快樂悲傷不過是疊印，眞的還有什麼好快樂的嗎？眞的還有什麼好悲傷的嗎？一切都會過去的。

「哦，梵！我如此堅定安住。」梵就是究竟的眞我。唯有梵，就是這樣。沒有別的。

12.5 在某個人生階段或否認有階段、禪那、調伏識心——明白是這些令我散亂，我如此堅定安住。

「在某個人生階段或否認有階段、禪那、調伏識心。」因爲印度教在家人的人生分爲四個階段：梵行期就是小的時候拜師學習，堅守淨戒，學習基礎文化，學習教典，學習修行的方法；居士期就是娶妻生子，到了適婚年齡他們就成家立業，繁衍後代；林棲期就是逐漸從世間生活退出。老了嘛，就是一個人差不多退休了，這個時候他們爲了追求自己的解脫，就把家裡交給長大的孩子去打理。他自己就到樹林裡去溫習或重新學習年輕時候學習過的教法，重新熟悉、練習。以及雲遊期，居無定所，四處遊蕩，爲死亡做準備，爲解脫做準備。有些人不認可這樣，他說人生不應該分這四期的，也就是否認了這些階段。

「禪那。」就是你已經進入修行者行列之後，每天禪修入定，這叫禪那。「調伏識心。」各種苦行都是爲了調伏識心，包括各種禪定。

「明白是這些令我散亂，我如此堅定安住。」一個眞正見道的人他就會明白，這些東西包括人生的四期或者是否定四期，其實都建立在你認同你是這個色身的基礎上：你是印度教徒，你承認或否認這四期，你在過日常生活，或是在修習禪那……總之你肯定認同你是凡愚之身，你認同現在能夠用功修行的這個心，所以「我要把它定下來，我要把它怎麼怎麼樣，我要擴充它的功能，我要看到宇宙的面貌，要看到它的來源」，等等等等，都是這個心、這個假我。包括調伏識心，「我要修行一些方法，讓我的識心不動，或者讓我的識心聽話。」

「明白是這些令我散亂。」眞正對於見道之人來講，這些東西是使你不能夠安住於道的障礙。眞見道的話，就不再與這個色身認同，不再與這個假我認同了。前面所談的這些都是因爲這個假我自認爲「我是獨立的個體，是不圓滿的」，所做的一切都是爲了圓滿它、改善它。當你不再與此認同的時候，你知道所有的這些努力都毫無意義，而且它們使你沒有時間安住於道，對吧？所以這些是散亂之因。既然是散亂之因，那就放下它，不要再折騰了。

「我如此堅定安住。」如何安住？就是不造作。一切不做眞精進。不折騰。因爲做跟不做都是從假我出發的，眞精進的話就遠離做與不做。所以我們說「坐著但不要打坐」，形式上別人看到你在打坐，但實際上眞的什麼都沒做。如果你還執著於感受，「我背不夠直，氣不夠順，沒有氣沉丹田……」那就是身心在開運動會啦。你的心已經預設了標準，你在玩遊戲，那早就散亂了。

12.6 行為與斷絕行為均由於無明。徹底明白這點，我如此堅定安住。

「行爲與斷絕行爲均由於無明。」行爲就是造作，斷絕行爲就是我堅持什麼也不做。肚子餓了我不去吃，我不做，這叫拒絕行爲。所以，不管你是行爲還是拒絕行爲，均是出於無明。因爲我們假設了一個錯誤的自我，這個自我在玩遊戲。所以道人就只做他該做的事情，從不多餘，不會沒事找事，但也不是啥事也不做。

「徹底明白這點，我如此堅定安住。」明白了這個，我不再與這些東西認同。不再與由假我所起的身語意認同。不會拒絕外在的行動，但是絕對不會沒事找事，你的內心是寂靜的。

12.7 思議那不可思議，只是落入另一種念頭。因此，放棄那種思議，我如此堅定安住。

「思議那不可思議。」我們想像著覺性是什麼：「它是空的；它是光明的；它會起用的。」這叫思維那不可思維，思議那不可思議。被投射在銀幕上的影像討論著那個光源是啥樣的，也依然只是在銀幕上的一場戲。所以，「思議那不可思議，只是落入另一種念頭」，那不過是心理體操。

「因此，放棄那種思議，我如此堅定安住。」我們談論眞我，又放棄談論眞我，因爲眞我是不可被談論的。你把它想像成什麼形象、什麼質地，都沒有任何意義的。就像一群機器人開會在討論人類應該是怎麼樣的，去分析人類。當然它可以把人類抓去解剖，但實際上眞的永遠都不會明白人類，因爲它是被人類造出來的東西。它可以完成人類需要它操作的事情，可以模擬人類的很多感情和行爲，但是永遠不會明白人類。

12.8 善哉，成就此等之人。善哉，本來如此之人。

「善哉。」就是讚歎。「成就此等之人」，是指曾經迷失了，但是現在明白了的人。

「善哉，本來如此之人。」讚歎法爾如是的自性。

其實天下之亂都是「好心人」造成的。除了那些別有用心之人，大部分都是善良的「好心人」，認爲這裡需要被改造、那裡需要被改造，這樣一來就鬧得天下大亂。人們都認爲自己的理念是最正確的，自己的那套東西是最有用的，要推廣出去，最後就天下大亂了。你可以回溯所有的戰爭，所有的宗教戰爭、國與國之間的戰爭、人與人之間的戰爭都是這樣。其實眞正能夠帶來寧靜和平的，是道人。因爲他們內心是寧靜的，從來不希望強加自己的見地或者是習慣於他人。當然社會上常會把這種人看做是垂死的、沒落的、頹廢的，代表著封建迷信。善哉善哉。

第十三章

快樂

第十三章，快樂，前面是說怎樣安住，現在談安住的結果。

迦納卡說：

13.1 從覺知「唯有自性別無其他」而有的平靜，就算只穿一條兜襠布的人也罕少能有。因此，我放下了取捨，快樂地活著。

有些人爲了出離世間，他把什麼都扔掉了，甚至只用一塊布遮著襠部。大部分修行人體會不到這種一切皆捨，最後所導致的那種平靜。「因此，我放下取捨，快樂地活著。」迦納卡明白了這一點，已經把所有取捨都放下了，把目標放下了，所以他快樂地活著。這是眞快樂，眞的寧靜，一般修行人是達不到這種快樂的。哪怕你修禪定，也會有出有入。出定的時候你就不開心了，想趕緊完成了吃喝拉撒睡再去入定，而且坐久了腿和屁股還會長瘡，也很苦的，所以出家人中痔瘡是常見病。

當你放下了取捨，你就能眞正快樂地活著。你無事於心，無心於事。因爲快樂是我們的天性，本有的。但現在我們變得好像只有感官受到刺激，才會覺得快樂，而體會不到由內心寧靜所展現出來的快樂。我們已經把那個忘失了。就像吃慣了重口味的東西，讓他再吃食物的原味，就吃得沒滋味，一定要靠加調料、加辣醬，才覺得酣暢淋漓啊。實際上吃辣椒就是口腔的痛感。

13.2 身體會僵硬，舌頭會疲憊，心靈會麻木。放下這些，我在生命的究竟之地，快樂地活著。

「身體會僵硬。」為什麼？修苦行。了悟自性的人很少折騰，所以不修苦行。

「舌頭會疲憊。」為什麼？持咒太多。

「心靈會麻木。」努力禪修。

「放下這些，我在生命的究竟之地，快樂地活著。」放下這些折騰吧，眞正的我在究竟的生命之地，就是在覺性中快樂地活著。不要被這種外相騙，不要被感覺騙。我們現在總是說，我要感受到快樂、我要健康、我要身輕如燕，其實就像是辣椒吃多了，是一回事。眞正明白的時候、放下的時候，快樂是源源不絕的，那是你的本性、本能。

13.3 徹底明白實際上沒有一事被做，我做所有出現該做的，快樂地活著。

「徹底明白實際上沒有一件事被做。」其實沒有一件事是眞正被你做的，我們不太願意接受這句話，我們認為所有的成功都是由於自己的努力。你夢中中了一百萬，也是在你夢裡去投彩票中的獎。世間現在所謂的成也好、敗也好，我們都覺得是自己努力的結果，我們是做者，也是享受者。其實那件事的成敗早就在那兒了，早已經完成。我們只不過是被投射出來，完成這段故事情節而已，你還眞當眞啊？不要太當眞。

聽到這樣的消息，是不是很悲哀？但這是事實。「那我就啥事都不做了？等死？」不，「我做所有出現該做的」。「今天主管給我派了個任務去見客戶」，那就去見客戶唄，這是我該做的，出現在該出現的地方，對吧？「今天有一筆錢進來要投資，要看看投到哪方面好啊？」該去審核要收購這個公司，就去審核一下唄。當該做的出現在你面前時，既然在故事情節中，那麼就演好它，但不要以為這是你努力的結果。冥冥之中早有天數，沒有什麼是被你做出來的。一個假的我眞的能做成什麼事嗎？夢裡的那個你能做成啥事？

如果你順應這個的話，自然快快樂樂。如果學佛越學越愛比較那就慘了。看這個不順、看那個不順，這個做得不好、那個做得不好，那很苦的，你是沒辦法快樂的。其實這兩章都在告訴你，內心要怎樣安住，你該怎樣生活，不然修行就變成空中樓閣了。

很多人去參加禪七，臨解七的時候人家說：「啊，你在這裡做了七天的禪修，你的心很平靜了。你在山下、在生活中又會起很多煩惱，怎麼對治呢？就是不要忘了每天要花時間打坐，這樣覺受才能維持得長一點。」對不對？大部分禪修營都是這樣的。交了多少錢，住了多少天，請了假就坐在那裡(做呼吸吐納狀)，完了以後還要學習在生活中怎麼維持。怎麼維持？你能維持多久？除非你眞正明白了，眞正放下這種我執、我見、我認爲事情該如何發展。你不用維持，天下本來太平，本來就沒啥事。只是我們看不慣，沒事找事，才變出那麼多事情、變出那麼多看法。因爲你有你的看法，他人有他人的看法，肯定不一樣，就會有矛盾、有鬥爭。剛開始還就事論事，最後變成針對他人，「怎麼把他擠走都是我說了算」，打不過就把別人擠走，就是這樣。爲何不把做者感拿掉呢？你不是做者，你也不是享受者。放下吧，「快樂地活著」。

13.4 執著身體的瑜伽士堅持做或不做什麼。我不與這些有關或無關，快樂地活著。

「執著身體的瑜伽士堅持做或不做什麼。」不倒單，「我只坐著，絕不躺下；我一隻手舉著，絕不放下；我每天要練 108 遍什麼什麼……」這都是執著身體的瑜伽士堅持做或不做的什麼。

「我不與這些有關或無關。」眞我與你做什麼、不做什麼一點關係沒有。你做，不會增加它一點，你不做，不會減損它一點，對吧？

「我不與這些有關或無關，快樂地活著。」當你明白只有眞我的時候，剩下的，只有快樂地活著，你不執著了嘛。我們現在有很多習慣，衣食住行上的，堅持做一些事情，堅持不做一些事情。你把這些執著放下，想不快樂都難。只要還有什麼不能做、必須做，你想快樂大概也很難。人的天性還偏偏想做那些不能做的，你越說他不許做，他就越想做。眞正的我是超越這些的，如果眞的平等了，還有什麼能引誘你呢？你還有什麼想做的嗎？眞的很累的。

13.5 行、住或睡，我不累積任何善惡。所以，無論是行、住或睡，我都快樂地活著。

不管你白天在做什麼，或者安住在那裡，或者睡著了，「我不累積任何善惡」。眞我從來不會累積善惡。從假我層面來說，現在大部分的修行教義就是教你不斷地累積善、捨棄惡。但如果你要想以眞我為道的話，這個假我也不要沒事就去累積善業、捨棄惡業了。所以說，愚蠢的人造惡業下地獄；聰明的人累積善業升天堂；而有智慧的人既不累積善業，也不累積惡業，他既不升天，也不下地獄。那他去哪兒了？他哪兒也不去。有去就慘了，就糟了，而他根本不與假我認同。

「所以，無論是行、住和睡，我都快樂地活著。」正因為不再累積任何東西，沒有任何目標取向，你不快樂都難。現在的人常說，「你應該怎麼做，就有多少功德。」其實眞正的道人是不求功德的，那是二法，不是佛法。但是對一般人、對世俗的觀念來說，有功德、有福德當然會感應得到一切順利啦，受人敬仰啦，吃得好住得好啦。「這個人很靈哎，有事去求他」，你以為是好事啊？對於道人來講，那不是什麼好事。世俗人的快樂是建立在「八風」[27]之上的，有得有失，是生滅法；而道人

27 「又名八法。世有八法。為世間之所愛憎。能搧動人心，故名八風。一利、二衰、三毀、四譽、五稱、六譏、七苦、八樂也。」（丁福保《佛學大辭典》）

的快樂卻是從本性中自然流露的，「生滅滅已，寂滅爲樂」[28]。

13.6 睡著時，我沒有失去什麼。努力了，我也沒有得到什麼。我放下了得與失，快樂地活著。

現在的小孩子，才幾歲就不讓他好好睡覺，「不能輸在起跑線上」，要上各種補習班。對孩子是這樣，對自己也是這樣，拚命地增值，「你今年又學了啥技能？考了多少個證？」增加了多少能力和本錢？房子買了嗎？車要不要換個大的？你眞明白了眞我，睡著的時候，我沒有失去什麼；努力了，我也沒有得到什麼。我放下了得與失，快樂地活著。《心經》說：「無智亦無得。以無所得故，菩提薩埵，依般若波羅蜜多故，心無掛礙。」對吧。那檢查檢查我們自己：做事情有掛礙嗎？你怕失去誰嗎？你怕得罪同事嗎？你怕得罪上司嗎？當然，我不是叫你去造反啊，造反也是爲了取而代之，還是有得失的。你內心沒有了這種恐懼、沒有了這種得失，這樣你才能快樂地活著。其實事情都不複雜，非常簡單，非常日常。所以修行從來不是一件奇特之事。兩個字「無得」，四個字「看破放下」；或者兩個字「無二」、「平等」，都可以，就說完了。有什麼難的？但是做得到嗎？

13.7 一再觀察不同因緣下歡樂等境界變動無常，我已經放下了善惡，快樂地活著。

「一再觀察不同因緣下歡樂等境界變動無常。」所有歡樂也好、痛苦也好，都是隨境轉的。今天的歡樂可能是見到老朋友或得到了一件心愛之物，但明天你再見到他，可能又不一樣了。這些東西緣起緣滅，「諸法因緣生，諸法因緣滅」。只有「變動」是不變的，一切都會過去。這種說法挺有哲理，其實本來就是那樣的。不然怎麼生起、怎麼安住、怎

28　出自《大般涅槃經》:「諸行無常，是生滅法。生滅滅已，寂滅為樂。」

麼變滅，對吧？但如果你說，佛法就只說了個這個，那就太小看佛陀了。

「我已經放下了善惡，快樂地活著。」放下了善惡，因爲善感得歡樂，惡感得痛苦。你放下了善惡，就從因上放下了歡樂和痛苦，懂嗎？你不再積累，就超越了一切善惡、歡樂與痛苦。如果你有目標、有期盼，肯定無法放下善惡。放下吧，看破吧，你就可以快樂地生活了。人到無求品自高。

第十四章

安寧

經過前面種種教授分辨，這章談到安寧。弟子國王迦納卡把自己的體悟和感受說給他的上師聽。我們現在很多人沒有感受，卻在那裡揣測：「我知道自性以後會感覺到什麼」，迦納卡是眞見自性之人，看看人家體悟到了什麼吧。

迦納卡說：

14.1 他的心本來是空的，覺知對境皆於無意，醒睡一如，如此之人確實已耗盡了輪迴的記憶。

迦納卡說：「他的心本來是空的。」你了悟眞我後，心的本來空明就自然呈現、展現出來了。其實明白眞我並不是修行的結果，只是了知眞相的結果。「知」之一字，眾妙之門啊！只是了知。了知到什麼？原來我們每個人的心，尤其是智者的心，本來是空的。因爲他再也不與這個身心認同了，他不說「我的心」，他說「他的心」。就像馬哈希尊者，當他感覺到肚子餓的時候，不說「我肚子餓了」，他說「馬哈希的肚子餓了」，或者「他的肚子餓了」。

其實我們每一個人的心，本性本來都是空的。可是爲什麼平時我們感受不到？因爲我們有太多的欲望、期盼，有太多的回憶，我們不肯放下。所以你仔細看看，當你不期盼東西的時候、也沒有回憶的時候，你的心是什麼狀態？什麼也沒有，甚至連感覺到那個空都沒有。這裡說「他的心是空的」，是指沒有念頭，不是說你感覺到一個空空蕩蕩——空空蕩蕩必須是在念頭之間的。如果你感覺到空空蕩蕩，說明你的心有一個「空」的境界。我們的心空不了，因爲我們被自己的貪欲、被自己的怨恨、被自己的計劃、被自己的期盼佔據著，被工作、被生活佔據著……人我是非，利衰毀譽，「我還能活多久？」我們總在想這些東西，對不對？

「覺知對境皆於無意。」要小心這一句哦。無住之心並非是什麼都不知道，但也不是我們這種刻意去感知。「大智發於心，於心無所尋」[29]。我們現在感知周圍的一切，其實都是刻意去感知的，包括禪修，也是刻意地在感知。現在市面上大多數的訓練，都是在作意，拚命地保持覺知，甚至連宗門下那些不肖子孫們也在教怎麼保任。怎麼保任啊？哪裡沒有道？你告訴我。你要保持，保持什麼？保持一個境界。能夠被保持的就不是，就是做出來的。需要保持，說明它有生、住、滅，有生、住、滅的法就是有爲法。佛說，「一切有爲法，如夢幻泡影，如露亦如電，應作如是觀」，沒人信。我們總希望要感覺到喜樂，要感覺到快樂。所以我們的感覺是已經習慣了的那種作意的感知。

其實感知是不用力量的，只是一種自然的發生。就像你們現在聽到我的聲音，需要費勁嗎？不需要，只要別打妄想你就聽見了。當然了，如果你在打妄想，即使我拿著大喇叭對著你喊，你也未必知道我說什麼。

「覺知對境皆於無意」，這個就是道人。道人在日常生活之間，表面上跟我們沒有什麼差別，看起來一模一樣，不會變出三個頭來，否則他就要去做手術了。其實我們不需要刻意，越放鬆，你對周圍的覺知越清楚。

「醒睡一如」，一切無非是道的展現。他已經完全超越了利害得失，完全不分別了。醒著和睡著都一樣。這樣的人是很放鬆的，就像沉睡一

29 出自清朝弘讚所輯的《觀音慈林集》中所載某農夫日持觀音名號不輟，感得觀音菩薩現前，並留四句偈：「大智發於心，於心無所尋，成就一切義，無古亦無今。」

樣，度過一生就像枯葉一樣隨風起舞。他不知道周圍的事情嗎？他無所謂知道不知道，不作意地任運而爲。所以他一生不像我們，現在我們是拚命地想辦法去增強自己的視力、增強自己的聽力、增強自己的味覺……想從中避免傷害、發現快樂。道人不是。他知道這些境界虛幻不實，所以他可以很放鬆地於無意之間這一世就平平淡淡地過去了。他知道了什麼是道，接受了全部，不會再爲境界所騙，不再爲得失所騙，成爲了道，沒有任何的目的。他只是走過，周圍的事情法爾如是地在發生。他不會再被騙，他不會帶有任何的目的去改變展現。

其實我們的一生都活在目的中，這就是凡夫。上學，我們希望考第一名，大家都第一名了，哪還會有第二、第三名呢？不管做什麼，我們都是有目的有計劃的，我們沒有辦法作爲一個旁觀者。我們隨時隨地都在選擇，要好的、不要不好的，所以一生都在亢奮中，而不是一生都在沉睡中了。你能亢奮多久？聖人還得下班呢。一本正經能撐多久？很辛苦，很累的。眞正做到了這麼清閑的話，日中一食就可以啦。像我們滿腦袋跑火車（胡思亂想）的人沒法日中一食，要不然就一頓把三餐的量都吃進去，完了得胃病，不信你試試。你看那缽爲什麼都那麼大？因爲裝得多，給他小缽他吃不飽。可是眞正有道的人，七天下來托一缽飯都夠了，爲啥？他腦子不動了，不跑火車了，沒有那麼多計劃，沒有那麼多期盼，也沒有那麼多失落。有期盼就會有失望。

「如此之人確實已耗盡了輪迴的記憶。」這樣的人，他的輪迴的種子消耗盡了，今生就是他的最後生。他不會再回到輪迴之中。我們爲什麼死不透？因爲我們認身心爲我。到死的時候，總覺得還有什麼事沒幹完，總覺得還欠了誰多少債，還有什麼怨恨沒有報仇。你怎麼死啊？死不瞑目啊，肯定輪迴嘛。沒有動力的人怎麼輪迴？所以當你眞正地明白了什麼是道，你就已經耗盡了輪迴的種子。這樣，在你這一世死亡的時候就是慶賀，是一個究竟的死亡，是一個小我的終究的謝幕。沒有期盼，沒有遺憾，沒有後悔，也沒有未竟之事業。

「三解脫門」[30]裡有一個叫做「無願解脫門」，不再有任何輪迴的願望了。就像一塊已經燒盡了的木材上最後的火焰，當滅盡的時候，它就不會重新燃起了。我們一般的人死去，就像那木材變成了炭，第二次燒能燒得更旺。為什麼？粗的物質已經燒過了，留下的都是精華，燒起來更猛。因為我們還與身心認同，那麼所有愛恨情仇，未盡的事業、企盼、遺憾，輪迴種子都儲存在了心識中，在我們很努力、很刻意保持的「我」之中，在保持的覺知中。道人不是這樣，他不再與身心認同，他不再添加種子，種子也沒有可儲存之處。他是徹底變成了灰。

14.2 當欲望消融了，財富在哪裡？朋友在哪裡？感官之賊在哪裡呢？經文在哪裡？知識在哪裡呢？

「當欲望消融了，財富在哪裡？」財富對什麼人有意義？對充滿欲望的人才有眞實的意義。如果你沒有任何欲望，財富對於你來說，就沒有任何意義了。

龐居士開悟後，留了一部分錢，幫他師父先把廟蓋起來，然後把剩餘所有祖傳下來的珠寶錢財裝了好幾個大木箱，撐船到江的中央統統沉到了河底。有人問他為什麼不把這些財富留在世間？可以布施給眾生啊，救濟貧苦啊。我們現在人也會這麼看，對吧？有錢可以去做布施大會、可以放生、可以開粥場（布施飲食），免費跟人結緣。可是龐居士說：「這些財富當初沒有幫助過我，也不可能眞正利益到別人，只能使那些人的欲望變得更強大。」為什麼？有些人沒錢還少幹點壞事，有錢幹得更多。

道人看問題跟凡夫看問題不一樣。為什麼要提倡拚命放生？其結果就是當再來到世間的時候，擁護者很多，粉絲很多，死忠很多。如果你

30　指得解脫的三種法門：空解脫門，觀一切法皆無自性，由因緣和合而生；無相解脫門，既知一切法空，乃觀男女一異等相實不可得；無願解脫門，知一切法無相，則於三界無所願求。

就一個光桿司令，幹壞事都幹不大。而有一幫鐵粉、死忠時，啥事都能幹。很多邪教頭目在過去生都是修行人，知見不正，但又學會了這種積福的方法，拚命放生。由於過去的邪見，再一世出來入了魔道，可是由於放了很多生，魔子魔孫特別多。所以在眞正明白眞理之前，別幹太多這些事，隨緣就好。

「朋友在哪裡？」我們世間人在家靠父母，出門靠朋友，都希望廣織人脈，爲啥？爲了事業更順、爲了賺更多的錢，爲了生意更好做。還爲了啥？爲了滿足自己的欲望。有錢的時候出門幫場子的人多，沒錢的時候起碼還有哥兒們可以訴訴苦，一起灌灌黃湯，沒朋友就沒有啊。但這些是什麼？這些就是輪迴的動力。爲什麼修道人都跑到山上去了？就算混於市井之間，也不會整天呼朋喚友。只有那些充滿欲望的人，追逐名利的人才需要粉絲。

「感官之賊在哪裡呢？」感官是什麼？我們的眼睛、耳朵、鼻子、皮膚。感官之賊是什麼？我們一輩子努力都爲了滿足我們的眼睛、耳朵、鼻子、嘴巴、小弟弟、小妹妹，不是嗎？綾羅綢緞爲了滿足你的什麼？滿足你的皮膚啊。爲什麼每天都想要私房菜，滿足自己的舌頭啊。一千塊錢一條菸滿足什麼？虛榮心哪。口感好一點，抽起來沒那麼臭。所以我們其實一輩子很多努力都在滿足我們的五官，這就是感官之賊。感官之賊啊，生死之根啊。

「經文在哪裡？」我們讀經很高尙啊，學習教法很高尙啊，但是你放心，那也是爲了滿足你的欲望。你想變成一個高尙的人，認爲自己不夠高尙，認爲自己的知識不夠，所以我們去追求學習更多的經文，我們希望有超人的能力。爲了什麼？爲了滿足我們的欲望。當你這些欲望都消除了，經文對你還有任何意義嗎？

「知識在哪裡呢？」如果欲望消除了，世間的一切知識對你來講就沒有任何意義；出世間的一切知識對你來講也沒有任何意義。不需要再去研究那些拗口的古文。就算把全世界的知識都學到了，生死到來，甚至不用生死到來，老年癡呆到來的時候，你都熬不過去，這沒有任何意義的。它唯一的利益就是使你成爲一個所謂的「智者」，使你可以被人崇拜，使你可以吃香的喝辣的，除此之外還有什麼用？知識能夠眞的幫你了生脫死嗎？

所以，「當欲望消融了，財富在哪裡？朋友在哪裡？感官之賊在哪裡呢？經文在哪裡？知識在哪裡呢？」我們現在所期盼的任何東西，它的動力就是欲望。不管是什麼，從最粗的、最低層的到最高的、最精微的，從物質的到靈魂的，這些都是爲了滿足我們的欲望。因爲我們把這個假我、把這個身心當我。既然這個假我是局限性的，是割裂的，它必然不可能圓滿，欲望就產生於這種不圓滿之中。所以當你認知這個假我是虛幻不實的，你再也不與這個假我認同的時候，欲望何來呢？如果你知道你本來圓滿，一切不缺，哪裡還有欲望呢？所以一個人不是嘴上說我明白眞我了，就能怎麼怎麼樣了，只需要看看他還有欲望嗎？還自私嗎？還想爲自己囤積更多的財富嗎？還想繼續深造嗎？因爲只有沒到頭的人才有可能繼續深造。對於一個已經到頭的人，他往哪裡深入呢？

昨天一個朋友來跟我談，說要用科學的方法研究佛教。什麼是科學？科學不過是感官認知的歸納總結，這就是所謂的科學。你可以去盡力延伸你的感官能力，但是別忘了，你永遠只能夠看到割裂和局部，因爲這些畢竟都是從假我投射出來的。所以以所謂的科學觀去研究佛學、研究修行，都是徹頭徹尾的外行。現在世上有一種流行的說法，「科學和佛學最終在山頂上匯合了」，這些話都是癡人說夢，科學和佛學的方向不同。究竟眞理是不可能被觀察的。因爲一切觀察者和觀察對象都是它的展現，你所看到的都是割裂的、局部的，與你相對的，你不可能看到你本身。就算把每一條手紋的紋路都看得很清楚，你也只是看到了你的手的表皮，那不是你；就算解剖刀都把它解剖了，那也不是你。你怎麼折騰也沒有用的。

14.3 我已經認識到無上的自性，這見證者，這祜主。我對束縛和解脫都毫不在意，不渴求我的解脫。

「我已經認識到無上的自性。」什麼是自性？認識到了嗎？「這見證者，這祜主」，它看著一切的展現、看著一切的發生，這個就是自性啊。什麼是祜主？一切的主宰者。你可以管它叫上帝、管它叫三寶、管它叫吧啦吧啦……你可以給它安上任何的名字。總之，它是一切存在、一切有情的靠山，它就是自性。你祈請佛陀也好，祈請上師也好，祈請觀音菩薩、阿彌陀佛、蓮花生大士也好，他們都是這個見證者的人格化化身。你可以給它安上任何名字，可以管它叫如來藏，可以管它叫佛性，可以管它叫上帝，也可以管它叫眞我。總之它就是那個見證者，一切都在它之內發生，它是全體。

「我對束縛和解脫都毫不在意，不渴求我的解脫。」當你眞的明白了究竟自性的時候，你對束縛也好、解脫也好——束縛就是輪迴，解脫就是從輪迴中解脫出來——都毫不在意，爲什麼？因爲這些都是被觀察的。輪迴在你之內發生，解脫也在你之內發生，你是見證者。那你還有必要在意發生在你之內的東西、被你看到的東西嗎？如果你知道一切都會過去，一切都虛幻不實，你還會對你夢中的境相那麼在意嗎？既然你知道這一切都是一場夢，所以中了五百萬跟賠了一千萬有什麼差別嗎？沒有。所以你對夢中賺和賠是不會有任何擔心的。雖然剛開始可能由於過去生的習氣，你還會在那裡頭躁動一下，但是很快你就會發現那不過是一場夢。

既然你對束縛已經不再在意，同樣你就不會再追求解脫。你追求解脫也好，追求束縛中的更高境界也好，醒後看著夢中的這些追求都會莞爾一笑，說：「我怎麼那麼蠢呢？」一個醒了的人，一個瞭解自性的人，看著在生活中的起起落落，就如同夢中的得失，是一樣的。以前我們把它當眞，所以我們才會又哭又鬧，又打又叫，還會有諸般的渴求。如果連假我都不是眞的，那麼在假我上發生的輪迴和解脫，又怎麼可能是眞的？所以你還需要拚命地努力追求增上生[31]和最後生嗎？沒有必要。那只是對夢中人的一個「逗你玩」。你想玩，好啊，我告訴你怎麼樣可以把這場夢做得更好，但不管你做得多好，醒來都不會得到任何結果。

14.4 空去了內心的分別，而外在如同愚夫隨意而為，如此之人的各種境界只有與他一樣的人才能瞭解。

「空去了內心的分別，而外在如同愚夫隨意而爲。」作爲一個解脫者，一個眞正瞭解了眞我的人，他已經空去了內心的分別：好壞、得失、讚譽、毀傷……等等等等。由於從內心空去了這些分別，自然外在如同愚夫隨意而爲，想幹啥幹啥。但是他和愚夫有什麼不同？愚夫生氣的時候，就是生氣；他罵你的時候就是帶著怨毒的心，希望你死、希望你倒楣，他認爲你是眞實的，他也是眞實的；他愛一個人愛得要死，就無論如何要弄到手，不惜代價，這是愚夫。道人也許也會罵你，也許也會讚美你，但是因爲瞭解這一切的虛妄，他只是隨緣，隨著當時直接的第一念自然流出。道人不是善人哦，不要以爲道人永遠都是老好人。道人也會罵人的，也要揍人的，也會騙人的；道人也會哭，也會笑。但是所有這些東西就像在水上作畫，轉眼即逝。他最狠地罵著你的時候，其實他的心可能是很溫暖的，因爲他罵你實際上眞的是爲你好。他也騙你，但是他的騙是爲了減少你的痛苦，並不是爲了在你身上獲得什麼利益。我們凡夫騙人都是爲利，爲了暫時減少自己的損失，爲了把利益最大化。道人不是，有時候他還可能貼本，但是他更多地只是順道任運而爲。

「如此之人的各種境界只有與他一樣的人才能瞭解。」在表面上，眞正的道人就跟世間的一般人沒有太大差別。只有跟他一樣的人，也就是其他的道人，才能夠認得出來：「這是一個修行人。」我們現在往往

31 增上生，指有情眾生修行善業、積累福德，將來能感得比此生更善妙的果報。

被假象所騙，被聖人所騙，冠冕堂皇，沐猴而冠，一本正經，走到哪裡都目不斜視，別人就誇「啊！了不起了不起」，磕頭啊，摸摸頂吧。其實這是一種儀式感。你要眞跟他平起平坐、嘻嘻哈哈、打情罵俏，別人就會覺得這人不正經。但是凡夫不懂什麼叫任運而爲，純然地任運而爲是沒有得失心的，這叫無心道人。沒心沒肺就是這一類的。「如此之人的各種境界，只有與他一樣的人才能瞭解」，就像你在人群中突然聽到一個人在說家鄉話，那種親切感油然而生，「哦？家鄉同村的」，你透過他的言行，突然感覺到了裡面的味道。當然前提是你必須也是道人，就能夠感覺到這種味道，沒辦法用語言說。因爲他跟別人一樣混跡於人群之中，啥都幹。眞的。

第十五章

自性的知識

這是進一步的教授，前面迦納卡國王呈上了他自己證道以後的體悟，現在是他的老師八曲仙人給他進一步的教授。就是你在這個境界之後應該怎麼樣。

八曲仙人說：

15.1 心靈純淨之人無論以何種方式聽聞教導就圓滿。其他人追尋一生，卻依舊迷惑。

這是八曲仙人對迦納卡的進一步解釋和教授。他說「心靈純淨之人」，純淨是什麼？就是指他已經成熟了。成熟的標準是什麼？不離於直覺，而不是用邏輯去推理，這就是心靈成熟。我們一般人所接受的訓練，任何一件事先去分別是對還是錯、符合道德嗎，等等等等。我們用的是從外面學回來的道德規範，用的是是非、對錯、曲直，來分析這件事對我們是有利還是有害，我們慣常的思維模式是這樣。但是對一個心靈純熟之人、成熟的人、能夠接近於解脫的人，他是更相信直覺的，是沒有任何條條框框的。

弟子：師父我想問一個問題，就是剛剛您說那個不離於直覺，是不是在得道的情況下才可以這樣做？

師父：不是。一個成熟的靈魂，一個純淨之人，他在沒有聽聞教法之前，已經更信任他的直覺而不是邏輯推理了。

弟子：哦，我對「直覺」的理解，是不是說人的這些反應，跟身上的感受或者欲望等這些東西比較有聯繫，或者相接近？

師父：你那是跟著感覺跑，不是直覺。

弟子：這不是直覺……所以，我說的和眞正的直覺是有差別的？

師父：差別大了。我給你舉個簡單的例子，直覺就是兩個人第一次見面，你完全還沒有跟他用語言溝通，腦子裡「嘣」地跳出來這是什麼樣的人，這是直覺；不用他說話，話還沒出口你都知道他在說什麼了，這是直覺。所以一個成熟的靈魂，他更信任自己的直覺，隨時處在直覺之中，這是成熟的標準，這樣的人是純淨的人。我們一般人更多地是依靠自己的經驗、所學的知識和倫理道德等去加以衡量。直覺之人是不受限於這些東西的，一般人都認爲不可能的東西，他卻可以任運而爲。有時候表面上你覺得他用錯了，但錯有錯著，你發現那個「錯誤」後面帶出來的是非常好的結果，這是衡量一個能不能聽聞這種教法的人的尺。如果一個人充滿了邏輯、充滿了價值判斷，他根本就不夠格來學這種教法。他可以去聽聞更多的道德教育，聽聞更多的做聖人之法。但是究竟解脫對他來講，太遙遠了。迦納卡已經瞭解眞我了，所以八曲仙人的進一步教授，就是教他將來怎麼去揀擇弟子，什麼樣的人可以給予教授，什麼樣的人不行。所以我碰到那些讀了好多書，滿腦子邏輯、知識的，我就很頭大，跟他們說不通的，眞的。所以五祖爲什麼選六祖，雖然他是砍柴的……

弟子：不識字。

師父：哎！不識字。眞的。他碰到五祖之前沒學過什麼。

「心靈純淨之人無論以何種方式聽聞教導，就圓滿了。」這樣的人，你搧他一巴掌他可以開悟，跟他講他也可以開悟。不管用什麼方式接受教法，你直接看到他的眼睛裡頭，或者大家一句話也不說，靜靜地對坐一會兒，他就會了——這樣的事情確實發生過。遇到那些一開口就誇誇其談、理論一大堆的人，你就知道又來一個送死的。就像比武，一上場兩人還沒動手就哼哼哈嘿的人，這就是挨打的貨。眞正能打的人話那麼多幹啥，眞正打架擺什麼架勢？哪有架勢好擺？上來就打了，一拳過去就流鼻血了，這很簡單的。一上來劈哩啪啦跟你講一堆理論的人也是這樣。那天有人給我轉過一篇微信開示文過來，我一看，扔一邊去了。裡面說，「佛教說的苦不是常人認爲的苦」，哦，你比佛還高明了？其實生活是很簡單的，道是最簡單的，沒有任何造作，一切無非是道。造作越多、花式越多，離道越遠。你知道你爲什麼交不到女朋友嗎？考慮太多，不肯相信直覺。你喜歡哪個，就上去說「哎，我喜歡你」吧。

弟子：師父，我分辨太多、分別太多。

師父：對，所以廣東有句話叫做「千揀萬揀，揀著個爛燈盞」，千挑萬挑，好不容易挑了一個還是個爛的，不挑可能還好一點，對不對？

將來你們要去選徒弟，也是這樣選的。將來你們都有機會當老師，如果哪個人跑到面前跟你講了一大堆佛學理論，你最好離他遠一點，馬上把屁股轉過去。

「其他人追尋一生，卻依舊迷惑。」那些誇誇其談的人、以爲自己學得很多的人，追尋一生，修到死卻依舊迷惑。道不屬修啊。你年輕力壯一坐能十個鐘頭，七老八十了你能一坐十個鐘頭？鼻涕能一流十個鐘頭。如果自己不能夠體會到什麼是道，起碼先讓自己學習心靈的純淨。「機關算盡太聰明，反算了卿卿性命」，以爲自己是神算子，沒用的。當你肯放下自我的這種自以爲是，放下自己的努力計算、籌謀計劃，幸福自然就來了，老婆就來啦！不然的話，追尋一生卻依舊迷惑，最後越到高齡越找不到，因爲算得更精細、見得更多，就越找不到。

15.2 出離感官對境即是解脫，貪愛對境則是束縛。這是真知。現在你可隨意而為。

「出離感官對境即是解脫。」什麼是解脫？從一切感官對境中拔出來。不是說對境熄滅才是解脫，如果對境熄滅才是解脫，我晚上一閉眼，睡著就是解脫，第二天一早一睜眼，又輪迴了，對不對？解脫是把你的心從境界中拔出來，不再貪戀境界，不再去說這個境界好、那個境界不好。你不是不知道境界好壞，只是你不貪著於好與壞。所以把你的心從境界中抽出來就是解脫啦，你還要解脫什麼？非要把自己搞成窮光蛋、飯都沒得吃才叫解脫？解什麼脫啊？起碼你沒從你肚子餓裡解脫出來。從一切感受中抽身出來就是解脫，出離感官對境即是解脫。貪愛感官對境即是輪迴，什麼是輪迴？對我們五根所對的所有境界的貪愛。「哎，那人的包是 Gucci 啊，好東西！」「那人戴 Tiffany 珠寶，不錯不錯。」光想著這些，你還想解脫啊？門都沒有。

所以，「貪愛對境則是束縛。這是眞知。現在你可隨意而爲。」明白了這個，你可以隨便幹你的任何事情了。當年有一個人，認爲自己很了不起，翻譯了好多蓮師的東西，很棒。他跑到某仁波切面前求他傳大手印。他說：「我已經學了多少多少，我可以視一切平等。」仁波切說：「那你吃屎嗎？」他答道：「我不吃。」仁波切說：「哦，那不行。你不平等啊，你說的平等都是假的嘛。如果人家給你一泡屎你就吃屎，給你一塊饅頭你就吃饅頭，你想學什麼我都教你。起碼你說到做到嘛。」當然我不是說要學大圓滿、大手印先要吃屎，那只是一個考驗，對不對？「你吃屎嗎？不吃。那算了！」哈哈，對啊，因爲你不是口說平等嗎？如果你認爲屎還是屎，那就不是平等啦。當然不是說學平等的人就要去吃屎啦，那就成狗啦。

所以，「現在你可以隨意而爲了」，你能夠從感官對境的這種貪著中解脫出來，你就可以隨意而爲。所以菩薩與聲聞不同，聲聞是以避開五根的對境而求解脫；菩薩是在五根的對境之中得解脫的，眞的能夠不動心於境，這是眞解脫。六祖說：「惠能無伎倆，不斷百思想。對境心數起，菩提作麼長」，這是對的。昨天還有人跟我講：「我們的證悟空性就是一切境界消融了。」我說，那境界展現時我就不是空性了嗎？那我睡著了，一切境界也消融啦，那我也證悟空性啦？那也太容易了。那還要等到初地菩薩初見空性幹啥？對不對？可憐啊。

15.3 對真理的了知讓一個雄辯、聰慧、活躍的人變得沉默、呆滯、懶散。因此，追求享受之人回避真知。

由於對究竟眞理的了知，讓一個「雄辯」，就是平時很能跟人講道理，滔滔不絕的雄辯家；「聰慧」，也就是非常聰明，知識廣博、反應很快的那種；「活躍的」，就是喜歡交朋結友，喜歡曬朋友圈或者網上很在乎刷存在感的這種人，怎麼樣呢？「變得沉默、呆滯、懶散」。「師父，最近我怎麼完全沒興趣了，不想上班哎，不想賺錢了。」恭喜你，總算聞到一點道之味。「哎呀！不能學佛教啊，學了佛教人就完了。」是，表面上沒有那麼進取了，因爲他已經明白了，不那麼追求上進了。因爲當你瞭解了道，當你眞的瞭解了究竟眞理，瞭解了什麼是眞正的你，你就不會被幻相騙了，也沒有東西可以再撩動你的心弦了。因爲內在的平靜、安寧，超過一切享受，人就會變得沉默。你看那些嘴巴不停的人，其實他的內心煩躁得不得了，怎麼辦？吧啦吧啦一天 24 小時，除了睡覺那幾個小時，都是在說話，停不下來啊。

「變得呆滯」，反應淡漠。人家講笑話，他說：「啥？」跟不上了，因爲識心不動了。這種識心的不動不是修禪定的結果，是道的力量。更多地使用直覺，所以很自然地就變得呆滯了。一個人如果很活潑、很活躍的時候，其實他的直覺是用不出來的。因爲在慌亂和晃動之中，根本沒有辦法捕捉你的直覺。很多時候，爲什麼人早上起來「砰」一個念頭跳出來，那個念頭基本上都是對的？因爲經過一夜的休息，那個時候人的心是最寧靜的。所以當你嘗到了甜頭，不再用識心的時候，直覺就越來越多，眞的。「好，師父，那明天我就用直覺炒股。」那你死定了。你用錯工具了。(眾笑) 你最好找個曲線分析軟體來做吧，別跟我說用直覺炒股，根本不是那回事，我不負責。

而且，對眞理的了知會令人變得懶散不想動。我們有幾位同學現在越來越懶，躺在床上都不想起床，在那裡抱怨：「我不想賺錢，師父，怎麼辦？」這個時候我只好鼓勵，「你得起床啊，爲自己賺點錢啊，塗脂抹粉要錢的，買機票到廣州來上課要錢的，爲錢而努力吧！」眞的在道的作用下，你就是不想做了，但前提是不差錢，沒有錢還是幹吧。好好聽聞，先聽聞，但是要實踐，還是需要點福報的。

因此，「追求享受之人回避眞知」。那些還在追求享受之人是不想聽到究竟眞理的。他一定想方設法欺騙自己，一定要從這裡面逃開。有時候，要去參加派對也是要點體力的，要點動力的。我爲什麼從來都不參加別人的宴請，因爲我太懶了。爲了那麼兩口飯跑幾個小時，出門換衣服，回來還要爬九樓，算了吧！在家裡下兩碗麵條可能還好一點，吃完了還能睡一會兒，「飯後一根菸，賽過活神仙，菸後一杯茶，我是神仙他爸爸」，哈哈，眞的。當明白什麼是道的時候，你會變得越來越懶，越來越不追求上進。所以還要養家糊口的人聽聽就好，不要入道太深，不然家裡找我來要人，我也沒辦法。「我要學佛、我要拯救天下之人」──那最好還是不要眞學佛，學點假佛還是可以的。你學了眞佛，天下哪有人要你普度啊？恐怕連你自己都懶得活下去了。

所以你知道什麼叫葉公好龍嗎？過去葉公喜歡龍，家中到處都畫著龍，有一天眞龍聽說這人這麼喜歡自己，就去看他，牠把腦袋從窗戶裡伸進來的時候，葉公一看，嚇得昏過去了。你想好，是不是眞的要求道，眞的想解脫哦？眞的肯放下現在的一切，那再來學吧。

就像當初很多人說，「師父，您教我一個法門懺悔業障吧！」我說可以，你準備好倒楣了嗎？你準備好倒楣，我就傳百字明給你，沒準備好，那不要。因爲我們學佛都希望平安幸福，一切順利。可是念百字明相應的特點就是你倒楣連連，消業。你不是想還債嗎？爲什麼眞的叫你拿錢出來，你又不肯呢？你沒準備好的話可以學積福之法，但不要學懺罪之法，你受不起。假的東西你念了幾百遍沒事，就像人家跑來告訴我：「師父，我們做過比較了，念其他經典的簡短回向文，念完了不做夢的，念完了你編的那個回向文，晚上噩夢連連哪！」我說好啊，知道了吧？

晚上想做夢就念我那個哦。爲啥？驚天地、動鬼神。念簡單的，誰也不知道你幹啥，沒反應。對於多數人來說，沒有反應的好，人家說晚上不敢念《地藏經》，因爲怕鬼。既然想利益鬼，你怕他幹啥呢？所以我們有個弟子有本事，專門去七十二烈士墓、去烈士陵園圍繞著大墳堆念，念到鬼都來托夢，「我的名字叫某某，下次請幫我念經。」──這才叫菩薩行。「不行，晚上不能念《地藏經》，會有鬼影的，只能白天念。」再進一步，「家裡不能念，只能到廟裡念」，爲什麼？廟裡出家人多嘛，鎮得住。這就很搞笑了，你要眞的想求道，就要做好改變的準備、做好付出的準備，天下沒有免費的午餐。

15.4 你不是身體，也沒有身體。你不是做者，也不是享受者。你只是覺性，是永恆的、無參照點的見證者，快樂地生活吧！

「你不是身體，也沒有身體。」記住這句。我們都說，「我怎麼不是身體？我要動動手，你看這身體不是我的嗎？」你把這個當我啊？不然大老遠隔著幾個省，你在那邊祈請，佛菩薩怎麼過去啊？如果你以爲佛菩薩就是這個身體，爲什麼一祈請，目的就達到了？正因爲不是這個身體，就這麼簡單。祈請過你就知道，好靈的，爲什麼？因爲佛菩薩不是這個身體。不但佛菩薩不是這個身體，你們也不是這個身體，而且你也沒有身體。那這個身體是什麼？這個身體就像我們夢中有個身體一樣，是夢中的身體。

白天是夢 A，晚上做夢是夢 B，到了深睡無夢是夢 C，那個時候是沒有身體的。所以哪個身體是你？都不是你。明白這點的時候，你就不是身體，你也沒有身體，這個身體是假的。但是學科學的人就會說，「你這人是不是有點神經不正常？指著自己說『我不是身體，我沒有身體』，這邏輯不通啊！」所以我們談的「我」，不是同一個我；我們談的「身體」，不是同一個身體。你要瞭解眞正的你不是身體，而且眞正的你沒有身體。你現在這個身體只是你的一個夢境，夢裡頭有，但別太當眞，一切都會過去的。

「你不是做者，也不是享受者。」眞我不是做者。「我今天要去講課」——你看我不是做者嗎？這個根本就不是你。你以爲問題是你提出來的？這是假我提出來的，眞正的你不會提出任何問題。你以爲你們現在坐在這裡聽課，是你們在聽課嗎？聽課的這個是你嗎？這個不是你。這是假我在聽，眞正的你們並沒有聽，所以經云：「眞說無說，眞聞無聞。」它不會去分別什麼語言，它只是一個法爾如是的存在，它是一個遍在。

「你只是覺性。」你是什麼？你是覺性。我們常說「我是覺性，覺性是我」，就是提醒這一點。只有那個究竟的覺性，超越了醒夢睡三位的那個恆時的覺性，那個連你從深睡無夢中醒來，都知道你在深睡無夢的那個覺性，能夠展現出假我、展現出所有的宇宙、一切存在的這個覺性，這就是你。「我要成佛嗎？」什麼？你要成佛嗎？佛不在你裡面？哪個佛不在？哪個地獄不在？哪個畜生不在？你告訴我。全體都是你，你還要怎麼樣？你還要成什麼？過去、今天、未來的一切展現都是你的展現。有佛沒有魔太無聊了，有天上就一定有地下，你放心，成對兒的，都是你。不要執著其中哪一部分才是你，就天下太平了。爲什麼我只接受這個、不接受那個，對吧？我們都只想當神仙，不想當畜生。都不當畜生誰當畜生啊？誰給你吃啊，不把你餓死了，對不對？總不能人殺人吃吧。其實都是你，不過左手吃右手，啃得很帶味。別太當眞，你只是覺性，而且「是永恆的」，因爲它是眞正的無爲法，法爾如是的存在。只要有變化，有過去、現在、未來，從無到有、從有到無的，統統都是虛幻不實的，那樣就不是永恆的了。

「是無參照點的。」我們都說，「怎麼會無參照點？那頭腦不是我覺知的中心嗎？」你確定嗎？你怎麼知道那是你的中心？連這疙瘩肉都是幻出來的，有中心嗎？「我，自我認同，我以皮膚爲界」，那是你自己蠢，覺性哪有什麼邊界？既然沒有邊際又哪有中心？

「是無參照點的見證者。」你只是一個見證者，你只是一個旁觀者，你只是一個看見。只要你放鬆，不要去干擾它。那個看不是從這兒看，不是從你眼睛看，是對整體法界的一個看。所以很多人說，「我沒辦法理解『老僧只管看』」，因爲你理解的「老僧只管看」是從你的眼睛看，或用你的心看，那都是假的。這個不是「老僧」。實際上沒有參照點的這個見證者，是一個遍在的看，一切的發生都在它的觀照之內。只不過你認這疙瘩肉爲你的時候，它就告訴你：你現在醒著呢、你現在睡著了、你現在做夢了、你現在深睡無夢了——是對這一疙瘩肉的一個通知。但是其他地方哪裡沒有你的覺性？這個覺性是沒有參照點的，沒有中心的，它只是通知你，這疙瘩肉該去做你該做的事了。

「快樂地生活吧。」把所有的擔心都放下了，除了快樂地生活你還能幹啥？我們爲什麼生活不快樂？因爲我們有太多的擔心，認爲自己才是生命的主人，我們是控制狂。那你怎麼可能快樂呢？因爲你操心都操不完啊。「廚房的火沒關，門關了嗎？車鎖了嗎？」我們有太多的擔心。很多時候我們爲什麼沒法快樂？就是我們有太多的自我意識，太強的責任感，以自我爲中心，自己認爲要怎麼樣怎麼樣，不放心。睡覺是這樣，人生是這樣，連死的時候也是這樣，「我兒子還小啊，誰養啊？」所以你怎麼可能死得舒舒服服呢？如果沒擔心，死就死了，對吧？我們生怕失去控制，好像全世界都是你身上的責任。你不知道是道在運作嗎？如果你相信道，你幹嘛把它的責任搶過來，硬要當頭兒呢？肯當老二多好。肯當老二，一切 O.K.，快樂地生活吧！願大家吉祥如意，早日與道相合。

15.5 迷戀和厭惡都是心的特質。你從來不是心。你就是覺知，無分別，不變易。快樂地生活吧！

「迷戀和厭惡都是心的特質。」對眼、耳、鼻、舌、身、意的對境，產生種種的貪戀，這就是迷戀。我們每個人都有著迷的部分，只是你知道或者不知道。有的人迷於財，有的人迷於美色，有的人迷於名，有的人迷戀美食。出世間人呢，當然也包括另外一部分的世間人，他們是厭惡，討厭名、討厭色、討厭美食，有的人吃好的就難過，非要把自己弄得比牛羊還慘。他們討厭世間的財色名食，希望儘量遠離這些。其實這些都是心的特質，都在玩心理體操。世間的縱欲之人，出世間的瑜伽士，他們都各有各的喜好。其實厭惡和迷戀是一對孿生兄弟，因爲不能夠平等地看待事物，所以才會產生了這些迷戀和厭惡。已經從這個現象界解脫的人，他既不會迷戀也不會厭惡，那才是一個眞正的解脫者。

有的人有很堅固的執著，我只能怎麼怎麼樣，這樣的人就是被迷戀和厭惡所束縛，爲什麼？爲了快樂。迷戀的人認爲只有五官的滿足，只有得到了他所希求的財色名食睡，才能心裡頭感到快樂。修行人或者一些特殊愛好者則是透過厭惡得到快樂。世上是眞的有迫害狂、被虐狂、變態狂的。其實種種這些都是輪迴、都是生死，都不是眞正的解脫。因爲這些東西，迷戀也好、厭惡也好，這些都是心的遊戲，是心的特質。

對於一個解脫的人來說，「你從來不是心」。當瞭解到什麼是眞我的話，你很自然地就能從這種迷戀和厭惡中解脫出來，瞭解一切境界無非是眞我的展現，有什麼好迷戀、好厭惡的？我們認這個五蘊身心爲我，認這個色身妄心爲我，所以就有了種種的迷戀和種種的厭惡。目的只有一個，就是爲了求得快樂，但是這種快樂都不是眞實的。它不是永恆的，是無常的，會生起，會安住，然後會消失。當你一個欲望滿足的時候，第二個欲望就會升起。

不管是迷戀也好、厭惡也好，所有的感受源於什麼？源於兩個覺受之間的差別。只要你去分別，只要它有變化，你就可以從中生起感受。而不變的「那個」是不會被感受到的，因爲它沒有區別、沒有差別。從根本上講，我們是把變化的東西當成我了，所以爲了滿足這個變化的我，由於種種習性，我們就產生了迷戀和厭惡。迷戀的人是想藉由五官和五欲當下的滿足而達到快樂；而厭惡的人知道這個快樂的痛苦，所以他想以厭離而得到將來的快樂。二者其實都是為了求得快樂，為了這種短暫的、生滅變化的東西，為了這種快樂。所以要解決這些問題，你不能單純滿足或拋棄你的五官五欲，這些都不能夠最終地解決問題。你唯一能夠做到的，就是從本質上認知它的虛妄、它的不眞實。

「你就是覺知。」我們人的本質就是那個超越的覺性，它能夠遍照一切法界而從不生滅，這個才是我們的眞我。當你瞭解到它的話，與它認同，不再被自己的五官五欲所騙，這樣的話，「無分別、不變易」。不再分別，不再流轉生死，不再改變了，你就可以快樂地生活。學佛不是為了死，學佛是為了眞正地超越生死。所以去認同於那個不分別的覺知，去認同那個不變易的覺知，而不要被那個醒著的時候、做夢的時候的覺知，那個變化的、生滅的覺知所騙。其實你不需要去造作任何的境界，你唯一需要的就是轉換這種自我認同。如果你還有自我感，認為你是男人是女人，是居士是出家人，等等這種自我認同，你就是受苦者。不是一味地否認，而是要轉換這種認同。

《諸法無行經》說：「若見眾生苦，則是受苦者。」怎樣才叫做不見有受苦者？首先你要轉換你的認同。如果你的自我認同是個體性的，你見有你，你見有眾生，那你說「我不見別人受苦」，要麼你是麻痹的，要麼你是瞎的，這個不是眞正的「不見他人苦」。除非你不再與這種幻相認同，才是眞正的「不見受苦者」。既然在緣起的世間，有快樂就有痛苦，所以你不能在緣起的世間說「某某人沒有受苦」。他明明剛被車撞斷了一條腿，「哎，你是假的，你不苦」。見你的鬼吧，他當然苦了，當然疼了。所以你既要幫助他，也要瞭解他不是眞正的他。他由於惡業在經受夢中的苦難，而你由於你自己的妄知妄覺，產生了這個幻境。不再與這個認同，但並不是在生活中你就不管別人的死活。

15.6 了悟自性在一切之中，一切在自性之中，從「我」和「我的」的感覺中解脫出來，開開心心。

自性，什麼是自性？就是我們的覺性、我們的覺知。「在一切之中。」怎麼理解？沒有覺性、沒有眞我，一切現象都不會發生。覺性是遍在的，所以「自性在一切之中，一切在自性之中」。反過來，一切的展現沒有一樣能夠超越於我們的覺性，超越於遍在的覺知。

「從『我』和『我的』的感覺中解脫出來。」我們每一個人，從早上一起來睜開眼睛，第一念「我」就會自然地生起。在第一念的我念之後，與它相關的其他存在，枕頭、被子、枕邊的人，馬上一個一個逐步就出現了。那第一個認同，認同這個身體，就是我念。最初的這一念，與身體認同的，這個就是「我」，皮膚以外的就是「我的」。我們已經習慣了我們的認同，就是以這個身體爲中心，爲「我」，然後有了「我的」。

要從這樣的感覺中解脫出來，怎麼解脫？把我放大嗎？不能。你把自己放得再大，也只是變成了一個很大的「我」。把「我的」也拉進來嗎？那都是心理體操。怎樣從「我」和「我的」感覺中解脫出來？不分別，不要分別。

所以學佛之後，看起來好像這個人變得很癡呆、很無聊、笨笨的，那是凡夫的看法。能夠被你感官感覺到的痛苦、快樂，其實都是虛妄不實的，要知道這是一切的痛苦之源。不是說別人搧你一巴掌「我不疼」，現在也有教搧一巴掌不許眨眼的教法，還挺有名的，還開班授課。這樣是沒有辦法眞正解脫的。那個不叫「無分別」，那個叫「憋著」。唯一能做到的就是徹底地不與這些分別心認同。你是沒有辦法感覺到你是覺性的，你能夠感覺出來的都是搞怪，都是假的。放下分別，你就自在了。

不管感覺到什麼，你不用在上面頭上安頭，加一個「我不是它」。當然，剛開始可以這樣提醒一下，但那畢竟是頭上安頭，已經用第二念去蓋覆第一念了。這樣永遠蓋不完的，十個鍋兩個蓋子，乒鈴乓啷、乒鈴乓啷，一個蓋一個，永遠蓋不完，你就在那跳舞吧。老僧只管看，眞的。

「開開心心。」因爲只有當你從這些之中解脫了，才是眞正的開心、才是眞正的快樂，它是一種超越的平淡。曾經有一個人問他的學生：「酸甜苦辣鹹之外還有什麼味？」他的弟子想了想說：「無味。」這個老和尚說：「嗯，你可以學禪。」我的天哪，這就可以學禪啦？無味。無味也是被你感覺到的，不要以爲感覺到無味、永遠無味這就對啦，那個仍然是被你感覺的。所以不要被境界騙。法和非法，有味和無味，這些都是二元對立的，不要被這些境界騙。這些都在你的覺知之內，不要與各種境界認同，不管這個境界有多麼地美好、或者有多麼地糟糕，只要不隨著境界起舞，你就是解脫的。不要隨著境界起舞，不管是有味、還是無味，不管這個味道多濃、多強烈，或者多麼淡薄。有的人就是通過禪定、修行讓他的心越來越細，有用嗎？沒有用。再細也是心，只要它還是能被你感覺到的，就沒有大用。

15.7 你確實就是那個，宇宙在你之內展現，如同海上的波浪。哦，你是純淨覺知，從狂熱中解脫出來吧。

「你確實就是那個。」哪個？那個（豎指上舉）。爲什麼？覺性是不可被指認、不可被說、不可被描述的，只要能夠被描述的，一定是境界。所以他說，那個，你就是那個。理解嗎？你就是那個，感覺到的都不是，你就是那個。啊，在哪兒？

「宇宙在你之內展現。」你說你有多大？你有多小？只要你指得出來的，大也好、小也好，其大無外其小無內，你就是那個。

「哦，你是純淨覺知。」你是純淨的覺知。我們現在也有覺知，但我們的覺知是不純淨的。白天的覺知一定都源於你的自我認同，就是說在你醒來之後的第一念：「這個是我」，你白天所有的認知都是在它之後產生的，所以你的認知是不純淨的。而純淨的覺知是不能被你感覺到的。知道你深睡無夢、知道你昏過去的那個覺知，你能感覺到嗎？那個就是純淨的覺知，是你感覺不到的，但那個才是眞正的你，你就是那個——純淨的覺知。所以不要把我們現在的妄知妄覺、被染汙的覺知、帶著自我認同的覺知、有能所對立的覺知當作是你。

「從狂熱中解脫出來吧。」世間人有世間人的狂熱：好酒、好菸、好茶，「這個茶十幾萬一餅啊！」狂熱；幾千萬買了個茶杯喝口茶，我看那個茶杯裝茶跟一般的瓦片裝，差別不會太大。修行人有修行人的狂熱：我一入定幾十天、我一入定幾十年、我拜完了一千萬個大禮拜……哦，你厲害，功德無量功德無量。所有的這些都建立在五蘊身心的自我認同之上。只要你與這個身心認同，世間的東西沒有最好只有更好。不管哪一行哪一業，世間也好、出世間也好，只要你與五蘊身心認同，只要你不滿足於現狀，苦海無邊 。

現在醫學可以換腦袋了，大家以為這個肉身可以不死了，但你放心，肉身還是會死的。如果學過生物的話，細胞分裂是有軸突的，它的軸突會越來越短，總有一天分裂要停止的，它還是要毀滅的。不用換腦袋，你去學道家，也能活個幾百年幾千年的，但那最終也只是個守屍鬼啦。老而不死謂之妖，學那玩意兒幹啥？所以放下吧。放下對這種變化的個體生命的執著，你是究竟的覺性，你是純淨的覺性，而不是色殼子，也不是你的虛妄分別。你的虛妄分別也會死的，甚至不需要等到死，你晚上睡著了，它就沒了。

只要你還留戀世間的種種展現，不管你是健康的還是殘疾的，都躲不開苦。你看到那些人，明星、富二代，好像很風光，可是你知道他們內心的痛苦嗎？他們為什麼拚命去找刺激，去吸毒、去買醉、去買春，因為他內心空虛、內心痛苦，這不是用金錢可以解決的。那些事業有成的人，他們出來的時候都好風光，但他晚上睡覺的時候，可能還不如你呢，真的。所以有時候我們真的不懂他人，在這個世上真正幸福快樂的人是很少的，不然這個地球就不叫「堪忍世界」了。「娑婆」的意思是堪忍，也就是說對於你來講，你剛好還能夠忍受，它又不至於把你弄死，但是你也不會活得怎麼好。「從狂熱中解脫出來吧。」

15.8 要有信心，我兒，要有信心。不要對此迷惑。你是智慧，你是世尊，你是自性，超越世間。

學佛最重要的是信心。他說：「要有信心，我兒，要有信心。」師父叫徒弟「我兒」，那都是親如獨子啊！師父對弟子的愛，眞的是有過之而無不及。信心是挺難的。像我們看上師，看到的是他的肉體，他跟我們一樣要睡覺的，會生病，也要吃飯、要抽菸、要喝酒、還要吃藥，也許比我們吃得還多，怎麼會有信心呢？「佛法不就是那些道理嗎？我拿本書看看不就也懂了嗎？」眞的嗎？如果是這樣，大家都去讀讀佛書就行了，沒那麼簡單。所以商羯羅說：「縱行不二於三界，莫行不二於上師。」[32] 道在言辭之外，在一切語言之外，所以信心是非常重要的。對上師要有信心，對教法要有信心。

他說：「不要對此迷惑。」不要迷惑，你要堅信：「你是智慧，你是世尊。」信心包括信師、信法和信自己。當你生起這樣的信心的時候，你是眞正的與十方三世諸佛同一體性的。

「你是智慧。」爲什麼？覺性之用就是智慧。因爲你的體性是清淨的覺性，所以很自然地，你本來就是智慧的展現。可是我們卻把自己的五蘊身心當我，這樣的話你就成爲了凡夫。當你認同於究竟覺性的時候，你就是智慧，所以這只是一個自我認同的轉變。

「你是世尊。」「我們每一個人都是佛？不可能啊！佛走路離地三寸，腳下印有蓮花，我提腳都提不動，穿個鞋還有腳汗，怎麼會是佛呢？」唉，你把什麼當佛？你把三十二相當佛嗎？所以在《金剛經》裡，佛說：「若以色見我，以音聲求我，是人行邪道，不能見如來。」明確地告訴你，他不是這個色身，他是清淨的覺性。所以後面還有四句[33]：

32 出自商羯羅《實相論》(*Tattvopadeśa*)第 87 頌。

33 後四句偈出自玄奘法師所譯《能斷金剛般若波羅蜜多經》。

「應觀佛法性，即導師法身。」佛的清淨覺性就是他的法身。「法性非所識，故彼不能了。」一切眾生因爲沒有辦法感覺到自己的清淨覺性，所以不瞭解其實我們每個人都是佛。你的清淨覺性就是佛，離此之外沒有別的佛，懂嗎？因爲佛明白了這一點，他成就了佛，他就是佛。其實你們也早已成就了清淨的覺性，因爲你們本來就是清淨的覺性。相信了這一點，你們每一個人都是佛，都能行佛所行，沒有別的。

所以，他說：「要有信心，我兒，要有信心。不要對此迷惑，你是智慧，你是世尊，你是自性，超越世間。」我們哪個人敢承認自己是佛，超越了世間？我們只是想著這個身體不死，我們認同的是這個身體。「師父在睡覺，不要打擾他」──什麼？師父還有睡覺的？是那疙瘩肉在睡覺，師父永遠不會睡覺。你也永遠不會睡覺，睡覺的不是你，睡覺的是幻現的那堆假象、那疙瘩肉。「我也是學密宗的。」你怎麼學密宗的？「我念了個咒子，我念了幾十年。」哦，那叫學密宗的？學密宗第一點，就是要有清淨見。「我是學禪宗的，我閉關了多少年，我一直在打坐，我一坐多少小時。」哦，你那叫學禪宗的？你那叫學纏腳布的，浪費糧食嘛！你要知道，不管學密也好、學禪也好，第一個根本見地就是：「你是佛」，你要認得這一點。你所持的咒、你所修的禪定，如果不是用來體會這一點的話，你根本就是附佛外道，是諸佛的仇家，你是來破滅佛法的，懂嗎？

所以，「你是世尊，你是自性，超越世間」。要明白這一點，才對得起「我是三寶弟子，我是佛弟子」這句話。如果你連這一點都不懂，出去千萬不要說你在學佛，因爲太丟人了，眞的。

15.9 三德所成的身體有生、住、滅。自性不來也不去。你為什麼要為此慟哭呢？

因爲聽到上面那一頌，弟子感動了，哭了。師父說，「三德所成的身體」，三德是什麼？三德是數論裡的術語，明、暗、動三德，是構成世界的元素，就像佛說世界起因裡面有四大種，地水火風。在印度的古宗教裡面，八曲仙人比佛陀還要早一百多年，所以那時他們還引用的是印度教的理論。印度教認爲這個世界是由明、暗、動這三德展現出來的，這是三種構成世界和有情的基本特性。

所以，「三德所成的身體」，不論四大種也好，五大，地水火風空也好，或者由明、暗、動組成的這種身體也好，它都是有生、住、滅的。因爲一切有形的，一定有生、住、滅，而我們的清淨覺性是沒有來和去的。明白這一點，你還哭什麼呢？就算你過去在輪迴中受種種苦，無量劫來顚倒，對眞我來講，也沒有任何損失，你哭啥？就算你今天明白了自己原來就是佛，離此之外無別佛，那又有什麼値得高興呢？所以你悲傷地哭，不對；高興地哭，也不對，哭啥？男子漢大丈夫流血不流淚，有啥好哭的？佛陀講《金剛經》時，須菩提也是聽到痛哭，迦納卡國王聽到這裡他也哭，所以他的老師就安慰他，你要知道眞正的法身、眞正的自性是不來不去的，沒有必要爲它哭泣。

15.10 讓身體延續到劫末，或者今天就喪失。你會有任何增減嗎？你是純淨之覺。

也就是說你活到變成一個老妖，或者今天出門就死了，聽完這句話就死了，對眞正的你，對你的清淨覺性、你的本質、你的本來面目，有任何增減嗎？會改變嗎？所以爲什麼古人說，「朝聞道，夕死可矣」？你突然明白了生命的本質、明白了究竟眞理，實際上我們是在談究竟眞理，並沒有在談宗教，懂嗎？當你眞的明白了這點的話，生命對你來講，已經不再有任何好談論的了，得啊失啊，長生久視啊，短命夭壽啦……對不對？

因爲我們世間人所做的一切都基於這個五蘊身心，我們認爲只要能活下去就是好的，死了就是不好的，死了就看不見、不知道了，所以我們不想死。我們不相信眼睛背後還有一雙眼睛，我們只把現在這個眼睛當眼睛，就是這樣的。所以很簡單，你要求長生不死，就去認得眞我，而不要在這個皮囊上痛下苦功，因爲那將最終證明你的愚蠢，最終你會失敗，不管你付出多少努力。

學佛就是要明白我們本來是佛，眞我是永恆的，就是要明白這一點。把一切造作放下，把一切所謂的努力放下。當然我不是要你們不要上班，不上班的話沒人給你錢。廣東話「仔細老婆嫩」——孩子還小、老婆還年輕，活兒還是要幹的，但是不要當眞，不要計較得失。如果自己的生死都不過是一場兒戲，更何況其他？但是也別閑著不幹事啊，因爲我們畢竟還是示現了居士身，還在社會中活著嘛，一日不作、一日不食。

15.11 你是無垠的大海，就讓宇宙波浪在你之內自行起伏。你沒有任何得失。

大海不會拒絕任何的風浪，也不會拒絕寧靜，明白這一點就會知道，只要你眞正地通達了自性，不管貴爲國王還是監獄中的囚徒，接受它就好了。一切眾生本來平等，世界上最邪惡之人和最善良之人，在究竟本性上本來沒有差別。如果認同於他的五蘊身心，你就會說這個人，「哇！好得不得了，美啊！」「這個人可惡啊，我見到他氣不打一處來，我眞的與他不共戴天！」學了個啥？我們自己堅持於五蘊身心的認同，我們努力地保持「我就是我，他就是他」。

你不認同大海，所以你只接受風平浪靜，不接受巨浪滔天；只接受清澈的，不接受渾濁的。你要知道，大海之所以爲大海，因爲「有容乃大」。不管河流流出來的水是渾濁的、是清澈的、是甜的、是鹹的、是有毒的、是無毒的、是有生命的、是沒有生命的……大海都不會拒絕的。但是首先你得認同：你是大海。拿一杯水，滴一滴墨汁下去，整杯水都是黑的，但對於大海來說，哪怕有一條河，流進來的都是黑水，大海還是藍的。爲什麼？有容乃大。我們談論這個幹什麼？就是要學會在生活中包容。不管你自己怎麼樣，不管你的地位怎麼樣，要學會包容。「那我不是便宜他了？」你若包容別人，首先你得到的是快樂，受益的第一個是你自己，不是別人。你恨一個人，天天恨得咬牙切齒，別人痛苦嗎？除非當著別人的面你罵他，他可能會生點氣，不然的話他怎麼會痛苦？可是你自己就幹抽風了、抽肝風（抓狂、生氣）了，對不對？爲什麼要懲罰自己，天下就這樣最蠢了。

要與清淨的覺性認同，要包容一切。教法不是純然的理論，教法是人生的指南，是解脫的寶筏。你想渡過人生的苦海，最好上這條船，不然的話，苦的只有自己，別人幫不了你的。所以，我們學佛不是把這些理論背熟了，不是爲了說給人家聽：「我學佛就是爲了幫助別人的」。先把自己搞好吧！我最怕那些跑來告訴我，他學佛是爲了教別人的，「我發了菩提心了，我到你這兒，就是爲了學完回去當老師的。」阿彌陀佛！這些人我可不敢教。我不是不包容他，我是不敢教，我怕他將來更苦，知道嗎？精神病不怕，精神病是可以治的；蠢是沒法治的，沒藥的。（眾笑）

「你是無垠的大海，就讓宇宙波浪在你之內自行起伏。你沒有任何得失。」不管怎樣，你不會得到什麼，也不會失去什麼。不然你就不是超越的，不然你就不是無限的，不然你就不是遍在的。所以只要看一個人的言行，你就知道他認同什麼，他的自我認同是什麼，苦啊。

15.12 我的孩子，你就是純淨之覺。這個世界與你無異。所以誰能有取捨之念呢？如何會有呢？在哪裡呢？

「我的孩子，你就是純淨之覺。這個世界與你無異。」你是純淨之覺，而且不但你是純淨之覺，包括整個世界，有情無情，無非是純淨之覺，都是這個清淨覺性、純淨覺性的展現。你跟誰過不去呢？你跟誰過不去，都只不過是跟自己過不去。什麼叫無緣大慈？你們一體的，這就是無緣大慈了，還要怎樣啊？什麼叫同體大悲？你們本來就是同一塊，是你強分這塊是你的、那塊是我的，這就有麻煩了。不然的話，哪有麻煩呢？

「所以誰能有取捨之念呢？」如果你的認同是純淨覺性的話，取什麼？捨什麼？喜歡什麼？討厭什麼？那些都是假我在取捨。既然變成了一個割裂的獨立的個體，你就有利害衝突，大家爭一個、搶一個。「這個是我的就不能是你的」，這就麻煩了，打起來了。如果瞭解你是清淨的覺性，一切無非是清淨的覺性，有什麼好搶的？左手拿著跟右手拿著有差別嗎？沒差別。「我的孩子，你就是純淨之覺，這個世界與你無異。」一切無非是你啊，一切無非是你自己。

「所以誰能有取捨之念呢？如何會有呢？在哪裡呢？」你眞正回過頭仔細去觀察，觀察你的貪愛、嗔心，回頭看看是什麼，連影子都沒有。我們只是被一種能量驅動，覺得我貪愛他、我嗔恨他，仔細回過去觀察什麼是貪愛、什麼是嗔恨，你找不到的。如果那是眞實的，你反而還沒辦法對付它。實際上它本來沒有，「天下本無事，庸人自擾之」。

15.13 你是獨一、不變、寧靜的覺虛空，對於你，出生、業行和自我要從哪裡來呢？

「你是獨一、不變、寧靜的覺虛空。」「覺虛空」就是指的覺性，是獨一的，因爲全體都是它，不可能有兩個。不是說你的覺性跟我的覺性是兩個覺性，不然祈請就不會幫助到你了。爲什麼祈請上師很靈，比誰都靈？因爲大家都是一個嘛。你對上師有信心，祈請上師就靈，你對觀音菩薩有信心，祈請觀音菩薩就靈，對吧？其實都一回事，別太當眞。你是唯一的、不變化的，是寧靜的。因爲我們的妄心，才會有起伏、才會有情緒。我們的純淨覺性是不會有起伏的，不會有任何染汙的，不會有任何的起起落落、喜怒哀樂，那跟覺性沒關係。所以他說，「你是獨一、不變、寧靜的覺虛空。」

「對於你，出生、業行和自我要從哪裡來呢？」眞我有出生嗎？沒有。只有這個假我有，這個五蘊身心有出生，眞我是不會有出生那回事的。業行，就是我們這一輩子幹的活，對眞我不會有絲毫影響。一旦明白的話，你的造作就停止了，你的所謂修行就停止了。如果你不瞭解這一點，那麼你就會吭哧吭哧吭哧地幹（賣力地做）。所以世間所有的修行，最終都是爲了證明它自己的無用。這句話可以說，不過沒有人信的，但是我告訴你，這句話是眞的。當你輪迴久了，世間所有的修行法門你都玩遍了，你就知道天下所有的修行就是一場懡㦬[34]，就是一場熱鬧，唱大戲，它對眞我不會有任何的影響，因爲一切修行都安立在這個五蘊身心之上，安立在假我之上。因爲這個假我感覺到了痛苦、感覺到了輪迴，我們爲了從中逃避，就弄了一套所謂的假立的修行：與其罵人不如念咒，與其跟別人去撕扯打架，不如去做大禮拜，少造點業……就這些，你做完了、累了，就不想幹了，就不想打架了。

當然，我們在這裡談的是究竟的見解，下了課你去到外面，如果遇到別人說「我是念佛的」，你要隨喜讚歎：「好啊！」別說「你念了也白念」，人家一巴掌就給你招呼過來了──「我白念？！」不能隨便說的，弄不好就挨巴掌了。

而一旦明白了眞我，修行造作就變得那麼的沒有意義，或者說變成了那樣的荒唐。對於見性之人來說，衣食住行、一切一切無非是修行，既是最簡單的修行，又是最困難的修行。當你與五蘊身心認同的時候，你就不在道上了。當你從這種自我認同、從五蘊身心離開的時候，就自然又回到道上了。這個就是自然的修行，沒有別的修行，但這也是最後的修行，究竟的修行。

15.14 無論你感受到什麼，展現的只有你。手鏈、臂鐲和踝飾和金子有區別嗎？

「無論你感受到什麼，展現的只有你。」記住，「我感受到冷冰冰

34 懡㦬為梵語，譯曰慚愧。一場懡㦬即一場慚愧的意思。在禪宗語錄中常出現。

哦」，其實你感受的是你；「哦，我好熱啊，不行了太熱了」，你感受的是你。可是我們習慣上並不認爲這個是我，我們習慣上就會說，我感受的是冷、是熱。「今天我好開心啊，今天我倒楣。」你感受的只是你。一切存在包括你們、包括我，我們互相都是，只是你，明白嗎？我們互相感受到的都只是你自己。你看到的我，實際上是你自己；我看到的你，實際上是我自己。如果眞的明白這一點，你還會恨誰呢？你還會討厭誰呢？你只能討厭他的無明，你不會討厭他。無論你感受到什麼，展現的只有你呀。

「手鏈、臂鐲和踝飾和金子有區別嗎？」手鏈、臂鐲，都是金子，這是比喻。印度人戴很多這種丁鈴噹啷的首飾，踝飾是腳上戴的，他問這些金飾和金子有區別嗎？只是外形上的改變。所以一切的展現，無非是覺性本身。第一句，「我是覺性」，你要知道什麼是眞我，不要與五蘊身心認同；第二句，「覺性是我」，你要知道連五蘊身心、連同一切無非是覺性。明白嗎？這是修行的兩個層次。第一步，首先你要知道，虛幻的不是你，生滅變化的不是你，這是達到了修行的第一個層次，所謂識得心，認得你；第二步，當認得你之後，你就要學會平等，平等見，因爲一切無非是你。一盆水裡的這麼多泡泡都是這盆水。如果你的認同是這盆水而不是這些泡泡，那所有的泡泡都是你。如果你還認爲你是泡泡，那別的泡泡絕對不是你，明白了嗎？修行就這麼兩個階段，沒別的了，不要被幻相騙。如果你是泡泡，一切都不是你；如果你是這盆水，一切泡泡都是這盆水。「我是覺性，覺性是我」，這是兩個層次。

當你瞭解一切都是你，你還愛什麼、恨什麼呢？一切貪戀、一切厭離都沒有意義了。貪戀也好、厭離厭惡也好，都是源於你的個我認同，由此才有了那麼多的修行方便。淨土法門叫你厭離娑婆，求生西方。你既然喜歡迷戀和厭惡嘛，好吧，我就把它用於道上，爲什麼？你認同於假我嘛，我說你不是這個你，你不聽嘛，那就把你最習慣的這個迷戀和厭惡引入於道。懂了嗎？所有的方便都是這樣的，包括密宗的方便，包括淨土宗、包括所有的方便法門，都在利用人們的弱點。

你貪的話，貪金子貪財，那西方極樂世界就有黃金爲地；你喜歡養生，喜歡無汙染無公害，西方極樂世界七重行樹、蓮池蓮花、八功德水，美啊！我們娑婆世界水都有毒，極樂世界卻有八功德水……這些都是利用我們這種厭惡和迷戀，不然怎麼辦？如果你瞭解眞我，眞我既包含了娑婆、也包含了西方，一切只要展現出來的，都是我，你往哪兒去啊？從你的左手跑到右手？還是從你的腳趾頭跑到鼻孔裡？累不累啊！「我念的是咒」，如果你承認罵人跟咒是平等平等的，大概就無所謂念咒和罵人了。在夢裡，還是有好夢噩夢的差別，在世間緣起上，是有不同的，在究竟上眞的沒有差別。如果你認同眞我的話，一切音聲無非是如來的咒語，一切展現無非是如來身。什麼叫華嚴境界？這就叫華嚴境界，不然怎麼樣呢？

15.15 徹底放下諸如「我就是那個」和「我不是這個」的區別。見一切皆是自性。無所欲求，開開心心。

「徹底放下諸如『我就是那個』和『我不是這個』的區別。」剛開始你要知道：「我是那個，我不是這個。」但是到了第二層次，放下，一切無非是你，往哪兒跑啊？我是那個，「那個」指的是究竟覺性；我不是這個，「這個」指的是世界、宇宙。「那個」是在你還不瞭解眞我、你執五蘊身心爲我的時候，你認爲自己是割裂獨立的個體的時候，要分清「這個」不是你，眞正的你是覺性，是「那個」。當你已經完成了這種認同的轉換，要明白一切無非是你，就不要再分覺性和宇宙了。

「那個是我，這個不是我」，這些區別在哪兒啊？這些還是在分別心裡頭啊，你的分別心沒有死啊，還是二元對立的。那眞正的解脫裡面有二元對立嗎？沒有。所以到了黃金的島上，一切無非是黃金。在一般的沙灘上，金子和沙子是混雜的，要淘沙才能得金，懂嗎？這是修行的不同狀態。你在初學的時候要學會揀擇，到了全體皆是的時候，就沒有揀擇的問題。

「見一切皆是自性，無所欲求，開開心心。」眞正明白了這些，你還求生、還求死、還求什麼嗎？若是還求往生，還求長壽，就是不懂「一切無非是你」。到你眞正明白了，人到無求品自高啊。只要有距離、有目標，就意味著有痛苦，除非你徹底放下了目標、放下了距離。「佛在燃燈佛所實無所得」，燃燈佛給釋迦牟尼佛授記，「汝於來世當得成佛，號釋迦牟尼」。只要你還見有任何的距離、任何的境界是你目前還沒達到的，他就不會爲你授記。在見燃燈佛之前，釋迦牟尼佛曾於「過去無量阿僧祇劫，於燃燈佛前，得値八百四千萬億那由他諸佛，悉皆供養承事，無空過者」，但諸佛都不爲他授記。爲什麼？可能最早期見佛時，也就是「佛陀啊佛陀，我求我們家幸福平安，我先生升官，我孩子升學」，到後面一點，「佛啊佛啊，加持我發起菩提心吧」……一層層地升高。但是你放心，只要你還有目標、你還有目的、你還有不滿足，佛都不會爲你授記，還早著呢，慢慢熬吧。只要還有距離感，還有目標感，還不瞭解一切無非是你，全體是你，慢慢玩吧！信得過嗎？信得過我就爲你們授記，眞的是這樣。新的目標來了吧，哈哈哈哈哈。（眾笑）狡猾狡猾！

無求了就開心啦，最開心的是無求，一切無非是我。

15.16 宇宙僅僅是因你的無明而存在。實際上你是一。輪迴者、超越者都只是你。

「宇宙僅僅是因爲你的無明而存在。」就像夢境一定是你睡著了才現起的，懂嗎？所以白天這個夢、包括晚上那個夢的根本原因就是無明。我們不瞭解眞我，把這個五蘊身心自以爲我，認爲我一定是割裂的，一定是要有中心的，這叫無明。宇宙僅僅是因你的無明而存在。

「實際上你是一。輪迴者、超越者都只是你。」不管你在輪迴中，還是解脫的，其實都是你。如果你明白這一點，輪迴有什麼可怕，超越又有什麼可貪的呢？無非是你。你儘管在裡頭玩，你在演一齣戲，這就是全部，你既是演員又是觀眾。如果你沒玩夠，繼續吧。當你玩夠了，自然就謝幕了。所以輪迴者、超越者都只是你，一切諸佛無非是你，一切地獄眾生、蛇蟲鼠蟻也無非是你，承認嗎？接受嗎？當然啦，見了蛇我就跑，呵呵。

15.17 確知宇宙只是幻相，無實體，如此之人便會無欲無求，成為清淨覺知，如同一切都不存在那樣而平靜。

宇宙是因爲你的無明而存在的，所以當你了知了這些，你就從幻相中解脫了，這是第一步。第二步，全體是你，因爲幻相也離不開你，沒有你哪來幻相，你不需要熄滅幻相，不需要等到幻相熄滅才知道全體是你。

八曲仙人說，「如同一切都不存在那樣而平靜」。瞭解這些，你就可以在所有的幻相中平靜了，不再區分這個是你，那個不是你。我們過去之所以被幻相所騙，是因爲我們不認爲這個是幻相，把它當成了一個眞實獨立於我之外的境界。就像我們站在馬路上，這時一個不同於我肉體的鐵疙瘩沖了過來，那我當然跑啦，不跑就撞死了——這個時候，我們的認同是這疙瘩肉，而不是那鐵疙瘩車。當你瞭解眞我時，就不一樣了。我不是說就不用躲汽車了，車還是要躲的，但是不會再有煩惱，不會再有欲求。

15.18 在世界之海中，過去，現在，將來都只有「一」在。你既沒束縛也沒有解脫。圓滿而快樂地活著。

「在世界之海中，過去、現在、將來都只有『一』在。」不是因爲今天我們明白，才有了「一」的，從來都是「一」，只是因爲我們不明白這點。其實從過去、現在和未來，無量劫，無量的無量，沒有我哪兒來無量啊？一切無非是我，只有「一」。說「一」是爲了破除輪迴。「他解脫了」「他成佛了」，這些都是邪見。所以當佛成佛之時，見一切眾生皆已成佛。佛見眾生皆是佛，眾生見佛皆是眾生，只是一個見地的轉換。只要把他的腳伸到佛的鞋裡就成佛了，屁股決定腦子，坐錯凳子了，僅此而已。換個位子坐坐就完了。

「你既沒有束縛也沒有解脫。」束縛和解脫是我們無明之內眾生的虛妄分別。誰現在是無明凡夫？誰解脫了？對真我來講，哪兒有這事。比如在電影裡有演警察的、有演坐牢的，其實都是假的，就一堆光影而已。我們看得很投入，實際上啥也沒有，都是你自己看出來的。

「圓滿而快樂地活著。」明白這一點，你就可以圓滿，你就可以快樂地活著了。我們不圓滿，以爲總有更好的我應該得到，對吧？那只好努力了，那只能受苦了。「努力」二字怎麼寫啊？一個「奴」下面還有一個「力」字，當奴隸就叫「努力」啊。所以現在都鼓勵你們要努力，就是要你們好好當奴隸。「圓滿而快樂地活著」，不快樂是自找的，沒有人能夠強加不快樂於你，都是自找的。所以這個結尾很好，「圓滿而快樂地活著」。不錯。

15.19 哦，純淨之覺，不要用「是」和「非」打擾你的心。靜下來。快樂地安住在你的自性中。自性就是大樂。

「哦，純淨之覺。」哦，讚歎讚美。純淨之覺，我們的本質就是純淨之覺。有人問什麼是空？覺性就是空。有人管它叫空，有人管它叫如來藏，有人管它叫法身、叫阿賴耶——阿賴耶和阿賴耶識（八識）是不一樣的，叫「八識」就已經包含種子了。純淨之覺就是我們的本性，就是我們的我。

「不要用『是』和『非』打擾你的心。」心與覺性的不同之處是，心就是有一堆概念、一堆名相，投射出整個世界靠的就是我們這個心。如果你不再往裡面藏入新的種子，那麼投射自然會耗盡。輪迴之所以不停地在展現，是因爲我們不停地擴展和增加更多的概念。這個心就像一個袋子，你往裡裝什麼，它就展現什麼。你看到每個人，看到展現的功德方面，那麼它就展現出功德的一面；如果你看到的，或者說你自己判斷的都是缺憾、都是不完美的話，它給你的感受，或者說你投射出來的世界就是不完美的，就是缺憾的，就充滿了種種磨難。

心的特性就是不斷地擾動，不斷地展現，但是這個力量是哪兒來的？就是因爲我們不斷地在去判斷，不斷地用「是」和「非」去增加這個投射的種子。怎麼說呢？就像播種一樣，你不斷地把你收割回來的稻穀啊、麥子啊再重新種到地裡，你每一次的判斷「是」「非」其實都在重新播種，所以不要用「是」和「非」打擾你的心。其實一切展現，只要你不去認同於它、不去評判它的話，它只是過去業力法爾如是的展現。只要你不認可它，它就不再有新的能源，沒有新的再生的力量。你每一次判斷，其實都給了它再生的力量，加強了它的再生能力。所以不要用「是」和「非」打擾你的心。

「靜下來。」不是要你刻意地去操控你的心。就像一盆水，你不攪和它，它自然就會靜下來。不要用你的分別心不停地去判斷、去攪和，安靜是它本來的狀態。晃動、擾動，所有的「是」「非」反而不是它本來的狀態。所以「靜下來」只是告訴你，不要再去攪和了，把我們造作的這部分拿掉。不是教你刻意地把你的心，用另外一種造作停下來。不要去剎車，懂嗎？因爲只有車自然地滑到了平地，自然地到了最低的地方，它才會停穩的；而我們往往人爲地，要麼就是踩剎車，要麼就是加油門，不斷地去造作。所以靜下來意味著把我們的造作拿掉，不要再去推動它，不管你是往前推還是反向推。所有的造作、所有的推動都是自我的產物。因爲我們有是非心，我們願意接受這個、不接受那個，我們用自己人爲的道德觀念等等加諸於道，所以它就不再是道了。道是法爾如是的。

「快樂地安住在你的自性中。」不要給自己找麻煩，不要跟自己過不去，你就快樂了。快樂是你的本性，快樂不是造出來的。當你不去製造麻煩的時候，你的快樂是本來如是的。其實我們沒辦法去面對自己眞正的快樂，因爲這種快樂不是我們一般六根對境時候生起的那種快樂。我們現在往往把身體的感受當成快樂，把心的一些刺激、對刺激的反應當成快樂，那不是眞正的快樂，那只是輕微的痛苦，很多人沒辦法忍受那種感覺不到的快樂。所以當你靜下來，慢慢地，那種祥和、那種寧靜會自然展現出來，因爲它就是你，而不是捏造出來的。「快樂地安住在你的自性中」，所謂安住自性中就是說，成爲你自己。因爲任何的分別心生起的時候，你是沒辦法安住在自性中的，你一定會住在你的心裡。心就是一種造作，心的特質就是沒辦法安靜。你用心還是用自性，差別就在這裡。所謂的安住自性就是說不要再造作了，「不 zuo 就不會死」，不要折騰就是最好的。

「自性就是大樂。」我們的本性就是眞正的祥和、眞正的吉祥，或者說它是究竟的大樂。眞正的大樂是沒有辦法用語言來描述的，就像深睡無夢的時候是眞正的大樂，但我們感受不到，我們就覺得白白地把那時間浪費過去了。但是你要知道，不論你受過多麼大的刺激，多麼大的精神痛苦、肉體痛苦，等等等等，只要一旦進入了深睡無夢，統統都過去了，爲什麼？你回到了你的本源裡，那種眞正的寧靜、眞正的大樂就會修復你所有曾經受過的傷害。只因爲本性如是，才能夠克服一切。

就像在派對狂歡，那個時候你覺得很快樂，但是你沒辦法持續，因爲很快你就會發現，結束後就是空虛和寂寞，所以它不是眞正的大樂。人生很多所謂的享樂，聽一段優美的音樂，喝點美酒，看一些很優雅的節目、表演，你都覺得那是快樂，可是眞的讓你持續地這樣留在這個覺受裡，你會受不了，會瘋掉的，所以它不是眞正的大樂。而且我們習慣上認爲，快樂一定是依於外緣的。如依於舒適的環境、依於眼根的對境、依於身體的覺受、依於心裡的思維，諸如此類的東西都不是眞正的大樂。現在很多人都在推銷，在精神市場上推銷這個大樂，以爲修雙身法，或諸如此類的方法就可以獲得大樂，實際上他們根本不知道什麼叫大樂，他們只是把世俗的這種肉體和精神的刺激叫做大樂。其實這根本不是大樂，這種樂都是短暫的，而且它的本質是痛苦的。因爲它是心的產物，是被心所生起、被心所覺受到的東西。「一切有爲法如夢幻泡影，如露亦如電。」

只有你本來如是的東西，才能夠是你最終受用的東西。所以眞正的大樂不在別處，眞正的解脫不在別處。絕對不是你以一種造作、一種修行、一種什麼而達到的一種境界。反而是你放下了所有的造作，你之本然展現的時候，你管它叫什麼都行：管它叫涅槃，管它叫解脫，管它叫法身，管它叫究竟實相，管它叫大樂……其實就是同一個東西。

15.20 放棄所有甚至放棄禪定，心中不住任何東西。你真的就是自性，從來解脫。思慮能做什麼呢？

「放棄所有，甚至放棄禪定。」放棄所有，指的是什麼？包括世間我們所努力爭取的，財色名食睡這五欲；包括出世間的散心位的修行，持咒啊、念佛啊、禮拜啊、布施啊、持戒啊、忍辱啊等等這些東西。放棄所有，就是指這個。總之把你一切過去所學的世間、出世間的造作都放下。第二個呢，甚至放棄禪定。因爲「善」分爲兩類，一類是散心位的善。也就是我們所說的在散心位，不管你持咒也好、觀想也好、布施、持戒、忍辱、精進等等，這些都是散心位的善。散心位的善是小善。定心位的善是更精微、更精細、更高位的善，叫不動善，這就是藉由禪定而達到的。但這些東西都是心的產物，都是用來訓練心的，只是爲了讓你的夢做得更好，不能讓你醒過來，不能夠使你達至究竟的解脫。所以對一個追求究竟極樂的人，追求究竟解脫的人，應該放棄所有，甚至放棄禪定，心中不住任何東西，把你心的口袋倒光。

所有的人，世間人的目標取向就是財色名食睡，而出世間的人，如果你把解脫、大樂、極樂等等放在遙遠的將來，都是有所住的，都是玩心理體操而已。一般的瑜伽，比如哈達瑜伽等，是身體體操；其他的持咒、觀想等，屬於心理體操，其實都在追求一個未來，追求一個我們現在沒有的東西。所以他告訴你，「心中不住任何東西」。就像《金剛經》說的，「過去心不可得，現在心不可得，未來心不可得。」把你的心倒空，甚至連心都扔掉它，否則你是不可能安住於自性的。因爲你用心就不可能用性，所以什麼叫「轉識成智」？轉者轉依。依於心就不能依於智。把識心放下，你才能用你的智慧。

「心中不住任何東西。你眞的就是自性。」你就是你啦，你不是修出來的，不是捏出來的，不是再造出來的，所以解脫永遠不在別的地方。你本身就是解脫，你本身就是覺性，你本身就是自性，你本身就是佛，你本身就是上帝。不要再往別的地方找，能被你找到的一定不是。如果你還想看到自性，你還想見性，你一定不知道什麼是自性，因爲你沒有辦法看到你，你只能看到與你相對的，而不能看到你本身。

「從來解脫。」你本來就是解脫的。如果不是本有的解脫，而是經過修行得到的，那也一定不是眞正的解脫。解脫不在別的地方，不可能以任何造作而達到，因爲有爲法永遠不可能結出無爲的果實，一定是本有的。所以如果你不能夠在當下發現解脫本身，那麼對於你來說，解脫是遙遙無期的。一旦你發現了你本來就是解脫，解脫也就不屬於任何努力的結果，因爲解脫不是努力得來的。你不斷地努力，怎麼可能得到不努力呢？有的人說：「佛陀就是因利益眾生成佛的，剛開始他是有爲地去做，做到後面他已經習慣成自然了，見到就做了。」那叫無爲啊？那只是習慣、習氣，那跟「無爲」一點關係沒有。

「思慮能做什麼呢？」我們的這個識心能做什麼呢？現在很多人都認爲，解脫一定是修行的結果。而且你要修行的話，你必須禪定，必須修三摩地，必須用你的心。現在的人已經很棒了，強調要用心了，不過你要用思維、你要考慮、你要轉，轉什麼？怎麼轉？只要你還用心，你怎麼轉到無心？除非你從一開始就了知到心的虛妄不實，當下放下，對吧？一團面你怎麼捏，也只能捏出一個外形像你的東西，不可能捏出另一個你來呀，對不對？畢竟是被你捏出來的東西，怎麼可能是你呢？老爸老媽再有本事就是生個娃，他沒辦法生他自己，懂嗎？所以「思慮能做什麼呢？」不要以爲修行是我們想出來的。當然這話說得比較狠啦，現在的人，你直接告訴他，對他說這樣的話，那幾乎所有的修行方法，被教授的、學來的幾乎都完蛋了。

第十六章

特別指導

八曲仙人說：

16.1 我的孩子，你可以多次談論或聽聞各種經文。但除非全忘了，你無法安住自性。

八曲仙人對迦納卡說，你如果還有不明白的，如果還有過去生的習氣，很喜歡聽經、很喜歡研究各種經論，可以，我不阻止你。每一部經你都可以多次去聽聞它、研習它，這樣比較容易深入，這沒問題。我們現在基本上都在推廣「廣」，要知道的越多越好，卻很少注意「深」。過去的修行人，他們的習氣是更注重深，而不是廣。一本經他可以一輩子鑽進去，一層層往裡深入。我們現在就是這個經看點、那個經看點，到處學，以爲知識越多越好用，其實不是這樣的。但對於明白自性的人而言，所有的經論都是多餘的。

「你可以多次談論或聽聞各種經文。」所謂談論就是大家互相討論，「這句話啥意思啊？那句話啥意思啊？哦，經典是這麼說的」，這叫談論。聽聞，向大仙兒們去請教、學習，就是聽聞。關鍵的來了，重點是在下面：

「但除非全忘了，你無法安住自性。」懂嗎？除非你把你所學的統統都忘了，「啥？你說啥？」哎，那就差不多了。因爲所有的知識，它的最終導向就是告訴你，知識是沒有用的。所有的知識就是告訴你，知識是思維心的產物，是思維心的垃圾。不管這個知識是講述解脫、導向解脫的，還是導向享樂、輪迴的，其實究竟意義上來講，平等平等。在緣起意義上來講，相對來講，從世俗層面來講，你多聽一些有關解脫的知識，它還是可以把你引導向離苦得樂的。但如果你認爲必須把這個記住，等你見了閻王爺的時候就會記不清了。

「但除非全忘了，你無法安住自性。」因爲你就是你，你是沒有任何概念的，既然沒有概念，你有什麼思維啊？思維、聽聞、討論，必須建立在概念之上，必須建立在分別心之上。只要有分別心、有概念就不是解脫的。所以你想解脫嗎？統統忘掉吧。眞正解脫的人、見道的人就是這樣的。

16.2 哦，智者，你可以享樂、工作或修三摩地，但你的心依然會渴望超越了所有對境的「那個」。在其中一切欲望都熄滅了。

「哦，智者，你可以享樂、工作或修三摩地。」爲什麼呢？畢竟你還有肉身嘛，你還有習氣嘛，所以你可以享樂。這裡的享樂就是指在世間完成世間的責任，你該做啥做啥，該幹啥幹啥。「仔細老婆嫩(粵語)」，孩子還小，老婆還年輕，那你就要盡你的丈夫之責；你嫁作人婦，那你就要持家撫育下一代。因爲你還活在世間，又沒有托缽，那只好自己幹活。「或修三摩地」，也就是說，你聽聞了這個道理，如果你是出家人，想天天入定，那你入吧，沒問題，不然你怎麼對得起人家給你那缽飯呢，對不對？你愛吃，那就吃吧；你愛禪修，可以啊。

「但你的心依然會渴望超越了所有對境的那個。」也就是說，不管你修什麼，其實你都不會滿足的。不管你在世間也好，出世間也好，只要你還在造作，你都不會滿足的，你都希望總有一天超越這些。當然這些人是很成熟的根器了，一般的人誰想超越啊！只有很成熟的人，「你的心依然會渴望超越了所有對境的那個」。

「在其中，一切欲望都熄滅了。」爲什麼會渴望？因爲你的骨子裡會知道，一旦瞭解這個，所有的欲望就會熄滅。其實我們都很怕安住自性，眞的讓你安住在裡面，你會受不了。爲什麼？如果你眞的瞭解自性，眞的安住於自性的時候，一切欲望自然地止息了。「師父，下去散散步」，唉呀，算了，散啥呀；「出去玩」，唉呀，你去吧，我懶得動……一切欲望就止息了。所以，什麼叫安住自性？解脫是屬於那些連眼皮都懶得抬的人，眞的，我不騙你們。你看哪一個眞正的智者滿街亂跑啊？那些遊戲人間的啦，有些人就是無聊，覺得解脫都太無聊了才滿街跑，不然的話眞的是懶得出門。所以說，某某禪師自從上了山，三十年沒出過山門一步，那有什麼難的？

在某一次運動中要批鬥侯寶林，他在臺上，人家要給他戴高帽，他自己帶著一個來，裡面裝著彈簧，一戴上去，一拉那條線，「噔」帽子就彈起來了。下面喊口號「打倒侯寶林」，他自己就趴下了──我已經躺到地上了，不能倒得再低了吧。鬥著鬥著，怎麼聽著他打呼嚕了，嗯？睡著了。沒有欲望的人就是可以這樣。如果你有任何的不平，你有任何想去對抗的心，就會被人揍得更慘、被人揍得更狠。身體不肯倒，不肯倒我給你「架飛機」；高帽不肯戴，不肯戴就給你做一個更重的戴頭上，對不對？

侯老那高帽，一拉「噔」就豎起來了，晃啊晃啊別人都笑了，就鬥不下去了。批鬥打呼睡著了，別人把他踢醒。啊，啥事？聽著。哦好，繼續聽。你總不能把他拉起來吧，你要把他打倒的嘛，他已經倒了啊。

之後下放勞動，和另一個說相聲的在一起，他們倆就在田頭說相聲，結果十里八里的人都不生產，都不幹活，都跑來聽他們倆說相聲了。最後生產隊就求領導說，「把他們收回去吧，我們沒辦法，不然這的人都不幹活了。」所以多開心啊！你不是要下放勞動嗎？好，我下去，你總不能管住我的嘴嘛，對不對？我又沒有違反政策，只是我倆喜歡說，那別人來聽，關我啥事？

人沒有欲望的時候，你是沒辦法摧毀他的。因爲他沒有欲望，他不拒絕任何東西。如果他還有目標，還想達到什麼，你就可以威脅他。爲什麼？讓他的目標沒辦法實現，就可以跟他討價還價了。他沒目標，愛怎樣都行，那你能把他怎麼辦呢？你往左推，他就往左靠靠；往右推，他就靠右邊上，你總不能殺了他吧？你殺了他也無所謂，人都會死的，反正他又不怕死，你還能幹啥？所以，「人至賤則無敵。」什麼叫至賤？就是這樣。你愛幹啥都行，俗稱賴子（無賴之徒），就這樣。

16.3 眾生皆苦，因為都在努力。但是沒人明白這點。有福之人只需這個教導，就解脫了。

「眾生皆苦。」一切有情，當你沒有明白這個究竟真我的道理的時候，我們就是眾生；明白了，你就是佛。但只要你還不明白這點，你就是眾生。只要是眾生，眾生就皆苦。爲什麼？連上帝都苦。他造了亞當和夏娃，他不想讓他們離開伊甸園，結果最後只好忍痛趕他們走，所以連上帝都逃不了「眾生皆苦」。爲什麼？都在努力！努力就是痛苦之源，目標就是痛苦之因。不管你這個目標是解脫也好、是享受也好，只要你有目標，你的痛苦就已經是註定的。

你以爲出家好，容易嗎？天天早上三點爬起來，吭哧吭哧，到晚上半夜還睡不好，這個經沒背好、那個咒沒念熟，不夠數啊！幾十年的地板磨出兩道印來，腳站的位置、膝蓋磕頭的位置都磨出印子了。苦啊！以苦換來未來的快樂，來生是會快樂一點啦，但是那個快樂同樣是苦的，因爲它是會結束的。這麼修出來的解脫，從來沒有的。「眾生皆苦，因爲都在努力。」那凡夫的苦更不用說啦，都以爲好不容易找了個對象，美滿的幸福就開始了，誰知道過兩天離婚了，有了個娃還不知道判給誰，還要負擔撫養費，苦啊。

「眾生皆苦，因爲都在努力。」只要有目標，有期盼，你就有痛苦，「但是沒人明白這點」。眾生都知道苦，但是他不知道痛苦的因是什麼——不知道目標是苦因，不知道努力是苦源。大家都以爲達到那個目標以後，幸福的生活就開始了，門都沒有！沒錢的人以爲有了一百萬就挺開心，等你有了一百萬，那煩惱更多，想一千萬；拿到一千萬，你就操心這一千萬保得住不，怕貶値，應該更好地投資，結果連覺都沒得睡了，還不如啥錢都沒有的時候。但是沒人明白這點。

「有福之人只需這個教導，就解脫了。」有福的人眞正明白這一點，不再給自己設定任何的目標，不再寄望努力去達到目標，他當下就解脫了。有什麼好努力的，對不對？當然人家就說，「你們在宣揚頹廢主義啦」，好吧，反正個人選個人的嘛。「有夢想才能有前途！」是的，成功的叫理想，沒成功的叫夢想，苦啊！

16.4 快樂不屬於別人，只屬於連睜眼閉眼都覺得麻煩的大懶人。

「快樂不屬於別人。」快樂不是靠別人給你的，如果是某人給你的快樂，他就可能把快樂收回去。人是會變的，永恆的愛情只存在於童話裡，不要太當眞。

「只屬於連睜眼閉眼都覺得麻煩的大懶人。」懶人有懶福，福報大的人不是家有千層的大廈，這些不是大福之人。大福之人是懶人，啥也不用幹，完全不需要努力，有福氣。「我銀行上存款是八位數，我房子是多大的，我車是什麼牌子的」，可是你看看他，滿臉愁容，心裡很苦。眞正的快樂，所謂的大樂，不是造作出來的；造作、所有的努力只能夠使你遠離快樂。當然我不是說小孩子不要讀書啊，該讀書的時候只能讀書，不然將來你連懶的資格都沒有。但是別到了七老八十還在希望繼續努力，爲將來的懶創造條件，恐怕將來沒條件懶了。等你有了錢、有了房、有了車，你想懶也懶不起來了，沒機會了，該死了。棺材裡躺的不一定都是老人，但死人是肯定的，活人很少躺進去。

16.5 心意從類似「這個已經完成」，「那個還沒完成」的對立中解脫出來時，就對修行功德、名利、愛欲和解脫都無期盼了。

「心意從類似『這個已經完成』，『那個還沒完成』的對立中解脫出來時。」心意，原文是「末那」，末那是思量。當我們所有的思量心，從「這個已經完成了、那個還沒完成」這種所謂的量化管理、量化的計劃、工作、未來等等等等，從這些對立中解脫出來時，也就是說，我們從此不再去分別過去、現在和將來，不再分別、不再建立新的目標，不再建立新的工作指標和量，沒有這些東西了，從它的對立中解脫出來時，就對修行功德、名利無期盼了。修行功德就是修行的功課，修行人也在算，我這個咒滿數了沒有，我這個法修了多少壇，修夠了沒有。名利有世間和出世間的：出世間人在乎的是，我名聲在修行人圈子裡頭好不好啊，有沒有名；世間人更注重這個人在這個社區裡、縣裡、市裡、省裡，是不是有名人物啊，在我們行業裡頭是不是行尊啊，諸如此類。

「對修行功德、名利、愛欲和解脫都無期盼了。」就是說對「有」跟「無」都無期盼。實際上，你去追求斷煩惱、追求眞如、追求解脫、期盼解脫，都是痛苦之源。這話說起來好像挺矛盾，但事實如此。因爲修行人的苦就是源於追求解脫，追求「了生死」。他認爲眞有生死可了，這邊世界不好，西方好，追求往生淨土。只要你有追求，解脫就跟你一點關係沒有。甚至你追求解脫本身，就不可能解脫。因爲你以爲解脫在你之外，在某一個特殊的，現在所謂的平行時空，那你就慘了。

16.6 厭惡感官對境的人是出離的。貪求之人是迷戀的。但不取捨之人，既不出離也不迷戀。

「厭惡感官對境的人是出離的。」這是什麼人？二乘人。佛教裡面所謂的二乘人，聲聞緣覺，他們認爲我們六根所對之境是染汙的，是必須被捨棄的，所以他們持戒、修習禪定。

「貪求之人是迷戀的。」貪求之人是指世間一般普通人。我們貪求五根的對境，就是五塵，色聲香味觸，貪戀種種的對境，這種人是迷戀的。一個是凡夫，一個是二乘。

「但不取捨之人，既不出離也不迷戀。」眞正解脫的人他不迷戀，同時也不追求出離。爲什麼呢？因爲他知道這一切不過是幻相。你喜歡幻相幹啥呢？是假的嘛。既然是假的，那你又從它出離什麼呢？對吧，你就是你，就好啦。不要被幻相騙，但是也不必討厭幻相。「不行，不能這樣;不行，我必須那樣」，好吧，繼續吧！不然怎麼辦？所有的念頭、所有的妄想，它是沒有力量、沒辦法傷害你的。我們都是把念頭當眞了：喜歡善的念頭、討厭惡的念頭；喜歡解脫的，討厭生死的，二乘修行人就是這樣。作爲世間人，討厭你們這些頹廢的，喜歡那些雞湯型的、上進型的，每天早上站在門前喊口號，「我們今天要達到目標」，「我們是充滿活力的」，反正很多花樣。

眞正有智慧的人，他不會迷戀這些，但是也不會討厭它，他只是一笑了之，沒啥大不了的，就看別人演演戲而已啦。你願意演就演吧，他在旁邊一句「苦啊」，呵呵。其實你不認可，不迎不送，不要加強它就好了。念頭也好、生活處境也好，一切對境都一樣。瞭解它不過是自性的幻現、幻化，不要被它騙。解脫不在其他地方，不是要離開一切對境或黏著那些對境，才叫解脫。這些都不是解脫。「我入定，我感覺空了，感覺到所有的人了，我化成光了。」什麼？誰知道這些？你知道啊。你知道你還是你。

16.7 欲求是缺乏明辨的溫床。只要還有欲求，就定然會有執著和厭惡，這是輪迴之樹。

「欲求是缺乏明辨的溫床。」我們所有的欲求，不管世間的也好、出世間的也好，只要你有欲求，你的智慧就沒辦法生起。它是缺乏明辨的溫床，爲什麼？因爲你的心被你的欲求所吸引，你的專注力被它所吸引。當一個人眼睛專注地看著一個東西的時候，他是沒辦法同時知道周圍的一切的。正因爲他沒有專注點，所以他才能通觀全局，可以明辨。但因爲欲求，你會有內心的導向，你會特別專注於與你欲求有關的所有資訊。因爲你想達到這個目標，會很自然地排除所有其他的資訊，所以這個時候你就會變得缺乏明辨，你的智慧不會開顯。因爲智慧不屬於思維、不屬於專注，有所專注的一定是不完整的，你會聚焦在一個點上。

「只要有欲求，就定會有執著和厭惡。」只要還有欲求，你一定會對達到這個欲求的順緣生起執著，而對阻礙你達到這個欲求的逆緣產生憎惡；只要你有目標取向，愛憎就必然會生起。爲什麼「人到無求品自高」？只要你有求，你說「我是平等的，沒有愛憎心」，鬼才信！甚至你還想成佛，還想追求一個所謂的成佛境界，你就會厭惡那些阻礙你成佛的人和事，對吧！你會接受他們嗎？你要想利益眾生，就會討厭那些傷害眾生的人，因爲他的行爲跟你的欲求不同。所以不要以爲自己有多麼高尚，只要你還有欲求，你的那個高尚就是選擇性的，是你認爲的高尚，懂嗎？

「這是輪迴之樹。」只要你還有欲求，解脫對你來講就是遙遙無期的。佛陀的「三解脫門」裡面也有無願解脫門嘛。無願解脫門廣義來講是不要有任何的欲求，因爲只要你還有任何欲求，各式各樣的欲求都會把你重新導入輪迴。

16.8 有所作為導致迷戀，斷除行為導致厭離。智者像孩子那樣不被二元法束縛，確實如此安住。

「有所作爲導致迷戀。」任何有所作爲必然導致迷戀。只要是你做的，「我拉的那泡屎都比別人香，我拉的！不信你試試。」自己拉的屎還是可以看的，看別人的屎，「哎呀！怎麼有屎？」這不都是屎嗎？家長都認爲自己的孩子是最漂亮的，明明那麼醜，就是覺得漂亮，爲什麼？我生的。只要是我做的，就會覺得比別人的好。所以以後跟老公不要吵架，想吵的時候就說「這是我選的，我嫁的」。嫌老婆不好，「我娶的」。沒人塞給你啊，這不是你自己娶的？不要吵。

「斷除行爲導致厭離。」「那好，我要出家，我要跟世間的所有人都隔斷關係」，這就是斷除行爲導致厭離。其實你討厭或喜愛一個東西都是一樣的，因為你把它當個東西。

「智者像孩子那樣不被二元法束縛。」確實如此。智者，眞正有智慧的人就像一個孩子。孩子不會執著什麼，也不會厭離什麼，他就是很天眞的，天眞爛漫隨遇而安。我們大人聽故事，聽了一遍，你再講第二遍，「哎哎，你講過了，換個新的」。你跟小孩子講十遍他還在聽，繼續聽，同一個故事對於他來講，每次都是新鮮的，他不會討厭。你換個故事他也聽，他不會執著：「哎，你昨天講的那個故事好，聽你繼續講那個」，他也不會，你換本書講他也可以。孩子不被愛恨等等這些東西所束縛。你剛打完小孩，他哭完就又親熱地喊「媽媽」。他不會說：「你揍我，哼！等著，等我長大了揍你。」所以一個智者應該像孩子那樣不被二元法束縛。不是說他年齡小，而是說他心態已經恢復到可以接受一切，他不再認可一切、也不再拒絕一切。對於他，就是隨遇而安。你叫他躺著，那就躺著；你叫他起來，那就起來。反正你該幹啥幹啥吧，就是這樣。

「確實如此安住。」有人問：「師父，師父，怎麼樣安住自性？怎麼樣保任？」你保任啥？像孩子那樣吧，叫保任。怎麼樣安住自性？像孩子那樣吧，叫安住自性，該啥啥吧。總有人問，「我要每天打多少坐才能保任？」你保個鬼，捏一個境界出來以為這叫解脫，那不是胡扯淡的事情嘛。所以，「確實如此安住」。

你就是你，不要再去討厭什麼，不要再去喜歡什麼，只是一種純然的接受。不是說疼的時候不叫啊，疼還是要叫的，生病的時候還是要吃藥的。你不討厭生病，但是並不等於該治病的時候不治，都要接受。「確實如此安住。」

16.9 迷戀世間的人為了免除悲苦而想棄世。然而，無任何迷戀的人離於悲苦，即使在世間也不感到苦。

「迷戀世間的人為了免除悲苦而想棄世。」很多人剛開始非常迷戀世間，後來發現太苦了，就想乾脆出家吧，或者乾脆到山裡頭去弄個小房子，包上二十畝地。世間就是三世，過去、現在、未來，三世和各種存在。只要我們心裡還迷戀過去、現在、未來，害怕死亡、害怕這些覺受的話，那麼就會爲了免除悲苦而想棄世。這些人甚至連修行都是爲了不要再在人間受苦，爲了離苦。他們的棄世，跑到山林裡也好、或者到寺廟裡出家也好，都是爲了免除現在和未來的痛苦。然而，這種爲了避苦、爲了免苦而去修行的人，他們實際是認同這種身心存在的，才會希望這個「我」能夠免苦。

雖然你想棄世，但跑得了和尚跑不了廟。你從城市逃到山區，你看中國人畫國畫都是山水，戴個斗笠坐個小船，兩人在那兒，或者找個茶亭坐在那裡，文人畫都是那樣的。爲什麼？他們都還在官場，但他們心裡都想那樣。可是等到了山裡，他們又憤世嫉俗地議論朝廷：「那幫吃肉的沒一個懂事的。」所以沒有人眞的能夠離於悲苦。

「然而，無任何迷戀的人離於悲苦。」如果是一個眞正具足出離心的人，他並不是要從這個世間逃到另外一個地方去。他沒有任何迷戀，是因爲他不認同於我們這個五蘊身心，他不認爲有一個「我」在這裡受苦，也不認爲有一個眞實的輪迴在這裡折磨我們。這種人是能夠當下即從一切痛苦中出離的。他不需要從這個世界逃到另外一個世界，不需要躲到一個沒有人的環境裡頭，躲到寺廟、山林裡去，他是不需要做這種所謂的出離的。

「即使在世間也不感到苦。」眞正的智者，哪怕在世間也不會感到苦。而不是說一定要去到什麼地方，我就離苦了。你放心，到雪山你還是苦。那個時候，「怎麼那麼無聊啊，好久沒人來看我了，下一頓的糧食到哪兒找啊？血壓高了怎麼辦啊？我還有糖尿病，沒有藥啊，腰扭傷了沒人幫忙按摩啊……」對不對？「哎喲，晚上這狼叫喚呢，怎麼辦呢？哎呀，最近下雨下了好久了，這房子有點漏，一股霉味怎麼住啊，有蛇啊！有蚊子啊！……」事兒多著呢。所以你逃，往哪兒逃啊？

有本事的話，坐在十字路口也很安靜，十字路口好打坐啊！當然打坐都已經是多餘的了。眞正解脫的人在世間，也沒有所謂的痛苦。因爲他沒有一個前提說，我應該怎麼怎麼樣。他仍然可以像普通人一樣生存於這個世間，可以有世間的責任，扮演任何角色，甚至是國王，都沒有問題；或者是專注於修行，都可以啦。因爲他知道，他的一切運作都是道的展現，他只是一個管道。這個時候不管他做什麼，生殺予奪都不是他在造作的。所以他並不需要逃離這個存在，而去趨向另外一個存在。如果你認爲解脫是在另外一個空間、時間的話，那不是眞正的解脫。任何能夠被你覺知到的狀態、空間、時間都在生滅之中，都是我的展現，雖然有清淨、不清淨之分，但仍然是變易的。

我們現在凡夫是「分段生死」，有生老病死，下一世再來生老病死，這叫分段生死。當你超越了這個，已經證得意生身的時候，就沒有生老病死了，但還有初地、二地、三地，初果、二果、三果，這種地地增上的，這叫做「變易生死」，你仍然逃不脫變易生死。所以解脫就是要從分段生死、變易生死這兩種生死中徹底地解脫出來。無有任何迷戀的人，他不會再有目標，不會再需要任何努力，不再與這個五蘊身心認同，所以分段生死束縛不了他，因爲他根本就沒有認同要經歷這個分段生死的五蘊身心。同時，變易生死也約束不了他，因爲他沒有要從幾地升到幾地，要有什麼樣什麼樣能力的展現，沒有這些了。初發心瞭解這點就解脫了，到了十地菩薩才瞭解這點，就太遲了。他知道這一切無非是道的展現，知道「道」是無垠的大海。至於他自己是以冰的方式展現、以水蒸汽的方式展現、還是以波浪的方式展現，他已經完全沒有任何的期盼了。他知道全體大海才是他。

16.10 對解脫有自我感，覺得身體是自己的，不是智者也非瑜伽士。他只是在受苦。

「對解脫有自我感，覺得解脫是自己的。」以爲有一個「我」，認爲自己是一個個體，是一個獨立的、輪迴中的眾生，是要修行而達至解脫的，這樣就叫做「對解脫有自我感」。這種人覺得身體是自己的，解脫是我掙來的。現在很多人在練轉周天啦、三脈七輪啦，「喔，我開頂了。」誰？「我開頂了！」頭上插根草，覺得身體是自己的。

「不是智者，也非瑜伽士。」這些人不會有眞正的智慧，也不是修相應之道的。瑜伽士是指修相應之道。

「他只是在受苦。」這是專門說給修行人聽的。每天早上起來就是念經念咒，吭哧吭哧地禮拜磕頭，上供祈求解脫……你這輩子修行是個啥？只是受苦，跟解脫一點關係沒有。爲什麼？因爲你認爲有一個憑你的所作所爲而達至解脫，怎麼可能？你的所有這些所作所爲可以升天，但解脫？沒份。我不是說不好，升天還是可以的，上去還可以享享天福啦，但是又怎麼樣呢？天福會用盡的。可以往生極樂世界，到了那裡卻聽到別人說，娑婆世界才是修行的地方，好好回去努力吧！又得回來。累不累啊？跑來跑去的。搞不好還得先坐個幾億年蓮花監獄[35]，坐在花苞裡出不來，聽著外面「南無阿彌陀佛」聽個幾億年……罪過罪過！阿彌陀佛大慈大悲，大人海量啊！聽我們這麼說別笑話我們。

16.11 就算濕婆、毗濕奴或蓮花中出生的梵天來教導你，除非全忘了，你無法安住自性。

換句話說，哪怕佛陀親自坐在你面前，給你講經說法，除非你全忘了，不然你不會解脫。你們一個禮拜來聽課一次，除非哪天你們把我講的全忘了，你們就解脫了，眞的，我不騙你們。以後你們把我現在講的

35　往生西方極樂世界的眾生，有的因為仍有疑惑而會投生到極樂世界的蓮花苞之內，一如人間眾生需要在母腹中等待降生一般。蓮花苞開放有遲有速，上品上生，旋即就開，不用等待。上品中生，則要經一夜才開，上品下生，要經一日一夜。最長的是下品下生，要經過十二大劫。西方極樂世界中一日夜等於娑婆世界一大劫，據《大智度論》的算法，也就是13.44億年。所以，對於等待最久的下品下生而言，需要在蓮花苞中等待161億年。

全忘了，你們就快畢業了。而且把你們日常生活中所關心的，最好也都忘了。不然你把那些都記得，把我講的都忘了，我包你更慘！這可是大實話啊！臨死的時候，你可別說我還記得師父說過哪些話，到閻王爺那裡跟他對臺詞去，那不行，最好都忘了。這是究竟解脫之道，這就是聖人的教授。

所以佛陀臨入滅的時候，很慈悲地對他的弟子說：「從我開悟那一晚上，到我現在入涅槃這一晚上，這四十九年我沒說過一句話啊，你們別把我講的話背下來，沒用的。」他很慈悲。如果你不忘掉這些，解脫跟你沒啥關係。因爲這都是我說的，關你啥事？你就是你啊。再多的智慧、再多的語言不會增加你一分，再多的罪惡、再多的苦痛不會減損你一分。要認得那個本不生滅的你，要認得那個究竟大樂，要認得那個究竟的解脫，除此以外沒有別的。

不要向外求，說什麼「我會念咒！我會背多少本經……」有很多經典和故事講到，有人死了到閻王爺那兒，閻王爺問他修了多少年，「啊，我會背兩部經」。到時候一背，「嗯，不錯，你可以重新回去做人了。」那也不錯。「我這輩子就念這部經。」──可以的，下輩子你還可以繼續做人，恭喜恭喜。你們還想以後繼續做人的話，現在抓一本經背會它，很簡單，《心經》268 個字，背熟它。死後跑到閻王爺那兒一念，一定回來做人，還能當出家人。但解脫？免了。「要是下輩子我就解脫了呢？」只要解脫還在未來，就跟你沒啥份兒，沒啥關係。下輩子？再下輩子吧！有希望啊。

弟子甲：師父，我看到有些上師說，臨終時候要憶念上師，以及上師這輩子說過的教言。

師父：對。

弟子甲：那他們說的解脫是……？

師父：那種解脫就是說，你下輩子還能做人啦。因爲到那個時候你只靠憶念這個的話，你還承認是你在死，那麼解脫關你啥事兒啊？對不對？既然你解脫不了了，就想想上師吧，眞的有用哦。你說的這種教授，第一，我不知道他們懂不懂什麼叫解脫；第二，他們是告訴你怎麼樣能下輩子增上生，明白嗎？起碼你能夠做到增上生。因爲他們這輩子沒有完成讓你瞭解徹底無我，瞭解死的那個不是你，也沒有死的那個過程，所以你只好再來啊。既然你要來了，那起碼給你張門票吧，給你張直通車票吧。上師總不能教了你一輩子，連張車票都不給你吧，這也太過分了。

弟子乙：眞的解脫，是閻王爺也見不到。(眾笑)

弟子甲：「增上生」是指增什麼？

師父：下輩子比這輩子過得好，就叫增上生。

弟子甲：過得好是指什麼？

師父：就是你比現在更有錢，比現在更聰明，長得比現在更漂亮，老婆也比現在的更漂亮。增上生就是比你這輩子好，增上就是更棒，叫「更棒生」吧。說簡單一點，就是你下輩子比這輩子活得更漂亮，下一輩子起碼比這輩子好。

弟子甲：這個增上指的是世俗的福報福德嗎？

師父：出世間能增上嗎？諸法實相中還能增上嗎？能嗎？不能。那就只能談世間了。不過你得眞的相信不能，不然的話只是嘴上說說而已。

不要緊，別信我的，還是信的你上師吧！他們說得比較準、比較靠譜，我說的不太靠譜。所以你知道人家管我叫什麼嗎？老瘋子。

你們有正規的道走，走正常道，好好聆聽上師言教，正念三寶，憶念上師，憶念他的教授，這是對的。我這叫瘋言瘋語，出語錄集就叫瘋言瘋語集。後人看到就說，喔，這個世間曾經來過這麼一個老瘋子。哈哈哈哈。

第十七章

真正的了知者

什麼是眞正的了知者？眞正的了知者，自性之獨存。

八曲仙人說：

17.1 收穫了真知以及瑜伽修習果實的人，他是滿足的，感官清淨，樂於獨處。

眞實地聽聞了究竟了義的人，以及收穫了瑜伽修習果實的人……這裡指的是智慧瑜伽，只有智慧瑜伽才能達至眞知。瑜伽有很多種，有體位瑜伽、事業瑜伽，有其他的各式各樣的瑜伽。在所有的瑜伽中，智慧瑜伽是最高的。瑜伽的果實不一定都能達到眞知。就像事業瑜伽，可以達到無我，當然也是很不錯的了。體位瑜伽是呼吸法，可以現起各式各樣的神通，可以食毒物而不受毒，可以長生、延壽。但只有智慧瑜伽可以讓你達到究竟的眞知。

「收穫了眞知以及瑜伽修習果實的人」，他有什麼特點呢？「他是滿足的。」很多人都說，「我也很滿足啊」，吃飽了飯就去玩就去睡覺了，諸如此類，這是眞的滿足嗎？你如果眞的滿足了，你會坐在那裡一天都不動一下念。這叫滿足了。男人爲什麼要抽菸？不滿足，感覺不到自我；女人爲什麼要找人打麻將、跳舞？不滿足。實際上眞正滿足的人是極罕見的。只有眞正了知了眞知和收穫瑜伽果實的人，他能夠眞正地放下身心、放下對自我的認同，他才會眞正地達至滿足，因爲他已經眞正地無求了。他知道，五種感官能求到的，都是轉瞬即逝的。包括我們的身體，是沒有永恆的，都會壞、會死的，所以他也不會再去要求堅固身體，對各種感官的刺激已經不再需要了。這樣的人才能說，他是眞正地滿足的。

你們不要以爲學了佛的人就滿足了，學佛的人其實不滿足。「我要求往生啦，我要禪修達到什麼樣什麼樣的境界啦。」滿足嗎？不滿足。爲什麼？因爲我們爲自己設定的境界、目標沒有達到，你現在還在這裡嘛，在沒有咽氣、眞正往生西方之前是不滿足的嘛。就更不要說凡夫啦，對吧？凡夫連做夢還在買房子，還在投資股票，還在去找對象，還在想更多地生兒育女……諸如此類。所以眞正滿足的人是很罕見的。「我成菩薩了，我要上求佛道」，你還是不滿足，你還有佛道可求；「我要下化眾生」，你還是不滿足，滿足的人哪有眾生可度呢？了知眞知的人哪有眾生可度？所以，「不見一法即如來」。了知一切如幻，才能眞正地滿足。

「他是滿足的，感官清淨。」其實我們每個人的感官，法爾如是，都是清淨的。可是我們不能接受這種清淨，忍受不住清淨，耐受不了那種無聊。我們要找好的去看，找好的去穿，找好的去吃。我們的感官就被這種聲色犬馬奴役著，還覺得很過癮。「閑得無聊，我們去看電影吧，最近又上什麼大片了。」「哎！最近那部韓劇不錯呢！」對吧，感官怎麼清淨？清淨不了。因爲我們忍受不了它的本來清淨，我們必須找點什麼去折騰它。所以只有得到眞知的人，他的感官才能眞正清淨，才能「樂於獨處」。

眞正有幾個人耐得了寂寞，耐得了孤獨呢？「太無聊了！打個電話看那個誰在不在？」「好久沒看某某人的微博了，上去看看。」忍受不了眞正的孤獨，沒有辦法獨處，沒有辦法面對自己，沒有辦法面對那個什麼都不是的。我們必須找一些什麼東西，找根菸叼叼，找杯茶喝喝。有的人把自己關在房子裡關個幾年，「我獨處了」，待在裡面忙著念咒，忙著觀想。一個人好好的不行，「我得再想個菩薩來陪我玩，想個佛出來給我加持加持。」基督徒想見上帝、想見耶穌，佛教徒想見佛菩薩。

所以什麼叫獨處？一切無求了，佛現前都敢拔劍而起，那叫獨處。所以佛菩薩爲啥見了禪師都躲得遠遠的？免得挨揍。對於一個人，你只要看他能不能面對獨處，能不能眞正地放下一切五欲的追逐，你就知道他眞的知道「道」了嗎？！有的人嘴巴上很溜，但就是不能獨處。所以你們也要看看自己，能獨處嗎？

17.2 殺賊者！了知真理的人在世間從不感到痛苦，因為整個世界只是充滿了他自己。

「殺賊者」在佛教裡面稱爲阿羅漢。殺賊者，也就是眞正破除了假我的人，破除了 ego（自我）的人，斷除了一切煩惱的人。

「殺賊者！了知眞理的人，在世間從不感到痛苦。」肚子疼他都不知道嗎？他知道，但是他心裡沒有痛苦，不會抱怨「今天怎麼肚子痛了」。

「因爲整個世界只是充滿了他自己。」他知道一切無非是覺性的展現，一切無非是眞我的展現。所以他不會拒絕任何東西，不會拒絕痛苦，也不會拒絕快樂。

他與我們有一個根本的不同：世間人總是避苦趨樂，我們有喜歡的、不喜歡的，有接受的、不接受的，我們永遠活在二元對立之中；而眞正的智者，他是沒有二元對立的——他不見離開他之外別有一切存在，所以他接受一切。他接受快樂，同時也接受痛苦；他不見有快樂，也不見有痛苦。因爲一切展現對於他來講，都是平等的；因爲他知道整個世界都是他自己，都是他的展現，所以他不拒絕任何東西。

17.3 正如大象不喜歡苦楝樹葉，而喜歡乳香樹葉。喜悅於自性的人，感官對境從來無法取悅他。

大象是比較挑食的，牠吃好吃的，不好吃的牠不要。所謂了知自性的人，不一定喜悅於自性，他在這裡聽完課，回家去照樣陶醉於世間五蘊，這種人一大把。這裡說的是，他不但了知自性，而且喜悅於自性，別的東西他不要。這種人就像大象，只吃乳香樹葉而不吃苦楝樹葉。所以明白自性而且喜悅於自性的人，五官對境，也就是色、聲、香、味、觸這五塵，是沒辦法取悅於他的。

那我們只需要檢查一下自己，還貪著於美色妙聲、好的服裝、美好的食物，還在乎這些嗎？如果你還被五塵、五欲所吸引，那你再說「我瞭解自性」怎麼怎麼樣，都是大話，這是見鬼的事情，騙鬼可以啦。因爲你要這個，就要不了那個，魚與熊掌不可兼得。你只要看自己平時生活的眞正重心投向哪方面，就知道了。聽聞只是一個機會，但是你自己內在的選擇非常重要。你是要選擇自性，還是選擇享樂？你是要追求感官對境，還是要安住自性之中？結果是不一樣的。

17.4 經歷過的享受不留印象，未得到的享受亦不追求。如此之人世間罕有。

「經歷過的享受不留印象。」我們每個人無量劫來，福德所召感，多多少少都會經歷過一些很美的享受。「十幾年前那泡茶好啊，我至今再也找不回那種口味啦。」「我那次在哪裡哪裡吃了個山珍，眞美啊！」很多東西耿耿於懷，什麼時候曾經在哪裡見過一個非常漂亮的美女，到現在閉著眼睛還能夠想像出她的花容月貌……能做到經歷過的享受不留印象嗎？

「未得到的享受亦不追求。」這更難。其實眞的沒追求了嗎？自己捫心自問。我們爲什麼努力，我們希望追求更好的生活環境。那些修行人很努力地持咒，很努力地禪修，爲什麼？期盼著得到那種超越的體驗，宗教體驗，大家都在追求。誰能做到未得到的享受亦不追求呢？不思念過去，不期盼未來，每一個當下也不要安住。因爲每一個當下都在剎那剎那地流失，而眞正的你超越現在、過去、未來。「如此之人世間罕有。」道理我們都在聽，但誰這樣做呢？「我希望更健康、更富有」，「我懷

念當年的青春 」……我們多多少少都在追求，對吧？這就是生死凡夫。

17.5 世上有渴望世俗享受的人和渴望解脫的人。罕有不渴望享受也不渴望解脫的聖雄。

「世上有渴望世俗享受的人和渴望解脫的人。」世上的人不過就兩種，有的人追求享受，有的人追求解脫。追求解脫已經很不錯了，人群中千分之一或萬分之一，大部分人都是追求享受的。但別高興得太早，你以爲你追求解脫很了不起嗎？

「罕有不渴望享受也不渴望解脫的聖雄。」只有對享樂和解脫都不追求的人，才可以稱得上是聖人，眞正的超越了一切。

爲什麼要追求解脫？當逃兵。打不贏了，我跑總可以了吧？並沒有超越自我。如果沒有自我，你逃什麼啊？對不對？「罕有不渴望享受也不渴望解脫的聖雄。」這種人比神、比耶穌這些都厲害呢，後者還不配做聖雄呢——「信我者上天堂，不信我者下地獄」嘛，這是基督教基本的兩條路。所以，我既不渴望下地獄，也不渴望上天堂，你把我怎麼辦呢？呵呵。

17.6 罕有心靈開闊之人既不貪著也不回避善法、名利、愛欲、解脫以及生死。

這種人非常少，他「既不貪著也不回避善法、名利、愛欲、解脫以及生死」。這個善法、名利、愛欲、解脫是印度教提倡的人生四大目標。眞正心靈開闊之人，了知自性之人，不但了知而且他確實知道，自性是唯一，他的心與自性相應。所以他不貪著善法、名利、愛欲、解脫以及生死，同時他也不回避善法、名利、愛欲、解脫以及生死。不貪著已經很不容易了，更難的是也不回避。所以大隱隱於朝，廟堂之上；中隱隱於市；小隱隱於山裡。

我們一般人就是貪著善法，我們要放生啊，我們要去供養啊，做個善人，說好話、做好事、起好念頭。這叫什麼？貪著善法。那你行善必然感得名利，世間出世間都會越來越順，很自然啊。更進一步就是貪著解脫咯……都是貪著。能夠做到不貪著這些就已經很不錯了，還能夠做到不回避這些。因爲他瞭解一切法畢竟如幻，所以隨緣。行善就隨緣，自然就有名利。

菩薩不懼名利的。爲什麼？他正因爲有這樣的名，有這樣的利，他可以做更多的善事，可以號召更多的人來做同樣的事情。所以小菩薩希望做事不留名，大菩薩就不怕留名，「就是我幹的，怎麼樣？」能夠不回避名利，不回避愛欲。受具足戒的人，一見了異性，跑啊！好像看到老虎一樣。菩薩呢？來來來！多多益善。

《維摩詰經》中有個事例，持世菩薩閉關，魔王波旬變成帝釋天的樣子，帶了一萬二千魔女就想壞他的法。但是持世菩薩看不出是波旬，還說：「哎呀！我們比丘不能受啊，這個不如法啊。」維摩詰說：「唉！別上當啦，那個不是天王，是魔王啦。不是要給嗎？不怕，統統給我。他是出家人，我在家人，統統給我，都給我。」一萬二千魔女，都是非常美，不然哪有資格做魔女啊。他統統收歸門下，教她們發菩提心。魔女們說：「哎呀！聽了這麼好的教法，不想回家了。」「不行啊，你們要回去。你們要身在魔宮弘揚正法。」維摩詰給人家安排這種反間計[36]。菩薩就是這樣不同，各種狀況，多多益善，不怕的。

解脫在哪裡？有的人說：「今生我努力努力，死了以後怎樣怎樣，我就解脫了。」什麼？解脫在你死了以後？那就不必談解脫。解脫一定是在每一個當下，解脫一定是現在的。死了那叫死了，那跟解脫沒關係。所以眞正的聖雄是不會回避生死的，沒有什麼好恐懼的。他知道一切畢竟如幻，而且所有的解脫也好，生死也好，平等平等——一切無非都是你的展現，在你之內，知道就好了。沒有什麼好恐懼，沒有什麼好貪戀

……………

36 見《維摩詰所說經》第四品《菩薩品》中持世菩薩所述章節。

的。

17.7 有福之人既不渴望宇宙消融，也不厭惡其存在，因此無論生活如何，都快樂地活著。

眞正有福的人，不是在那裡盼著早死，以爲死後就解脫了。只有那些對眞我、對究竟諸法實相產生了誤解的人，才會以爲一了百了，才會去追求所謂的肉身的消融、宇宙的消融。那是學壞了，學錯了。佛教歷史上有很多非常極端的例子，有很多人自焚，南北朝、魏晉的時候都有。唐朝那時候，大廟裡隔三五年就有人坐在柴火堆上把自己燒了，完了萬人敬仰：「某某高僧今日圓寂」。活著燒哎，好可悲的，以爲這樣可以升天，這樣可以往生，這樣可以怎麼怎麼樣。以爲這樣在供佛，這是拿活人祭啊！愚蠢得不能再愚蠢了。

所以，「眞正有福之人既不渴望宇宙消融，也不厭惡其存在」。這才是眞正有福之人。既然你在玩遊戲，爲什麼不把它玩完呢，有什麼大不了呢？看電影的時候，你總不會在電影院知道是在看電影了，就馬上退場吧？你花了錢，買了票，好不容易坐進來了，看完它唄，對不對？「唉，原來是電影，不是眞的，好，我回家。」太蠢了吧。所以有智慧的人，知道這是場電影，他也開心地看完它，不會急於離場。因爲你離場也退不了票啊，沒人給你錢啊，白跑一趟。所以，「無論生活如何，都快樂地活著」。窮日子窮過，有錢就有錢過。要餓死了，還要很開心地看著自己怎麼餓死的，那叫本事。眞的，那才是眞正的有福之人。

17.8 由此真知而圓滿之人，心消融而滿足。智者看、聽、觸、嗅和嘗，快樂地生活著。

「由此眞知而圓滿之人，心消融而滿足。」當你知道了眞我，知道你本來圓滿、當下解脫，這樣的人，他的分別心消融了。其實現代也好，古代也好，眞正障礙我們的是什麼？分別心。比，跟人比，跟自己比，總之我就是要比。當然了，所有的感受如果沒有差異，兩個感覺沒有差別的話，是不會了知到這兩個感覺的。你怎麼感覺到鹹？起碼有一點點鹹味，跟你平時感覺到的淡有點差別，「哎，這個是鹹了。」聞到一股香飄來，跟沒有聞到香之前有差異，你就知道，「哎，很香！」任何東西被你感受到一定源於差異、分別心。當你的分別心沒有的時候，你永遠都是滿足的。

不使用分別心，這不是說你的分別心就沒有了，變成了個傻子。誰說修道變傻子的，對不對？只是你不會再聽命於分別心，不會受它所奴役，而分別心只是成為你生存的一個工具，這時候就是 O.K. 的。不是學了佛，連善惡美醜都不知道了，那誰敢學啊？只是你不被它騙了。「心消融而滿足。」分別心消融了，你自然就滿足，你不再去追求那種差異。其實我們都在追求差異，對吧？追求那種比較。當你真正心是滿足的，你已經不在乎它有任何的差異。

所以「智者看」，智者照樣看著而不是瞎子，他看，但是他沒有說是他在看，只是看。中間沒有一個看者。「聽」，他也不聾，各種聲音比如後面那個呱呱呱，你也在聽，講課的內容你也在聽，你都接受，哪一點也沒少，對吧？「觸」，碰觸。都可以。你的五根都是開放的，而不是關閉的。對於那些世間的人，他們的五根當然也是開放的，但他是拚命向外追求的。二乘人的五根是關閉的，是完全拒絕外界的存在的。而只有真正的智者，他的五根開放，但同時也不會向外去追求任何東西，他只是法爾如是地在那。

「嗅和嘗，快樂地生活著。」因為人的心只有到了無求的時候，它才回到了家，它的本質自然會開顯。我們心的本質，就是大樂。喝醉了是狂，那不是樂，你不要把狂跟樂混到一塊。樂一定與寧靜相應的，如果沒有寧靜那是傻樂，呵呵呵呵呵呵……那是傻，那不是樂。所以你要分得清，什麼是傻，什麼是真正的快樂。我們都把相對小的痛苦當作是快樂，我們追求刺激。其實真正的快樂不是由刺激來的，是法爾如是，是你的心的本質，是眞正的你。只有當你從這些感官對境中解脫出來的時候，你才是眞正快樂地生活著。

我們很多人不能叫做「在生活」，我們只能說「活著」而已。你的心被所有的東西所奴役，談什麼快樂？我追求快樂，你追求到了嗎？沒有。「我希望……當我錢足夠多，時間足夠多，我就會快樂了。」結果追求了一輩子，錢也不夠多，時間也不夠多，因爲你發現一件事還沒做完，下一件事已經在那裡等著你了。什麼叫夠多？沒有。努力了一輩子，回頭看看，你達到什麼目標了？你的目標眞的給你帶來快樂了嗎？沒有。

17.9 對於輪迴大海已枯竭之人而言，沒有貪愛或厭惡。他的眼神是空的，行為沒有目的，感官不起作用。

這是一個標準。「對於輪迴大海已枯竭之人而言」，這就是所謂的「最後生」。就是說他這一輩子，將是他所有輪迴生命的終點站。對於這種人，他已經沒有貪愛和厭惡。所以不用問：「師父，我現在學得怎麼樣了？我現在修得怎麼樣了？」回頭捫心自問，還有多少貪愛，還有多少厭惡，還有多少看不慣，還有多少求不得？想一想。

「他的眼神是空的。」我們都知道，眼睛是心靈的窗戶。解脫者的眼睛是空的，沒有聚焦的，他不需要任何的專注。他看，但是沒有任何好專注的。你看著他，就好像他永遠都在看著虛空一樣，他的眼睛是深不見底的。聖者的眼睛永遠是空的，你往裡看，看不到盡頭，因爲他永遠在看著，他是沒有焦點的。有些老人對自己的後代很失望，或者當自己的生活沒有什麼指望的時候，也眼神空洞地坐在那裡，但是他的眼神是呆滯的，而不像那些聖者，聖者的眼睛是空靈的。

「行爲沒有目的。」我們被訓練得非常有目標性和指向性，我們不會浪費任何動作，不會浪費任何時間。我們去做任何事，都會考量它所獲得的利益。眞的，你仔細想想，我們每一天從早上起來，就在不斷地計量，今天要幹啥？「我要去見某某人」，你絕對不會去見一個跟你一點關係都沒有的人。而對於聖者來講，他們的行為是沒有目的的、沒有目標指向的。

五明佛學院有個大堪布，當年晉美彭措法王正在主持法會，有隻鳥飛到堪布前面，他就站起來去抓鳥。那隻鳥就飛，他就追，追了三天三夜沒抓著，回來了。法王跟大家說：「你們別學他啊。」（大笑）那個人是個聖者，大喇嘛。在五明佛學院那邊，他只負責教大圓滿，別的事他啥也不管。瘋瘋癲癲的，他的行為沒有目的。當時那隻鳥吸引了他，他不斷地追，追到最後也沒追著。很開心的。

弟子：他這不是也有分別心嗎？喜歡一隻鳥就起來追牠。

師父：他的分別心跟你的不一樣。聖者平時沒有心，他突然看到一隻鳥好看，就……跟你現在的分別心不一樣。你會分別，你馬上會算，「哎喲，它都飛了，我反正追不上」，你馬上就會回來了。而且你馬上會分別，「哎喲，這是法會，法王坐在上面，這怎麼好意思去追鳥？」（眾笑）他可是坐前排的大喇嘛，哈哈，對不對？很開心。懂嗎？所以聖者，他沒有那麼多愛面子的事，不會考慮說現在是什麼場合，什麼事可以做、什麼事不可以做。他沒有心，當他的心現前的時候，他要做這事，那就是該他做的事，懂嗎？哎，所以不一樣。

「感官不起作用。」這種聖人，他的感官對他來講，已經沒有限制了。像我們則會馬上判別，可以看這個，不可以看那個。很多事情，一般的學佛者不敢做，「非禮勿視，非禮勿聞」。所以，聖者的行誼不是凡夫可以測度的，因為他已經沒有了所謂的「羞恥心」，沒有所謂的「恭敬心」。他們只剩下開心，快樂地活著。

弟子：師父，您剛才說的這個分別心，其實聖者還是能感覺到善惡，有個好壞的，但是他不讓分別心來主導對不對？

師父：你還感覺到有善惡、有好壞，你就一定是只作善不作惡。

弟子：他連善惡都……分不清？

師父：善惡是什麼？什麼叫分不清？首先我問你，善惡是哪兒來的？

弟子：那還是假我這個思維層面……

師父：對。善惡是哪兒來的？善惡是我們人類自以爲是，安排出來的，沒有眞的善，O.K.？當然，「非禮勿視，非禮勿聞」。你們在單位嘛，在工作嘛，所以還是要循規蹈矩的好。我們在這裡講什麼呢？在這裡講的是，眞正解脫之人的行誼，解脫之人是不受世間的道德禮儀約束的。如果你還被這些約束，那麼談解脫，不過是一種奢侈品、一種自以爲是。所以像這樣的人，連那些大活佛、大法王見了都怕，因爲他不守規矩，很開心，跟這種人生活在一起是很開心的。對他們來講，「感官不起作用」。已經沒有什麼特別的東西能夠吸引他了。其實語言沒辦法說清。他就像一個孩子，眞的就是像一個孩子，純然憑他的天性而活，已經沒有世人那種所有的規範、規矩。所有的這些約束，他自然都沒有。小孩要往地毯上撒尿，你不讓他撒，他哭，他憋不住。所以那些解脫的聖人跟孩子是一樣的，已經完全超越了，眞的是愛幹啥就幹啥。因爲他知道一切這些行爲是虛妄的，他是眞的到了那步。得是眞的啊，不能半解脫。你裝出來的就不是解脫了，就麻煩大了，就結業了。

17.10 智者既不是醒著也不是睡著，既不是睜著眼，也不是閉著眼。阿吠，解脫的心在一切中享受究竟之境。

什麼是智者？如果是這疙瘩肉，是這個識心，那當然不是醒著就是睡著，不是睜眼就是閉眼。他也不是半睜半閉啊。什麼是智者？眞我啦！眞正瞭解眞心而以眞我爲我之人，他已經超越了世間的醒、夢、睡。這個肉體當然有睜眼、閉眼、醒著、睡著，他不會再以這個爲他。我們很在乎這個身體的感受，我們努力地去保存它、愛惜它、養護它，希望它能夠健健康康，長久住世。這個不怪你，因爲我們畢竟習慣於與這個身心認同。不與身心認同哪有「我」呢？

爲什麼睡著的時候就沒有「我」，醒來就有「我」呢？因爲醒來時，你能夠感受到身體了。夢裡爲什麼有「我」呢？因爲你可以感受到夢中的那個存在。所以「我」一定跟感受、認同相對應的。智者呢？「解脫的心在一切處享受究竟之境。」一切處、一切時，無非是究竟的，都是圓滿的，都是諸法實相。他不去追求一個將來的發生，他不會設定一個什麼樣的情況才是解脫。一眞一切眞，無非是這樣。

17.11 解脫者於一切處時因緣皆安住自性，於一切處時因緣皆無垢染，他遠離一切業習，於一切處時因緣皆都閃耀。

在一切處，一切時。而不是在法座上、在蒲團上就安住自性，到了工作就不管了。就算在上班，我們也應該瞭解一切是眞我的展現，而不是個我努力的結果。但我們不是這樣的。上班時我們認爲這個工作是我做出來的，就更不必談安住自性了。

弟子：在夢裡、深睡無夢的時候怎麼安住自性啊？

師父：你不打妄想就安住自性了。在夢裡的話怎麼安住自性。在夢裡如果你已經夢得七葷八素，那就七葷八素吧。夢本身也是自性啊，對吧？就像你看電影的時候，就知道看電影是假的啦，知道是你在看啦。這裡說的是智者。不用去說做夢和深睡無夢，就白天你安住了自性多少？你安住自性嗎？你無求嗎？不活在過去嗎？如果我告訴你，你今生去不了極樂世界，你不煩惱嗎？煩惱吧。那你還談什麼安住自性呢？就白天你也安住不了，還去談夢裡，還去談深睡無夢，能行嗎？就像當年佛陀的弟子去托缽，維摩詰說：「你得告訴我，六師外道是你師父，他們下地獄，你也跟著一起下。你承認了，我就給你這缽飯。」嚇得那弟子寧願缽都不要，就跑了[37]。所以，怎麼安住自性？你於一切時，活在當下，連夢裡你也能活在當下，你就安住自性了。能嗎？我現在對你說是白說。

37 出自《維摩詰所說經‧弟子品第三》。

弟子：聽到了。

師父：聽到？呵呵，這個不是聽到的問題，你眞的明白我說的嗎？所以呀，這裡的前提是什麼？是解脫者。而你現在是說：「我以這個五蘊身心怎麼安住自性？」大家談論的就不是同一件事情。如果你認同眞我，覺性是你，眞我就永遠安住自性，因爲它就是自性。你與眞我相認同，你就可以被稱爲解脫者；你若與五蘊身心相認同，「我這個妄心怎麼樣安住自性？這個『我』怎麼安住自性？」你還安住自性呢！你，門都沒有啊！對不起，拿一盤沙子，怎麼煮成飯？你怎麼煮啊？你以什麼爲「我」？「解脫者」，這是前提，「於一切處時因緣皆無垢染。」假我沒有垢染嗎？假我整天都在染。

「他遠離一切業習。」與眞我認同的人，已經不與過去的業習相認同了，他自然能夠接受一切。而認同假我，就要受報。

「於一切處時因緣皆都閃耀。」於一切處時因緣皆都閃耀的是什麼？只有自性。不然你深睡無夢的時候，怎麼閃耀？你夢中怎麼閃耀？所以看你認同的是什麼？你認同的是眞我，還是認同的是妄我？現在我們眞的是根深蒂固地把這個假我當我，硬要把這個假我修成什麼不眠不寐。哇！放光動地！這叫蒸沙煮飯，眞的。想一想吧，拿假我你能修到不睡不眠嗎？

17.12 他看、聽、嗅、嘗、吃、取、說、走，偉大之人離於愛憎、志趣無志趣、做與無做、努力和不努力，是真正解脫的。

「偉大之人離於愛憎」，沒有喜歡誰，沒有討厭誰。因爲他知道這一切無非是平等的，無非是幻相。

我們凡夫要麼有志趣，要麼沒志趣，他遠離了「志趣無志趣」。爲什麼？志趣無志趣、愛憎都發自於這個假我，他不與假我認同。所以他遠離「做與無做」，他不折騰，但是也不是死水一潭。任運而現一切，一切該說就說、該做就做。

遠離「努力和不努力」。努力不努力都是我們假我的自以爲是。「我很認眞，我很努力。」或者「哎呀！我這人很懈怠，很不努力。」爲什麼？以個我爲單位、爲出發點來評價、來衡量，O.K.？如果你知道這個努力的「我」是個假的，還有什麼努力和不努力？！

一般人都在追求健康，健康安立在什麼上，就是這個色殼子上。沒病沒痛，呼吸順暢，吃什麼都香，哪裡都可以躺倒一睡，腰不痛、腿不痛，這就叫做健康，對吧？有智慧的人，也遠離健康不健康，他根本就不把這個假我記爲我，不在這上面用功或付出，或有絲毫的努力。他只是接受展現，「愛啥樣啥樣吧」，就好了。「是眞正解脫的。」解脫不解脫看什麼？是看你還執取不執取這個能做之「我」，以及「我之所做」。你不再把這一切認爲是你的努力，不再要達到你自己定下的標準；如果你根本就不承認這個「你」，那從它而來的後面這些東西，就都自然沒有了價值。這樣的人是解脫的。如果我們還在計較這些自以爲是的東西，很抱歉，解脫跟你沒啥關係。更不要用解脫者來與自我去比較、衡量，那根本是質的不同，不是量的不同。

17.13 解脫者不指責也不讚揚，不高興也不生氣，不給予也不索取。他對一切都不執著。

「解脫者不指責也不讚揚。」眞正的解脫者不會指責別人，也不會去讚揚別人。

「不高興也不生氣。」沒有什麼事可以讓他高興，也沒有什麼事讓他生氣。

「不給予也不索取。他對一切都不執著。」因爲所有的這些都安立在假我上。如果與假我認同，每一件事你自然就會去選擇：給他，或不給他。我喜歡他，或我討厭他。與假我認同就會有這些，與眞我認同自然沒有這些。

17.14 無論是面對多情的女子，還是死亡臨近，偉大之人內心無擾，安住自性。他是真正解脫的。

「無論是面對多情的女子，還是死亡臨近。」就算被很多女人圍著，他也不會忘乎所以；即便快死了，他也會無動於衷。看著就好啦，沒啥大不了啊。所以，有本事看著自己死，是很好的。

「偉大之人內心無擾。」其實我們眞正做到心無憂慮，是不容易的，因爲你把這些當眞了。你在計較有個眞實的「我」去經歷生死，計較自己的身體死亡與否。或者計較它的愉悅與否，比如男人遇到了多情的女子，或者是女孩子遇到了俊俏郎君，心就會動啦，心頭鹿撞，突突突突突突。要死的時候，「哎呀！我好絕望啊……哎呀！原來我以前都是錯的，悔不該當初啊……我還有多少事沒做完啊！」那你一定沒有解脫。生死是大關，食色是大關。當你認同眞我的時候，這些東西就很自然地無視了。用持戒來對付這些的話，「男女授受不親，別碰我」。或者想要死的時候往生西方。那樣心是沒有辦法眞的平靜的，還想著「明天會更好」。

「安住自性。」什麼叫安住自性？去掉分別心，不分別，即是安住自性。你不要生起一個自性的概念，說:「我要安住。」那不叫安住自性，那叫安住名相，跟自性一點關係沒有。把你的分別心放下，你就在自性之中，你就是自性，你能往哪兒跑啊？「我要安住一個什麼什麼樣的覺受……我當時就飄啊飄啊……」那叫安住自性啊？那叫神經病。「那裡空的，沒有人，我安住自性」，嘭嘰掉下來了，「我現在沒有安住自性了。」──這樣還談什麼安住自性呢？自性又豈是你可以安住的？有人說要怎麼怎麼保任，保個屁！說保任的人，他自己都不懂什麼叫自性。你拿出自性給我看看，有本事你拿出來啊。你以爲安住自性就是這麼安住啊？如果有地方住，就不叫安住自性啦。把你的分別心、祈求心、企圖心，統統放下。不要與假我認同，你就是自性。你永遠不可能不是你。

我們之所以談安住自性，是因爲我們與假我認同、與分別心認同、與專注力認同，總之與不是自性的認同。沒死去找死，no zuo no die，這叫做「不安住自性」。別 zuo 了，就完了，就安住自性了。

17.15 定於智慧者遍見一切等同，他見苦樂、男女、成敗無任何不同。

「定於智慧者」，就是指一個人的心念是遠離虛妄分別的，是與智慧相應的，是安住於眞我之中的。雖然我們都是眞我，但是我們的心念卻時時刻刻在分別心中、無明之中，這就不是定於智慧中。

「定於智慧者遍見一切等同。」看到一切存在，包括有情無情，知道無非都是眞我的展現。當我們專注於差別相的時候，你看到的就是差別；當你只是保持於一種覺照，或者你專注於它的本性的時候，你看到的就是本性。因爲人見其所見，你喜歡看到什麼就會看到什麼。同樣一個現象，當你在看的時候，如果你心裡已經預設了一個概念，認爲這是一種什麼樣的行爲，在你看來這就是這種行爲，證明你的觀念不錯，其實那根本就是你的想法。如果你不帶著任何偏見，你看到的什麼也不是。我們習慣把我們看到的現象扭曲成我們認爲的那樣。把這個預設放下，實際上一切都是美好的。天使眼中沒有邪惡，是因爲他本來就是天使；在惡魔眼中，一切人都可惡、都該死，因爲他是惡魔。外界是無自性[38]的，隨你怎麼看。所以我們不要被自己的預設騙，不要被概念騙。放下分別。

「他見苦樂、男女、成敗無任何不同。」我們不是這樣，我們希望一切成功，希望得到讚美，希望享受。我們拒絕失敗，拒絕痛苦與磨難。你想一想，如果你是一棵草、一株莊稼，你喜歡陽光，好，天天給你陽光，看你能活多少天？一定曬死，對吧。如果你喜歡水，好，天天給你

38　此處三不叟禪師所說的「自性」，指的是事物作為真實存在而擁有的特性，與前文所說「安住自性」的自性意義不同。請參見《八曲仙人之歌：全新梵漢對照注譯本》的譯後記。

下雨，我看你能活多少天？人也一樣，我們要接受成功也要接受失敗，對於你的成長和成熟，天下沒有一件事是多餘的，都是必須的。所以修行人，一個學佛的人，一個求解脫的人，一個安住智慧的人，不要把你的心投注在分別上，不要預設任何東西。不要活在過去，不要活在未來。要知道大家本來一體，沒有什麼好拒絕的，也沒有什麼好貪戀的，O.K.？

17.16 耗盡輪迴之人，不欲傷害也不欲悲憫，不高傲也不謙卑，無驚訝也無興奮。

什麼叫耗盡輪迴之人？不是說你的事情已經做到要畢業了。耗盡輪迴指的是你的心已經徹底地平靜了，安住於眞我了。不再向外投射，不再被概念所約束，不再被任何的計劃、期盼所約束，對過去也不會再有絲毫的留戀，叫耗盡輪迴之人。所以若要問修行修得怎麼樣：你還認爲你是男人嗎？你還認爲你是女人嗎？你還認爲你是出家人嗎？你還認爲你是個酒鬼、是個色鬼嗎？有這樣的自我認同嗎？你還對過去做的事情戀戀不捨嗎？還有任何遺憾嗎？還有任何計劃和期盼嗎？都沒有。都沒有的時候，就是輪迴耗盡了。如果你還有，哪怕是對一隻貓、一隻狗的思念，你都沒有好結果。

「耗盡輪迴之人，不欲傷害也不欲悲憫。」爲什麼？傷害源於嗔恨，悲憫源於貪戀，源於自他的分別。對於一個心念已經不再見自、見他，做到了安住於智慧的人，他不會再有念頭去傷害任何東西——不管有情無情，不管是人類還是動物，甚至是一張紙，他都不會再有傷害之心，也不會有悲憫之心。因爲沒有貪愛，他知道一切法都是平等的，無非眞我的展現。所以佛陀在釋迦族被滅的時候，他禁止他的僧團去參與這種所謂的救國救民，因爲他知道該發生的就會發生，發生也不過如幻。另外，也不可能眞正殺死一個眾生——一切無非是道的展現，用事業瑜伽的話來說，一切無非是神早已做完的。

「不高傲也不謙卑。」這點不容易的，很多人學了一點東西就看不起別人。所以耗盡輪迴之人，不高傲也不謙卑。為什麼？他不需要裝了，他沒有自他之別。有的人就是謙卑，只能說在世間的道德上他很圓滿，但是眞正於道上來講，你還是見自、見他，有什麼好謙卑的呢？

「無驚訝也無興奮。」輪迴耗盡之人不會再被什麼刺激到，沒有什麼好驚訝的，也不會對什麼特別興奮。因為他接受所有的展現，接受所有的發生，還有什麼好驚訝的呢？當環境或者當一件事超越了你的預設，你才會驚訝嘛，而作為一個完全沒有預設的人，他怎麼可能驚訝呢？得到了，他不認為得到了任何東西；失去了，他也不認為失去了任何東西，所以他無驚訝也無興奮。

17.17 解脫之人不厭離也不追求任何感官對境。他心不執著，受用著得與不得。

「解脫之人不厭離也不追求任何感官對境。」凡夫追求感官對境。辛辛苦苦晚上十二點下班了，還想去看場電影，不想睡覺，因為他就那點時間嘛。追求出離的人，聲聞、緣覺這類二乘人厭離一切五官對境，天天就坐在那兒入定，不看、不聽、不想。而眞正解脫之人無所謂啊，遇緣而起，緣過則寂。遇到啥是啥，不會拒絕，也不會去追求。

「他心不執著。」這才是關鍵。有什麼行、什麼不行，心裡就有執著，就有放不下。所以為什麼我要學習《一心戒文》[39]，而不是去守形式上的戒？因為那是約束你的心的，是把你引導到這種解脫境界的，不追求、不拒絕。而一般形式上的做法是不許你做這個、不許做那個。當然在緣起上，如果你還有繼續有來生的話，守戒能夠使你升天，能夠使你積累很多福德福報，種下解脫的種子。但是對於追求究竟解脫的人，已

39 三不叟禪師的弟子們在每次上課前都會念誦菩提達摩的《一心戒文》，作為課前請法儀軌的一部分。

經明白了眞我，明白了自性，那麼最好的還是心戒，就是不追求也不厭離，好嗎？不要分別，都接受。

「受用著得與不得。」就是對他來講，得到也好，不得到也好，都是受用。我們認爲得到的才是受用，心想事成，才算受用。對於解脫之人來講，逆境和得不到也是受用。他覺得：「哎！挺好」，他接受，不會拒絕。作爲一個解脫之人，就應該這樣。

17.18 心空之人不覺三摩地與非三摩地、善與惡有何不同。他安住，如同在獨存之境中。

「心空之人不覺三摩地與非三摩地、善與惡有何不同。」若我們眞正已經遠離一切執著了，這種情況下不會覺得三摩地(也就是正定、禪定)與非三摩地(就是沒有三摩地)有何不同，也不會覺得善與惡有何不同。因爲這一切都是眞我的幻相，沒有什麼好追求的。你本事大，你一坐三十年，好！你坐著去吧。有任何意義嗎？你願意在那坐著就坐著吧，沒啥差別。我還不如打會兒籃球呢，也沒啥差別。懂嗎？我們認爲善人就是好人，惡人可惡，這都是我們的概念和分別。我們制定了一個標準，我們有我們的標準，別人有別人的標準。大家都在努力地實踐著自己的標準，認爲這樣的就是好的、那樣的就不好。爲什麼？因爲我們都活在束縛之中，活在輪迴之中，活在概念之中。當你把這些統統放下，安住於智慧之中，安住於解脫，就不會有這些東西了。

「他安住，如同在獨存之境中。」什麼叫獨存之境？不與萬法爲侶，他知道眞我不與萬法爲侶，所謂的「高高山頂立」。任何的展現和存在，必須是互相依託的，「一個好漢三個幫，一個籬笆三個樁。」因緣都是糾纏不清的。當你眞正瞭解自性，瞭解眞我，你超越了這些束縛，一切概念的束縛，你遠離這種虛妄分別，所以如同在獨存之境中。

在《瑜伽經》第四品中，描述到：「獨存的瑜伽士已從一切束縛中獨立出來，成就了絕對的眞實覺性。」實際上，當你的心不再與分別、概念相應的時候，你本來就是獨存的。因為獨存是你的本性。一直以來，我們只是拒絕它，不承認它。我們不習慣於它，我們習慣的是分別、概念和因緣。因為只有這樣，我們才能夠感受到「我」的存在。假我必須依靠對境來體現它的存在。所以，我們不肯放下這些東西，我們一定要死死地抓住，因為自我感覺到了威脅。它不願放棄，它一定要抓，眼、耳、鼻、舌、身、意、概念，抓住它們。所以放下這些，甚至連所有的修行都放下。什麼是修行？你認為這樣是對的、那樣是不對的，這也是在分別之中，也在概念之中。放下吧。

17.19 離於「我」和「我的」感覺，確知一切皆不存在。他的一切渴望都已消融，儘管看起來還有行為，其實無所作為。

作為一個安住於智慧的人，安住於真我的人，怎麼樣保任？要「離於『我』和『我的』感覺」，沒有任何東西你要去保任。因為保任的話，一定有一個能保之我才談得上保任。放下這些。

「離於『我』和『我的』感覺。」不要去感覺「我」。你感覺「我」就在輪迴中，你感覺到「我」就是生死，就是輪迴。到哪兒去找輪迴啊？「我」是萬惡之源。可是我們不肯放，我們天天拚命要保持「我」，當然有了「我」就有「我的」。「離於『我』和『我的』感覺，確知一切皆不存在」，了知一切無非是幻相，是在夢境之中，是白日夢。晚上也是夢，深睡無夢是更細微一層的夢。我們只是一個夢接一個夢，只要你覺得有「我」就開始入夢了。

「他的一切渴望都已消融。」我們還有渴望嗎？還有沒有實現的願望嗎？騙得了別人，騙得了自己嗎？這些問題都是自己可以去衡量的。但是你可以在表面上有這個渴望，內心其實沒有這個渴望。你做到這一點，你是解脫的。不是說你學佛了，正常的生活就不去安排了。生活要過的，但是要把內心的渴望，這種執著、這種焦慮放下來。所以「他的一切渴望都已消融」，指那個聖者啊，「儘管看起來還有行為」，到點了，他還是要出去買菜、要回家做飯，他不管多麼聖人，也還得親自去拉屎啊。其實他的心並沒有眞的在做什麼事，他沒有很努力地拉好一泡屎，他只是拉屎，眞的。

「儘管看起來還有行爲，其實無所作爲。」這個不是努力的結果哦。如果你想努力地達到無努力，你放心，連那種「無努力」也是造作出來的。這眞的不是造作出來的，把一切造作之心放下。要離於「我」和「我的」感覺，拉屎就是拉屎，沒有說「我在拉屎」。當然電話來了，「哎！我在廁所」，這是要說的。但是，不要眞的覺得自己在拉屎。（眾笑）

17.20 心意消融者證得的境界不可言表，他的心停止運作，遠離妄想、夢境和呆滯。

「心意消融者證得的境界不可言表。」當一個修行人，他的心已經消融的時候，這種境界是不可以言表的，因爲你一用語言文字去描述它，就錯了。就像他在拉屎，但是沒有他在拉屎一樣，你沒辦法說的。

「他的心停止運作。」心在跳啊，不是說他就沒氣了，是說他的心沒有我們習慣的那種作意分別，沒有了。

「遠離妄想、夢境和呆滯。」當你的心眞正只剩觀照的時候，你接受所有的東西，你不被它們所擾，看著所有的發生。你白天看著自己在吃飯、在做事情，在夢裡也是一樣的。聖者這個時候只是一個觀照，或者說連觀照都沒有，因爲他只剩下一個自性的覺知。當你的分別心安寂了、寂止了，它只是寂止，是不會出現呆滯的。呆滯是因爲你把你的心刻意地約束了起來，使它失去了活力而出現的。或者說刻意地持咒或者觀想，把自己累得爬都爬不起來了。那不是眞正的寂滅，那只是累了。累了也會進入一個呆滯的狀態。

你們不要去想像，想出來的都不是。等有一天你突然發現，心已經停止了把戲，你自己不會再去想像任何東西，做夢對你也無絲毫影響的時候，「啊！」你突然想起曾經在哪裡看過這麼一段話，這樣就好了。

不用去記，因爲記得的東西也沒有用。你可以整天研習教典，但是除非你忘記你所研習的所有教典，不然你是與解脫無緣的。爲什麼？你活在概念裡。因爲只要一說「遠離妄想、夢境和呆滯」，你馬上就會想：「嗯，什麼叫遠離妄想？什麼叫遠離夢境？那做夢的時候怎麼樣呢？」馬上你這個心就活躍起來了。所以他只是在陳述，不是給你樹立一個尺度，叫你去逼近它。他完全沒有這個意思。

第十八章

平靜

十八章比較長，有一百頌，是《八曲仙人之歌》裡面最長的一章。

八曲仙人說：

18.1 皈命「那個」，它就是大樂，寧靜與明耀。一旦了知「那個」，所有幻相都成了一場夢。

「皈命『那個』。」所謂的「那個」，就是不要執著於你的五蘊身心。如果說皈命「這個」，其實也沒錯，它也在這裡頭。它無所不在。但是如果我說「這個」，你立刻就與我們的自我意識相認同了。所以他說皈命「那個」。

「它就是大樂。」一般人追求的是什麼？快樂。但是一切快樂之中沒有比大樂更大的樂，因爲任何的快樂都是能夠被感知的，只有大樂已經超越了我們的感知，超越了我們的感官、分別，所以才是大樂。它是一切苦樂之源。你不管多苦多樂，當你回到了大樂的時候，一切得到了安息，所以叫做大樂。大樂在哪兒？「那個」。

我們皈命「那個」，不僅是大樂，也是寧靜與明耀。我們追求的寧靜——修行所得來的寧靜，都是一種模擬，是所謂的山寨貨。只有它自己展現出來的寧靜、它本來的寧靜，是不可被模仿的。所以「它就是大樂，寧靜與明耀。」但是不要描述它，描述也沒有用。

「一旦了知『那個』，所有幻相都成了一場夢。」一旦你眞實地了知了它，一切幻相，包括六道輪迴，包括解脫，包括涅槃，包括生死，一切的一切，都是一場夢。包括地獄、餓鬼，包括成佛作祖，都是一場夢。一切的一切，只要你能夠想像得到的——連想得到的也是一場夢。我們現在都在夢裡，還要做成這樣的夢、那樣的夢，自以為有了很多。還在互相比較：我這是什麼夢，進口貨洋品牌、德國產正宗的……都在做夢。美國人做美國夢，中國人做中國夢，大家都在做夢。

18.2 得到整個世界能讓人享樂無盡，但除非完全放棄，否則肯定不會幸福。

「得到整個世界能讓人享樂無盡。」得到的越多，你享樂的條件就越充分。人追求長壽、追求自由，都是為了享樂。不然的話，談什麼自由、談什麼長壽？長壽是享樂的基本條件。死了談不上享樂，對吧？所以要保健，要延壽，要鍛煉身體，要活著。然後是追求自由，想怎麼花錢就怎麼花，想去哪兒旅遊就能去，不然不算自由。人所有的享樂都是要以自由為基礎的。你想得到啥卻得不到，這不算自由，只是錢多。所以財不如貴，為什麼？有了特權，他可以得到花錢買不到的，很自由。

其實，就算得到整個世界，哪怕你做了世界之主了，能讓你享樂無盡——想要多少錢有多少錢，想要多少東西有多少東西，想到哪兒玩到哪兒玩，想幹啥幹啥——到了這樣了，「除非完全放棄，否則肯定不會幸福」。因為那不是真正的幸福，你的內心不會滿足的。幸福源於什麼？源於內心的滿足，你不再想要了，那才是幸福。享樂是個無底洞，世上沒有最好，只有更好。所以你的內心是不會滿足的，不會有真正的幸福。這是不一樣的概念。

18.3 悲傷的驕陽從責任感而起，內心已被它的高溫烤乾，若沒有持續沐浴在離欲甘露中，怎麼可能幸福呢？

悲傷，為什麼說它如「驕陽」？你到大太陽底下站兩個小時，你就知道啥叫驕陽，曬得皮都爆了。「責任感」，世俗人有世俗的責任感，父母對孩子有責任感，成年人對老人、對妻兒有責任感，在部門裡對主管有責任感，對自己的事業有責任感，老闆對員工有責任感，老闆對自己的事業也有責任感……種種種種責任感。就算貴爲天子，他還有治理國家的責任感，對吧？都有，誰都逃不出去。只要你覺得這個事情是你做出來的，責任感的枷鎖就在你的背上。比如煮一頓飯，煮得不夠好，都是責任感，會自責。只要有責任感，你就躲不過悲傷，只是遲早的事。不是說一有責任感馬上就悲傷，但是遲早你躲不過悲傷。沒有幾個人是笑著死的，爲什麼？責任感。未竟的事業。還有很多事沒做完，還有很多話沒說完。這個不是嚇唬你，等你到死時就知道了。「悲傷的驕陽從責任感而起，內心已被它的高溫烤乾。」爲什麼？有苦說不出。

「若沒有持續沐浴在離欲甘露中」，怎麼可能解脫？你如果不瞭解無我，不能夠從幻相中解脫出來，你覺得這一切都是你的責任，甚至你當了上帝了，你還在擔心亞當和夏娃有沒有偷吃那兩個果子，很苦的。不然的話他發什麼怒？爲什麼要把他們趕出伊甸園？因爲他忍受不了他們知道了這一切，對吧？他本來希望給他們創造一個樂園，讓他們無憂無慮到永遠，那是他的責任。可是他被激怒了，他的目的沒有達到。

「若沒有持續沐浴在離欲甘露中」，還不能一聽到就算了，你還要不斷地提醒自己，沒有一個我在做。一切無非是上帝，或者說是神在行使他的意旨，你不過是個管道。當你眞的能夠明白這些，讓一切法爾如是地流過，這叫「沐浴在離欲的甘露中」。不要認爲你做了什麼、你使這件事成功的、你使這件事失敗了。

要眞的放下，不然的話「怎麼可能幸福呢？」因爲幸福一定是與寧靜、無欲相應的。人家正在睡覺的時候你把他搖醒，你看他幸福不？他都氣昏了。眞正的幸福也一定與無欲相應，沒有任何的欲求，沒有任何的欲望。他的心一定不是缺失的。所以幸福一定是滿溢的幸福，裝不下甚至向外溢出。它一定與這樣的東西是相應的，不會與缺匱乏相應。「因爲我缺乏所以我幸福」——從來沒哪個傻瓜會說這話。所以要把自己的責任感、意圖、目的感放下，這些不是幸福之源。我們很多人都以為「我達到了某個目的我就會幸福了」，「我這件事做成我就會幸福了」，「當我找到一個漂亮的女朋友來做我的妻子的時候，我就會有一個幸福的家庭了」，門都沒有！不然怎麼那麼多人離婚呢？幸福是不能夠以滿足欲望來得到的。

18.4 這個宇宙不過是一種念頭的形式，究竟上並不存在。存在及非存在內在的體性，永遠不會失去。

「這個宇宙不過是一種念頭的形式。」承認嗎？很多人是不承認的，「這是實實在在的存在，你怎麼說它是念頭的形式啊？」你放心，它眞的是你念頭的形式，你看到了你想看的。隨著你內在的心念不同，你會生起可愛和可惡的不同觀感，所以並沒有一個離於觀察者的獨立存在。

「這個宇宙不過是一種念頭的形式，究竟上並不存在。」就像我們在夢裡，夢裡的人物存在嗎？存在，存在於夢境的幻相裡。只要你醒來後，就會知道那不過是一個枕頭、一條床單。哪會有那麼多人物，哪有那麼多山水，哪有那麼多故事情節？但是在你醒後才知道那是虛幻的，在夢中，哎，帶勁著呢，玩啥的都有。

所以，「存在及非存在內在的體性，永遠不會失去」。什麼是「存在」？只有自性是存在的。我們一說到存在，一定會把五官對境認為是存在的，但這種東西是不存在的。「非存在」，就是宇宙，這一切實際上不存在。因為自性不可能不是自己，而宇宙的幻相永遠不可能變成一種眞實。所以，虛幻就是宇宙的體性、本性，而眞實就是覺性的體性、本性，這兩個是永遠都不會失去的。懂嗎？

18.5 自性不在遠方，也不受限定，確實從來已得。它無分別、無作為、無變易、無垢染。

「自性不在遠方。」自性在哪裡？不在遠方就在近處 ？不是。只要你還能夠分得出方所，就不必談自性。自性無處不在。但是你不要跑到遠方去追尋自性。所以說「自性不在遠方，也不受限定。」你沒有辦法把它指定在什麼地方，以某種形式、某種狀態來限定它。你不能說它只在臍輪、只在心輪，那裡有一個拇指大的什麼什麼，你沒有辦法這樣限定它。「那我把它擴大，擴大到比銀河系還大，可以嗎？」不可以。因爲畢竟「大」還是種限定。任何概念、形體、思維對它來講都是限定。

「自性不在遠方，也不受限定，確實從來已得。」從來都有的，因爲它從來都是你。說「得」這個字都已經是文字上的，實在沒有辦法的強名了。因爲沒有得失，因爲都是你。你不可能得到，「你從來都已經得到你」──那麼說的話太搞笑了，你說「從來都是你」，那還差不多。我們人類認爲「得」是從外面來的，而「是」是沒有「得」與「不得」的問題的，那其實也是語言問題──實際上眞的沒辦法說，在自性上顯示出任何的文字、名字、名相，加諸於它即是妄語，明白嗎？

「它無分別。」也就是眞我，我，無分別。分別是假我，也就是夢中之「我」才會有的，眞我是沒有的，它普現一切世間，普照一切世界。所以說它明耀。明者展現，耀者照見。

「無作爲。」它不是做者，它沒有刻意要去展現什麼東西。因爲如果要是個做者的話，它就是有爲法。它不是做者，不作爲。

而且它也不會改變。不管展現成什麼，它還是它，所以「無變易」。

「無垢染。」因爲必須在它之外還有個東西才能夠染汙它呀，對吧？它之外沒有別的東西，它怎麼可以被染汙？而且它根本就不是個東西，你怎麼能夠去染汙它，對不對？這個「無分別」實際上指的就是沒有能所，沒有主觀的能指和客觀的所指之間的分別。當然也包括我們的虛妄分別，我們的虛妄分別一定要有能分別和所分別嘛。

18.6 一旦幻相停止而了悟自性，見地無礙的人悲傷消散。

什麼叫「幻相停止」？幻相停止不是說什麼都沒有了、什麼都消失了。因爲我們每個人的世界是我們認爲的世界，是我們的概念形成的。你有什麼樣的概念，你相信什麼，世界就對你展現成什麼。你如果相信的是現象世界，你認爲眼睛看得見、手摸得著的這些才是究竟眞實的話，那麼世界給你展現的就是這些東西。如果你知道是如幻的，不把它當眞實，知道究竟實相六根所不到，那個時候世界展現給你的就是虛幻的，很多存在就以超越你六根限制的方式展現給你。

「一旦幻相停止而了悟自性。」當我們把執幻相爲實有的這個錯誤概念放下的時候，你放鬆了，你放下了，你就有機會了悟自性。其實這兩個是互相依賴的。因爲只有了悟自性的人能夠放下幻相；而只有放下幻相的時候，你才能了悟自性。它是一個相悖的命題。因爲有幻相的展現、有幻相的這些認同的時候，就不會有實相的認同；有實相的認同的時候，就自然沒有幻相的這種認同——這叫「相礙緣起」。

「見地無礙之人悲傷消散。」眞正把一切見地都超越了，超越什麼？超越凡夫的見地，超越聲聞的見地，超越菩薩的見地。當一切見地都超越的時候，甚至連那個超越都超越的時候，叫做「見地無礙」。只要還有任何見地，認爲還有一個你認爲的那種存在的話，你的見地就有所礙，你就沒有辦法眞正超越一切。他說，「見地無礙之人悲傷消散」，悲傷源於什麼？悲傷源於我們有一個獨立的人格。我們認爲自我存在，我們認爲自己是做者，我們要承擔起責任，我們拳頭要打倒大山，我們部分要打倒整體。這是不可能的，你不可能控制整個存在。所以你就會有失敗，失敗就會有悲傷。眞正見地無礙之人已經超越了這些，他沒有做者感，他不見有一個存在於整體之外的單獨的你、單獨的我。「我們是做者，我們要負起責任」，沒有了這些的話，那一切展現無非只是展現，還有什麼好悲傷的呢？還有什麼成功？還有什麼失敗？這些都會消失的。因爲這些都是虛妄不實的，都源於自我的認同。只要還有我，就是說還有自我認同，就總會有自己的審核的標準，會根據自我的屁股，自己所在的位置，產生所謂的道德概念。符合我們認同的就贊同；不符合我們認同的就討厭。但每一個人都認爲自己的看法正確。爲什麼？每個人從自己的利益、得失去考量，建立起一套相似的眞理。承認共同見解的一批人在一起說：「哦，這個就是我們的價值觀」。另一批人權力大一點的，涉及的利益大一點的，就說：「我這是普世價值」。其實都是部分人的自以爲是。

18.7 知道一切只是虛妄，自性是解脫且永恆的，智者會像孩子那樣行事嗎？

「知道一切只是虛妄，自性是解脫且永恆的。」自性就是眞我，它是解脫的，是永恆的。解脫是當下的，不要以爲我們到死的那天，才有所謂的解脫，那樣不叫解脫，只不過是另外一個情節。如果你在當下不能夠認得解脫的話，談解脫就是奢談，跟你一點關係沒有。如果你想用念咒或是各種苦行等等，最終達到解脫，那是滑天下之大稽。所謂解脫，就是認得眞我，因爲眞我是永遠解脫的。

「智者會像孩子那樣行事嗎？」你看看小孩多討厭，不守規矩，跑到哪兒就是捅婁子，對吧？那麼我們認爲智者應該是什麼樣的？穿得整整齊齊是吧？一切都很得體，坐在那裡中規中矩，在我們眼裡智者就應該是這樣的吧？但其實智者的行爲比孩子還孩子，那是眞正的智者。

喇榮五明佛學院有位大堪布格熱堪布，是大圓滿的很棒的一位上師。有一次晉美彭措法王在舉行法會，這位格熱堪布還坐前排呢，看到一隻很漂亮的鳥飛過，跳下法座就追，追那鳥追了三天三夜沒追著，才回來了。這叫智者。法王如意寶跟人家說:「以後你們千萬不要學他啊。」所以你說智者會像孩子那樣行事嗎？會的。眞正的智者，做起事來、瘋起來，比瘋子還瘋。當然我們一般人看問題都是依照世俗的觀點，「這個人守規矩嗎？這個人懂禮貌嗎？」我們看不透對方的心。

其實我們所有的人，修行最大的障礙就是分別。我們有太多的自以爲是，你自以爲是地綁住自己就好啦，卻還要用自己的自以爲是去綁住周遭的所有人，「你做這個不對，做那個不行」。這位追鳥的大堪布，有一次跑去見益西措嘉的化身，就是蓮師佛母的化身。益西措嘉的化身就說:「現在的人啊，不聽勸的，別浪費口舌啦，還是回去好好睡覺吧。」他一聽，是哦！就回去睡覺。結果回到五明，一躺睡了兩個禮拜。追鳥追三天，一說睡覺吧，就連睡兩個禮拜，啥事不幹，天天睡覺，課也不上。所以眞正的聖者、智者，眞正有智慧的人，有時候他們行事就是像孩子。他不會管別人眼中怎麼看。但是智者眞的是不受這些約束的，爲什麼？因爲他知道這一切眞正地如幻，不管白天也好夜晚也好，同樣是虛幻的，沒有哪一樣是究竟眞實的。六根所到，都不能成爲眞實。只要還是變化、生滅的，都是虛幻的，別太當眞。

18.8 確知自性就是梵，有無都只是妄想，離欲之人還要知道什麼，說什麼，做什麼呢？

因爲八曲仙人是一個印度祖師，在印度教的概念裡，最高的存在就是梵。「確知自性就是梵，有無都只是妄想。」認爲存在是有的，或認爲存在是沒有的；認爲梵是有的，或認爲梵是沒有的——「有」「無」，是一切見地、分別的最基礎的兩種見。從這裡再展開，「亦有亦無」「非有非無」，以後再繼續翻轉六十二見[40]，各種見地都從這裡展開。你不要以爲自己這個見地是對的，那個見地是對的。我告訴你，都是妄想。能夠被你想的，沒有一樣是眞實的。

什麼是「離欲」？就是眞正遠離了一切欲望。其實我們都有欲望。凡夫的欲望是財色名食睡；修行人也有欲望，要追求涅槃，要追求離苦得樂，要追求大樂。所謂眞正的離欲之人，是離開了世俗的欲望，也遠

40　六十二見，指六十二種見地，佛教術語，具體所指不同經文中所列各異。籠統而言，就是對世界、眾生等對象產生二元對立的各種見地，比如對五蘊生起常、無常、亦常亦無常、非常非無常、有邊際、無邊際、亦有邊際亦無邊際、非有邊際非無邊際等見，一共六十二種見地。

離了所謂的修行人的這些欲望。不住生死，不求涅槃，眞正做到了離欲。我們只要想想自己，「我認爲我還差多少，需要補足」，「我還有什麼目標沒有達到」，那談什麼離欲啊，對不對？「我還沒有成佛！」當然，成佛之欲是善欲，但畢竟你還是沒有離欲，你不是解脫者，你不是佛。想成佛的人一定不是佛，這都是欲望。

「離欲之人還要知道什麼？」因爲你一旦明白──只要被你知道的都是虛妄不實的，那你還要知道什麼？「我還有很多不知道。」說實話，就算你把你現在認爲不知道的都知道了，跟你不知道這些又有什麼不同？對不對？只是收集更多的垃圾而已。這個不懂，那個不懂，又怎樣？懂了又怎麼樣？懂了不過是多懂了一堆垃圾。所以，「離欲之人還要知道什麼？」你眞的相信諸法實相，相信究竟眞理。明白了之後，如果還想去求這個、知道那個，你放心，你一定不明白。因爲這是個試金石，知道這些的人他一定不會再想知道什麼了。

「離欲之人……還要說什麼？」如果明白這個了，還去跟人辯論嗎？還去想說這個、想說那個嗎？沒了。他已經沒了那種好勝心，不會想要去說服別人。所以佛法從來沒有往教，只有來學[41]。因爲他已經不會想去說服任何人，你愛啥啥吧，反正也是一堆假的，對吧？

「離欲之人……還要做什麼呢？」如果你認爲事情是你努力的結果，說明你不是離欲之人，你根本就不瞭解諸法實相。因爲從邏輯上，反推過來，你認爲這些是你做的，那沒有你誰來做？就是說你始終認爲這個假我是我，所以才認爲要知道些什麼、要說些什麼、要做些什麼。我們都覺得自己很了不起啊，就是所謂的「夢裡何勞說夢」，你在夢裡說的那麼多東西，醒後値一分錢嗎？醒後一文不値。所以我們在人生的大夢裡覺得自己很了不起，做了這些，眞是驚天地泣鬼神啊！實際上回頭看看，哎，不要笑掉別人大牙哦！

41　沒有老師主動出去教人，只有學生主動過來學習。

18.9 確知一切都是自性，瑜伽士變得靜默，所有諸如「這就是那個」、「我是那個」以及「我不是這個」的想法都摧滅了。

「確知一切都是自性。」如果你知道，一切無非是道的展現，無非是自性的幻現的話，你就會變得靜默。瑜伽士就是專門安住於自性的修行人，與智慧相應叫智慧瑜伽。我跟什麼東西相應，就爲瑜伽。瑜伽，不是把胳膊腿窩成怎麼個姿勢就叫瑜伽，那個叫體操。眞正的瑜伽是相應。智慧瑜伽，你與智慧相應。事業瑜伽，就是在社會上的行爲、語言等等的當下，有智慧後，道通過你而自然流露，這就是事業瑜伽。在事業上通過造作與道相應。與道相應就是瑜伽，所以，「瑜伽士變得靜默」。

你眞正瞭解自性，還有什麼可做的呢？既然你沒有什麼可做的，沒有什麼可知道的，你還折騰什麼呢？對不對。我們安靜不下來，我們總想去學更多的東西。我們總想去做更大的事情，所謂更有利益的事情。其實天下沒有比放下你的欲望更大的事情。

「所有諸如『這就是那個』、『我是那個』以及『我不是這個』的想法都摧滅了。」也就是說我們所有的分別心摧滅了。這裡說的是非常高級的分別心，不是指世俗的「這支股怎麼樣，將來看漲啊看跌啊」，不是指這種分別心。是指什麼呢？「這就是那個」——這個就是自性了；「我是那個」——眞我是自性；「我不是這個」——我不是這個身體。這些就是與道相關的東西，其實也是概念。連這種分別都沒有了，那你可以叫做瑜伽士。

如果你還有念頭，還有這種分別，你不是瑜伽士。你可以說你是個學者，活在一堆概念當中自鳴得意。你是學者，你不是瑜伽士。瑜伽士是沒有這些廢話的。話要說給誰聽？一定說給別人聽的，一定認爲有別的存在了，不然你說啥？所以，「瑜伽士變得靜默」。他的止語不是像別人要掛個牌子，不許自己說，是他眞的覺得沒什麼好說。你自己心裡頭沒有分別了，沒有這些概念了，你自然就不說了。我們的止語是什麼？心裡頭牢騷啊，鬼打架，只是嘴巴不許說，嗯嗯嗯……就是忍氣吞聲。瑜伽士不是，瑜伽士是沒什麼好說的。

18.10 達至寧靜的瑜伽士，既不散亂也不專注，不增加了知也非無知，既不快樂也不痛苦。

「達至寧靜的瑜伽士，既不散亂也不專注。」散亂是什麼？散亂是凡夫。專注是什麼？專注是修士，就是在學習的路上，在練習有爲的修行的時候，心念要專注。比如我們要念咒，比如要觀想，這都是專注。比如要學內觀，諸如此類的，都依賴於專注。用專注去對治散亂。眞正的瑜伽士，「既不散亂也不專注」，因爲沒有散亂也就沒有專注。一般人的散亂，我們用禪定去對治它，是因爲我們的心有跟著境界跑的習氣。很自然地，一個念頭來，只要你不管它，馬上從這個念頭就會衍生出新的念頭，你就會跟著這些念頭跑得越來越遠、越來越遠，最後周遊列國去了。這是我們的習氣。

那麼修行人爲了對治這種習氣，怎麼辦呢？專注。這支筆（指面前的筆），我要幾個小時之內只看這支筆，訓練這個心不亂跑。但是，這樣叫做栓驢樁。就像一頭驢老是亂跑。怎麼辦呢？在地上釘個樁，你跑吧！跑來跑去反正還在這根鼻繩的範圍內。瑜伽士不是這樣。瑜伽士是一頭老驢，你剪掉繩子牠都不走了。牠累了，老了，等死了。懂嗎？年輕的驢，青春期的驢就是像我們一樣，啊啊啊啊跑啊，滿圈轉啊，如果沒那個樁就不知跑哪兒去了……當叫驢去了，昂昂地叫。有智慧的人就是那頭老驢，不是老馬哦。老馬不行，老馬的話，「老驥伏櫪，志在千里」。老驢是轉磨轉慣了，鬆了繩我也不走了。所以，「達至寧靜的瑜伽士，既不散亂也不專注」。

「不增加了知也非無知。」我們現在都希望能夠知道更多。「我現在啥都不知，我打坐，是爲了將來開天眼，知道更多」；「我現在啥都不聽，我打坐，是爲了將來開天耳啥都能聽，什麼八卦什麼小道消息，別人不知道，我都知道。隔半個地球，我都知道他幹啥呢。」我們都希望這個。現在有電話有微信，我們都在增加了知。而作爲一個瑜伽士，他「不增加了知」。因爲他知道一切了知都是虛妄不實，所以他不需要任何的了知。「也非無知」，也就是說，他也不是蠢到你給他一泡屎，說這是個包子，他就當包子吃，也不至於這樣。「善能分別諸法相，於第一義而不動。」當下的了知，它是清清明明的，但絕不會在這之外去更求一些亂七八糟的所謂的了知。發生的事情，不管在哪裡發生著什麼，發生吧，我不需要去知道它，也非無知。

「既不快樂也不痛苦。」他不快樂是因爲，他不會由於六根的境界而被刺激到了，就「哈哈哈哈！」不會這樣。當然你搔他，他還是會癢啦，但是他不會生起「多開心啊！我今天得到了這個！」這樣的快樂。也不會有痛苦。他生病的時候也知道疼的啊，不是不知道疼。但是他沒有心理的痛苦，不會抱怨，不會苦上加苦。就是這樣。因爲快樂和痛苦是我們把六根對境所生起的覺受當眞的結果，而他已經不再被六根所騙，不再把一切展現當眞。我們則是任何境界現前的時候，跟著境界跑，而忘了那個能夠認知境界的人。就像你對著狗扔出一塊骨頭的時候，狗一定追著那塊骨頭；但是你對獅子扔一塊骨頭，牠不會理會那塊骨頭，牠會先去追那個扔骨頭的人。作爲瑜伽士，當境界現前的時候，他知道無非是那個自性的展現，所以他去認知的是那個自性。而我們很習慣地就會根據六根對境的覺受，去生起貪愛。

18.11 身為天王或乞丐，得到或失去，群居或獨處，對瑜伽士沒有任何不同，無分別就是他的本性。

「身爲天王或乞丐，得到或失去。」世間來講，身分最高的就是天王咯，最窮的不過是乞丐咯。作爲一個眞正了悟自性的人，一切外人看到他的展現，或者看他是國王，或者看到他示現爲一個乞丐，他得到了什麼或失去了什麼，等等等等，他是跟一堆人住在一起，或是他一個人住在山洞裡頭，別人只是看到這些現象。但是對瑜伽士本人，沒有任何不同。

就像那個格熱堪布，坐在法會當中，或一個人漫山遍野地去追鳥，沒啥不同。我們則是，「哎呀你看，他屁股底下幾個墊子？三個。哦，大堪布！哎呀，他怎麼跑了？法會都不開了，開到一半就跑了」，對吧？我們看到的是這個。但是對他自己，坐在法會中間和漫山遍野地追鳥沒有任何不同。所以「群居或獨處，對瑜伽士沒有任何的不同。」

「無分別就是他的本性。」其實修行最大的障礙就是我們的分別心，我們有那麼多的看不慣，只要你放下這些，自然啥事沒有，天下本來太平。所以聽完課回去怎麼辦？無分別就好了。把自己的分別心放下，把自己的標準放下。因爲我們總是帶著一大堆的標準，用這條標準去貼這人身上，用那條標準去貼那人身上，對不對？「這裡是法會，你看，小孩在敲門，你怎麼敢敲門？」你愛敲敲去吧，關我啥事。所以不要分別就好了 。一切讓它展現，它愛怎麼展現就怎麼展現。

18.12 瑜伽士已經超越了類似「這個要做」、「這不用做」的二元對立，對他而言法在哪？名利在哪？愛欲在哪？明辨在哪？

「瑜伽士已經超越了『這個要做』、『這不用做』的二元對立。」就是說你與智慧相應的話，你很自然地就把這種預期設定的東西超越了。如果你瞭解究竟如幻的話，有什麼大不了的，對不對？

如果你超越了這些對立的話，那麼對你而言，「法在哪裡？」這裡的法就是「當做之事」，「必須要做的事」，這在哪裡？

就像我們很好心地勸別人，這個藥對你好啊。爲什麼？你認爲這個藥對人好，就一定要推薦給他；他被人騙買了一堆營養品，浪費了他的錢，你認爲他是被騙。這說明你還有很多的執著，他不聽話你心裡會煩惱，「你看我對他那麼好，他爲什麼不聽我的，回過頭還要怨我。」對吧？所以這就沒有與智慧相應。你要是與智慧相應的話，哎呀，他喜歡被騙就被騙去吧，你怎麼知道他不是在還上輩子的債呢？對不對？爲什麼那個人只騙他不騙別人呢？所以前面講了，與智慧相應的人就不會再有悲傷了。因爲天下從來沒有可憐人。你放心，一飲一啄皆由前定。我們現在看不慣是因爲你不與智慧相應，不瞭解三世因果，不瞭解諸法實相。眞正瞭解諸法實相的人，愛啥啥吧。如果你超越了這些二元對立，就沒這些問題了。「法在哪？」就是說，當做之事在哪裡？沒有什麼是非做不可的。

「名利在哪？」名利不過是一堆幻相。名聲值幾個錢啊？今天可以把你抬到臺上，明天就可以把你漚到糞坑裡去。把你抬得最高的那個人，最後踏你一定踏得是最狠的，百試不爽。你去一個新部門，剛開始最不理你的那個人，對你最冷淡的那個人，可能過一段時間你會發現他是最靠得住的。你一進去就跟你套熱乎，跟你熱情得不得了，後面你會發現，你的壞話都是他傳出去的。不信你試哦。當然這些本來就是夢裡說夢的事兒，不要太當眞。名利在哪？不要被騙哦。

「愛欲在哪？」喜歡這個喜歡那個，別太當眞。

「明辨在哪？」我們所謂的聰明才智你還眞當眞啊？一切不過是夢，一場夢而已。

18.13 即身解脫的瑜伽士，沒有任何責任，心中也無任何執著。他在世間的行為只和這一期生命有關。

什麼叫「即身解脫」？不是說死翹翹了。是每一個當下，你都只與眞我認同，不與這個五蘊身心認同。你知道解脫永遠是當下的，涅槃永遠是當下的——這叫即身解脫者。他還有身體，跟你一樣吃飯、拉屎、放屁、撒尿，一點都不少。但是他瞭解諸法實相，他安住於諸法實相。怎麼住？你不要以爲還用個什麼方法、什麼竅門住在那兒，如果能夠被你住，就不是諸法實相了——那個「諸法實相」就是一個所謂的覺受、所謂的境界，特定的一個點。

「即身解脫的瑜伽士，沒有任何責任。」你看，我們都比他偉大，我們都認爲自己有很多的責任，是吧？我是父親、我是母親，我是兒子、我是女兒，在家庭裡面我有我的責任，我在學校裡讀書，我在學校裡當老師，我在工作單位裡頭負責某一樣工作……每一個人都活在責任裡頭，都有很強的責任感。從來都認爲一切成敗都是自己努力的結果。還要騙騙別人，「我還要成佛呢，我還要普度天下一切有情呢」。自己苦還不知道，以爲天下人都跟你一樣吃香蕉皮，苦啊！「即身解脫的瑜伽士沒有任何責任，心中也無任何執著。」沒有責任，也沒有什麼是他必須要達到的東西，所以沒有任何的執著。

「他的行爲只和這一期生命有關。」什麼意思？也就是說，肚子餓了，他會出去托缽；尿憋了，就會找廁所；冷了，就會找多塊布披身上，這就叫他的行爲只和這一期生命有關。也就是說，他唯一所做的事就是他現在還沒有死翹翹，所以必須活下去，That's all。所以你們想成爲一個瑜伽士嗎？你們敢成爲一個毫無用處的人嗎？一個聖者來到你面前，你看到的很可能就是一根廢柴。因爲他無所事事。他吃你的、喝你的，完了拍拍屁股就走了。他不走，你會趕他走，不然的話天天在你家賴著，你還受不了，對吧？這才是即身解脫的瑜伽士。「我們現在要負起大國的責任，我們要負起年輕一代的責任，我們要負起改天換地的責任。」對一個聖者來講，他是沒有責任感的，他不見有任何的責任。他沒有什麼目標要去達到。他不需要再去建造一個什麼東西讓別人去享受，或自己去享受，沒有。所以，「他的行爲只和這一期生命有關」，把剩下的這些剩餘的東西消耗完就好了。

18.14 對於超越欲望疆界的聖雄，幻相在哪？宇宙在哪？禪修「那個」在哪？解脫又在哪？

「對於超越欲望疆界的聖雄。」欲望存在於哪裡？存在於幻相之中。

因爲你不瞭解諸法實相，你才會有慾望。你認爲這個社會是不圓滿的，你認爲你是不圓滿的，你還希望提升改進它。而對於一個聖雄來說，他超越了一切的欲望。他不會見到自己不圓滿，也不會見到存在的不圓滿。在他眼中，一切都是圓滿的。一切有情皆是諸佛的展現，或者說就是佛吧。

所以對於他們來說，「幻相在哪？」你說這個是幻相、那個是幻相，但是他對於幻相的這種認同都沒有了。因爲他不再分別諸法實相與幻相。你在修行的第一步，還在區分幻相與實相。眞正到了究竟的時候，幻相的當體就是實相，因爲離開實相哪有幻相？對吧？

「宇宙在哪？」宇宙不是幻相嗎？當你瞭解諸法實相的時候，幻相也好宇宙也好，無非是諸法實相。

「禪修『那個』在哪？」對不了解眞我、不了解究竟眞理的人，才要談禪修「那個」。對於眞正的聖雄來說，還有什麼問題？如果還要積極禪修「那個」，那也不是聖雄了。當然還是很好的修行人。

如果你瞭解存在的當下就是涅槃，輪涅本來不二，那你還需要從輪迴出離嗎？因爲我們見輪迴和涅槃是二，所以我們才談出離。我們以爲離開這個當下，在遙遠的未來、遙遠的地方有一個美麗的存在、美麗的世界，一切都是清淨莊嚴，我們以爲到了那裡就會滿足所有的欲望。這樣的人，談解脫、談無欲、談不變，只不過是一場笑話。

所以，只有對那些超越了欲望疆界的聖雄，才談得到「幻相在哪？宇宙在哪？出離在哪？解脫又在哪？」原來，這些都只存在於我們的分別心之中。你有了分別，就有了幻相和實相；你有了分別，就有了宇宙與出離。你有了分別，就有了生死和解脫。沒有分別、沒有欲望，這些就都不存在。我還要補充再學習點什麼嗎？學點什麼基礎的修行、基礎的教理嗎？你願意學就學吧。但是對於眞正的智者來說，那不過是一場笑話。如果你沒玩夠，可以繼續玩。但是如果你眞的明白的話，哎呀！誰愛幹誰幹去吧，沒啥意思。

18.15 看見宇宙的人會想要努力否定。無欲者要做什麼呢？雖然他看，但他不見。

「看見宇宙的人會想要努力否定。」就是說我們看見宇宙的人，看見輪迴的人，看見生死的人，我們要努力地去否定它，對吧？我們說這個是不好的，我們要出離，我們要改善，我們要怎樣怎樣。爲什麼？你認爲這些是不好的。你看見了宇宙，看見了輪迴；你看見了生死，看見了痛苦。所以佛陀初轉法輪，必須說苦、集、滅、道。爲什麼？因爲他的弟子看見了苦。甚至剛開始他們看不見苦，所以佛陀才告訴他們，這個是苦。你看見了，你就要努力去否定這個，從中解脫。對吧？

而眞正的「無欲者要做什麼呢？」對於一個瞭解諸法實相的人，宇宙與出離沒有任何不同。輪迴與涅槃沒有任何不同，都是境界。你自己要陶醉於輪迴、陶醉於涅槃呢，還是要超越所有？所以，無欲者要做什麼呢？無欲者當然沒什麼要做。

「雖然他看，但他不見。」「看見」，什麼叫「看見」？你看到了，而且你承認許可它了，叫「看見」。你看，但是你根本不與這個東西認同，你也不認同這些東西是眞實，叫做「看而不見」。所以聖者不是都把自己眼睛弄瞎、把耳朵搞聾的，那叫又聾又瞎，那不叫聖者。聖者看到每一樣東西，聽到每一種聲音，但是他不分別它。如果你不分別，你看到的所有東西都是平等的。你要去分別，當然就有種種的差別。什麼叫修行？去掉你的分別心吧，不要分別才是眞正的修行。沒有什麼要做的。你唯一要做的，就是放下你的分別。如果你不肯放下分別，不管你做什麼或不做什麼，都沒有用。你做也是死，不做也是死。爲什麼？你手上沒做，你心裡早做了，因爲你看見了。

18.16 見到究竟之梵的人禪修「我就是梵」。但是，超越所有概念的人，不見有二。他要禪修什麼呢？

「見到究竟之梵的人禪修『我就是梵』。」我們每天打坐，想著「我要與眞我認同」；安住“I Am”，回到那個初始的第一念；禪修，禪修那個所謂的「我即是梵」。

「但是，超越所有概念的人，不見有二。」他要超越什麼呢？對吧。所以眞正的智者他已經超越了「我」和「梵」這兩個概念了。他睏了就去睡了，肚子餓就去吃飯了。「我就是梵」——啥？你說啥？禪修？你去吧。有啥好禪修的？你離得開梵嗎？你離得開眞我嗎？眞我能被你禪修嗎？所以你還在不斷提醒「我是覺性，覺性是我」的話，對不起，你還在念咒。

當然，念那個已經比念什麼包子饅頭好很多啦。但是超越之人連那個都沒有。「我們怎麼保任？」啥？你要保任什麼？你要保任哪個境界啊？對不對？什麼叫保任？世俗點說，保胎。懷孕了，怕孩子掉了，就保胎。保任就是這樣。把我們好不容易得到的那個東西，以爲是珍寶的那個東西好好保住，不然丟了，沒啦。對不對？流產，滑了，那可不行。所以我要保任。所以，「見到究竟之梵的人禪修『我就是梵』」，這叫保任、保胎。但是對於那些眞正當了爸媽的人呢，「超越所有概念的人，不見有二」，他要保什麼胎呢？他已經成了爸爸媽媽了，生完了，沒啥可生的。「他要禪修什麼呢？」

18.17 見到自心散亂的人，才必須要控制自己。但見獨一自性者無有散亂。他沒有任何要完成，要去做什麼呢？

「見到自心散亂的人，才必須要控制自己。」剛才我們說「看而不見」。對於這些能看見的人，已經很棒了，爲什麼？他看見自心。我們連自心也看不見。我們看見的都是：「你說啥？你再說！你再說我揍你！」我們看見的都是這個。或者「這個念頭不好……嗯，我入定。」這已經不錯了。

「但見獨一自性無有散亂。」如果你是見到究竟眞我的人，見到獨一自性的人，對他們來講一切無非是自性，你能散到哪、亂到哪去呢？

「他沒有任何要完成。」他不需要專注。哪裡不是自性？你專在哪上面，住在哪上呢？「要去做什麼呢？」——「修行，啥？你說啥？什麼叫修行啊？」

（弟子：師父，前面他爲什麼又說「見到究竟之梵的人要禪修，禪修『我就是梵』」？）

就是說你見到究竟自性，但還有「見」有「到」，你還沒有徹底地離念，你還有「我就是梵」的那種概念。所以就像那種破了初關，就說「我要保任」，破了重關，「我要百尺竿頭更進一步」——就是這種人。這種人就必須說，「嗯，我要禪修，我要不斷地禪修，我怕我忘了。我好不容易聽來『我就是梵』呢，我花了好多學費的」。所以，這個沒辦法，對吧？他只好禪修，他害怕丟了。

只有對於那些超越所有概念的人，他就沒有見到有一個所謂的「我」要去與這些概念認同，那是眞正明白了。他不需要禪修，對吧？他沒有什麼再要完成的了。因爲他不見有什麼東西需要被圓滿、被提升。沒有說「我要融匯歸大我」的那回事，因爲你從來就沒離開過大我，你要往哪融呢？不是把個小氣球塞到大氣球裡面的事。我們說什麼融入自性、一滴水融回大海，其實你從來就沒離開過那個大海。對吧？明白了這些的人，他還要禪修什麼？他還要去做什麼？他沒有什麼需要再去完成的了。這跟修行一點關係沒有。

哦，太美了，講下去無窮無盡，一句比一句美。前面說的那種知道了「我就是梵」的人，他是從別人那裡聽來的，並沒有眞正從自己內心徹底明白了。所以他還怕忘了，他怕聽來的東西有一天他記不得了，所以不斷地去禪修，提醒自己。而眞正親證明白這個的人，他還怕忘嗎？

18.18 真知之人儘管像凡夫一樣生活，但其實完全不同。他不見自己

專注或散亂，不見自己有任何牽涉。

這個「牽涉」，有些人又譯作「過失」，各有各的譯法。首先我們從生活模式來看，眞知之人，就是說一旦瞭解了眞我、瞭解了自性，他在生活上的顯現會是什麼樣的？我們一般人都會產生一個錯誤的期盼，以爲一旦開悟見性了，整個生活就應該完全不一樣，所謂的不食人間煙火了，能夠飛天遁地呀、能夠穿牆過壁呀、能夠知道千裡之外有什麼事情發生呀……諸如此類的，有很多不切實際的想法。

所以在這裡，八曲仙人就告訴迦納卡，他說「眞知之人儘管像凡夫一樣生活」，也就是說開悟的人在日常生活中一樣是肚子餓了要吃飯，要上廁所，要種種種種的，晚上要睡覺。白天照常做世間人要做的工作，「但其實完全不同」。他行事上在做著我們日常生活中所做的一切，但他的內心是不一樣的。

「他不見自己專注或散亂。」對於一般人來說，一會你專注了；一會你散亂了，做的事情就多多少少會犯錯，爲什麼呢？因爲我們在散亂之中。知道散亂不好，我們就會刻意專注。在銀行工作，數字不能塡錯，小數點一錯不得了；點鈔的時候一張不能少，還不能收假錢。這都需要專注，對吧？所以我們總活在散亂或專注之中。對待每個客人，或者對待每個接觸我們的人，我們總是很刻意地去表達自己，希望把事情都做好。我們覺得要調整自己的心態，很在乎別人怎麼看我們，總覺得要對自己說的、想的、做的負責任。我們覺得自己是這件事的操作者，我們是它的主宰，是對環境的主宰。甚至現在有所謂的「吸引力法則」：你起什麼樣的心，就吸引什麼樣的人，等等。這在世間法上有效嗎？很有效。但眞知之人，就是所謂的開悟的這些人，他們不見專注或散亂。他根本就不分別這些所謂的專注或散亂，因爲他從來不把自己當作那個做者。

世間人說你不負責——是的，他眞的不負責。因爲他不見有誰能夠負責。不見到自己是一個眞實的存在，所以他不認爲自己是做者，不認爲自己有什麼責任去管理日常的一切。所以他「不見自己有任何牽涉」。因爲自己不是做者嘛，沒有做者這回事，沒有自己這回事，所以一切展現自然按照道的展現而展現，他不會牽涉其中。該說的就說，該做的就做。但是沒有做者感，沒有責任感。他不會因爲別人的反應而歡喜或生氣。而我們一般人總是被外界的反應所控制，別人說一句話好聽的，就樂滋滋，別人一句話不好聽，馬上就跳起來，像點了炮仗（鞭炮）似的。而眞知之人，他因爲沒有做者感，他不見自己牽涉其中。這樣的話，外界不論發生什麼樣的反應，對他來講，無動於衷——已經無衷可動了。他不是刻意壓制自己無動於衷，而是根本無衷可動。不見自己有任何牽涉，或者說不見自己有任何過失。不會因爲自己哪句話說對了或說錯了就怎麼怎麼樣。

當然，這些是在你瞭解眞我、瞭解覺性的前提之下。如果你不瞭解，出去亂搞一通，當然你自己要吃苦頭啦。但是對於已經瞭解一切的人，他已經不再覺得自己是那個做者、那個要負責任的人的時候，道就會自然展現。它會借助你的身、語、意直接流布出來。

18.19 他超越了有無，有智慧、滿足而離欲。他什麼都沒做，儘管在世人看來他在做。

瞭解眞我的人，他已經超越了「有我」、「無我」、「我是做者，我不是做者」這樣的概念了。他是無心的。這樣的人叫做「有智慧」。我們現在說這個人會不會算算術、會不會解題，我們把聰明當作衡量一個人的標準。而見眞我之人，他才是有智慧，而不是聰明。

「滿足。」實際上爲什麼現在人說宗教是精神鴉片？爲什麼學了宗教的人都比別人容易滿足？因爲世間是鼓勵你的貪欲，讓你產生更高的期盼，這樣你才能產生向上的動力，這個動力的本質就是挑動起你的貪嗔癡。人們還認爲這個是社會發展的動力。而眞正瞭解眞我的人，所謂

「明道者」，他們是「滿足而離欲」的。

離欲就是離開了一切的對欲望的追求。什麼是欲望？跟人家比——「人家有的我也要有。」當你上了一個臺階，你就往更高的臺階看：隔壁人家的草地永遠比我的更綠，人家家裡的裝修一定比我的更好，人家家裡的伙食一定比我的更棒，人家的身體都比我們的好。所以就不滿足，就活在欲望之中。只要你有欲望就意味著你有痛苦，因爲欲望是你的假設、你的期盼，一定不是當下的現實。當下的現實是沒有欲望的，因爲它沒有比較。所以見眞我之人，「他超越了有無」。「有無」是一切概念的基礎，所有的概念離不開有和無，在有無之內你才可以產生比較，分別心。

「他什麼都沒做，儘管在世人看來他在做。」雖然他仍然活著，身體上有著各式各樣的行爲，但他不認爲那個是他在做，在心裡他沒有任何做者感。儘管在世人看來他在做，其實他什麼都沒做。因爲解脫不是在未來，是生活的每一個當下。你超越了有無、超越了概念、超越了分別心，當下就是解脫的。不然還等死後才去解脫嗎？你當下都解脫不了，誰跟你保證死後能解脫呢？對吧。

18.20 有智慧的人快樂地活著，做著一切需要他做的事，無論是做還是不做，都沒有任何困難。

有智慧的人就是瞭解眞我的人，而不是世間的聰明人。

「有智慧的人他快樂地活著。」爲什麼？因爲沒有比較，沒有分別，他永遠只活在當下。他只是「在」。

「做著一切需要他做的事。」他盡責，什麼事情該他做的他自然就會去做，從不推脫。但是也不會沒事找事。不會去攪動心裡頭的念頭，說我應該做什麼事。因爲他沒有「我」。你叫到了，他就會去做；或者他看到了，該他做的他自然就會去做。

「無論是做還是不做，都沒有任何困難。」如果那件事他不想做，他自然就不會去做。他不會受道德的捆綁，不會受別人眼光的約束。別人看到說，「哎呀，他怎麼連這個都不管？」不該管的就不管。不是他認爲不該管啊，而是他心裡念頭是不管，他就是不管。因爲道的展現是不受道德約束的。道德概念永遠只是我們人類的心靈遊戲，我們一大堆的念頭比較之後建立了一套遊戲規則，就是所謂的道德觀念。道德是爲那些還沒有悟道、還不了解眞我的人而安立的，瞭解眞我的人是不被這些所約束的。

18.21 被輪迴之風吹拂，無欲、獨立、自由且解脫之人就像一片枯葉那樣飄動。

了悟了眞性的人，由於過去生的業力，現在他這個身體還存活在世間。但是他因爲已經瞭解了什麼是眞正的究竟眞理，所以他不再有所謂的自主意識。他的生命、他的身體就像一片乾枯了的落葉，風把它吹起來，就飄起來了；風一停，它就落下來了。他自己完全沒有任何所謂的主控意識。不像我們，我們總希望去把控一切、掌握一切。

大部分人都這樣，一件事辦不成，心裡好急。爲什麼一定要成呢？所以眞正明白眞我、明白道的人，他在生命裡面已經不再有這種控制欲，他不怕任何情況的發生。愛咋地咋地[42]，愛啥啥吧。就像一片乾枯的落葉——乾枯的落葉與樹上的葉子有啥差別？一個長在樹上，一個已經飄落。飄落了以後，隨風而蕩。在樹上的，牢牢長在樹枝上。它會盡它的能力去抵禦風雨，牢牢地扒在樹上，不要移動、不要改變。直到一天它乾枯了，或者被冰雹打下來了，或者被人摘下來了，否則的話，它都會掙扎著努力希望繼續留在樹上。

明白眞我的人就像一片落葉。不明白眞我的人就像樹上的葉子，因爲他對這種虛幻的生命有一種頑強的執著。他以爲從樹上掉下來就沒有

42 愛咋地咋地：中國東北方言，指「你願意怎樣就怎樣吧，不關我的事」。

了，所以一定要牢牢地抓住，執著就是這個意思。什麼時候放手？抓不住的時候。而一個解脫的人，一個明白眞理的人，他不用等冰雹來，不用等被別人摘下來，一早就放手了。他是自主地消除了自我、自我感。他是徹底地自殺，而不是一般人那種把身體殺死的自殺。

現在很多人因爲心理疾病、身體的疾病受不了了，去追求安樂死，或以各種方式結束自己的生命。但這種結束自己的生命是沒有意義的，因爲死後一定再來。你沒有受完的業，下輩子一定接著受，逃不了的。而瞭解眞我的人，他並不去拒絕生命中的苦痛，不去拒絕任何的這些東西，而是先把那個受苦的人徹底地殺死。因爲他已經眞正地明白，這個受苦者從來沒有存在過。我們捏造出了這麼一個受苦受難的人，之後拚命希望把他變成沒有苦難的人。其實那是不可能的。蒸沙不可能成飯。

「被輪迴之風吹拂，無欲、獨立。」首先你得做到沒有欲望。如果你還有欲望，你就不可能獨立。因爲無欲了，已經不需要別的東西支撐，你才能獨立。「一個籬笆三個樁，一個好漢三個幫。」他已經到達了「我不需要站在那裡，風來了，大不了我就倒在地上」這樣的狀態，那沒有樁子也沒有問題啊，這樣你就獨立了。不然的話你一定得靠別人扶著你、撐著你，這怎麼自由呢？你不能離開別人啊，你不能離開你的支持者啊，不能離開你的支柱啊。對吧？一離開你就倒了，你又不願意倒，就只能被別人綁著、扶著。結果領導者就成了被領導者了。

所以「無欲、獨立、自由且解脫之人」，這樣的人他才能夠談解脫。無欲了、獨立了、自由了，離開這個還有別的什麼解脫嗎？沒有了。「就像一片枯葉那樣飄動」，他不認爲我一定要落在哪裡，我一定要停留在空中，或者說我一定要停留在乾淨的水塘裡。他沒有這些要求了，你愛把我吹哪吹哪吧，反正哪都是我最好的安息處。明白這點的話，就解脫了。

18.22 超越世間之人沒有喜或悲。他的心永遠寧靜，活著好像沒有身

體一樣。

眞正超越世間的人，已經不被五官，不被眼耳鼻舌身意的對境和分別所打擾。他看到，但是他不會隨著他看到聽到的東西起舞。他也不再需要什麼記憶。隨緣吧，愛啥啥吧。因爲喜或悲是一定要源於和過去的記憶、感受對比才會來的。你活在當下，沒有了這種對比，一切都是隨緣的展現，是啥就是啥了。所以，「超越世間之人沒有喜或悲。他的心永遠寧靜，活著好像沒有身體一樣」。因爲他已經不受這些東西所控制了。

但是由於過去的業力，他還有身體。在別人看來，他還是有身體的，也會吃飯，也會睡覺，也會病，也會有痛苦，等等等等。但是在他心裡是沒有這些東西的，他沒有擔心、沒有拒絕。因爲他已經超越了有無，所以他表面上痛的時候也會哇哇大叫，但是他心裡沒有拒絕。不要以爲，不要去期待那些開悟的人病的時候應該是不疼的，應該是怎麼怎麼樣的。其實那個是我們的錯覺和妄想。開悟了以後，你所明白和放下的，是我們心中的幻相。至於你這個身體要不要收攝，除非你練一些特殊的瑜伽，在死的時候身體就可以化成虛無、融入虛空。這些可以藉由練習瑜伽達到──甚至你不開悟，練那些瑜伽，你的身體也可以那樣。因爲那只是一種特殊的訓練方式，跟你是否開悟一點關係沒有。但是開悟的人已經徹底地斷除了內心的幻相，他已經不被幻相所騙。

「他的心永遠寧靜。」我們的心爲什麼不寧靜？我不是說開悟的人不會失眠、不會起念頭哦，會的。但是他不會被念頭騙。他也有睡不著覺的時候，但是他從來不會把睡不著覺的認同爲自己。他病了以後，一樣知道這個身體病了，但是他不會認爲這個身體是他。關鍵在這裡。他已經從這個自我認同中解脫了。而我們卻死死地被這個身體和這個身體裡面的識心所捆綁，認爲不能有念頭，或者希望產生什麼樣的念頭，快樂的念頭、善的念頭、幫助人的念頭，我們在期盼這些，我們被這些假象所騙。認爲這個身體不應該病，應該好好保養，它應該長壽。其實都源於自我認同——與這個身體認同，與這個虛妄的心認同。所以我們的心就沒辦法寧靜。因爲什麼？我們有太多的欲望，有太多過去的記憶，有太多未來的計劃。你怎麼寧靜呢？沒辦法活在當下的。

「超越世間之人沒有喜或悲。」因爲他無欲了嘛。喜從哪兒來，欲望的滿足嘛；悲從哪兒來，欲望的沒有滿足嘛。因爲他已經沒有這些了，他怎麼會有所謂的喜和悲呢？對於他來講得到和失去是平等的，痛苦和快樂是平等的，所以活著好像沒有身體。在他的內心世界裡，他是不認同這個身體的。不是他的身體不知道痛哦，是他根本就不認爲這個是他。所以，你看馬哈希的傳記，會覺得很怪。他經常告訴別人，「馬哈希餓了」，「馬哈希要睡覺了」。他不像我們說「我餓了」，他說，「馬哈希餓了」。你不要小看這個名字的轉換哦。我們很直觀地就會說「我餓了」，「我想睡覺」，因爲我們認同於這個身體。從小小的地方就可以看出差別。對他們來講，就好像沒有身體一樣。因爲身體跟其他的展現同樣只是一種展現。他不再認爲我們一般人認同的這個自我、這個身體是他，他已經知道、瞭解一切無非是他的展現，每一塊都是平等的。這麼個疙瘩肉叫馬哈希，所以，「馬哈希餓了，馬哈希該吃飯了」[43]。

18.23 樂於自性的智者，他的心平靜且純淨，無論何處都不渴望要放棄什麼，也不覺得失去什麼。

什麼叫「樂於自性的智者」呢？就是他只關心自性。不像我們，我們關心什麼？我們關心自己的表現，關心自己的感受，關心別人的感受，我們從來不關心自性。「今天上班怎麼樣？今天的伙食好不好？今天我

43 此處為三不叟上課時隨性引用的例子，或許與原文有些出入。這段旨在說明，常人不明白自己並非身體，多以「我」很痛來表示自己身體正在承受的痛苦，而拉瑪那尊者則會說「身體」或某個部位在痛。

睡夠了沒有？」我們關心的都是這些東西。智者與我們的差別就在於他只關心自性。他看到一切無非是自性。我們看到的，是不同、是差別，而他看到的是同一種東西，不管它什麼表現。你看到的是黃金打的尿壺也好、戒指也好，他看到的只是黃金，他看到的不是「這個是尿壺」或「那個是佛像」。

所以「他的心平靜且純淨」，我們的心就沒有辦法平靜：哎，這是佛像，你對它磕頭。黃金打的尿壺，你絕對不會對它磕頭，你一泡尿就撒下去了。瞭解本性的話，沒有那麼多愛憎、沒有那麼多的喜怒，他怎麼會不平靜呢？而且純淨，就像孩子的心，沒有染汙。

「無論何處都不渴望要放棄什麼。」不管在什麼地方，他都不覺得有什麼需要被拋棄的。那我們覺得有什麼要拋棄嗎？有。你見著討厭的人，就不希望他靠近，對吧？你見到不滿意的東西就想拋棄它，不順你意的東西就想拋棄它。你喜歡的東西就想多多地得到它、多多地接近它。而對於智者的話，隨遇而安。任何環境、任何地方、任何情景都是最好的、都是最合理的。

「也不覺得失去了什麼」，而我們覺得失去的東西很多。只要沒達到欲望的，就是失去了。總是活在恐懼之中，活在得失心之中。為什麼我們那麼在意自己在別人眼中表現如何？就是因為我們活在恐懼之中，怕失去這些東西。因為我們不知道自己的本性，所以我們把別人對我們的評價當作衡量自我的一個標準。只要別人能認同我，「你要什麼我都幫你」，為了什麼？為了維持更多的信任，希望得到更多。因為我們只能夠在得和失之間感受到自我的存在，因為我們不樂於自性。我們樂於的是存在感。我們必須經由動作來感知自己的存在。

為什麼要抽菸、為什麼要嗑瓜子？就是為了經由各式各樣的五官動作的覺受，使自己感受到自己的存在。真我不需要這些東西的，只有假我需要。兩人談戀愛，談就談吧，非要把嘴皮子湊到一塊，Mua……要這樣，我才感覺到你愛我了。我們每個人都需要這種接觸，感受到存在，感受到對方對自己怎麼樣。眞的。所以要時時刻刻知道，你是樂於自性，還是樂於五官的覺受。我們總被五官的這些東西騙。

「樂於自性的智者，他的心平靜且純淨。無論何處都不渴望要放棄什麼，也不覺得失去什麼。」當你瞭解一切無非自性的展現的時候，沒有什麼需要放棄的，也不覺得失去什麼，因爲你不可能失去。不管遠也好、近也好、善也好、惡也好，無非全體是你。你可能失去嗎？縱然躲到天邊，你能離開嗎？對於一個解脫者來講，生活在市區、生活在山洞，沒啥區別。

18.24 定於智慧者的心自然是空的，出現什麼就做什麼，不像凡夫那樣被榮辱所動。

這裡講的「智慧」不是聰明，而是瞭解眞如、瞭解眞性、瞭解眞我。

「定於智慧者的心自然是空的。」因爲你的心專注於哪裡，它就是什麼：你的心專注於自性，它就是無分別；你的心專注於概念，專注於六根對境，喜怒哀樂，它就是裝滿了喜怒哀樂。所以，「定於智慧者的心自然是空的，出現什麼就做什麼」，所謂的活在當下。

只要你的心平時不被任何念頭所干擾，每一個念頭出來的時候，其實就是告訴你現在該做什麼，其實就是道的展現。不需要再去怎麼樣、用什麼標準來確認這個念頭是道的展現，或不是。如果我們整天都活在妄想裡，那是另外一回事。而當你已經了知這個，心不再被妄念所打擾的時候，心裡出來的每個念頭其實都是你最該做的，所謂的第一念。它就是道的展現，就是直覺的反應。

「不像凡夫那樣被榮辱所動。」凡夫就是，想做什麼說什麼，先看看周圍環境，「我能說這話嗎？」不斷地去審核自己。甚至晚上回到家了，還在想我今天說錯了哪句話，得罪了誰。不但當時你在審核，事後還要審核，你就活在這裡面。而眞正的智者，他的心是空的，他從來不會覺得這句話說的是對還是錯，是得罪人了，還是沒有得罪人，who cares？因爲我又不是做者，我就是個管道。那道要怎麼流出，都一定是最好的。所以這個時候你就可以出現什麼就做什麼，出現什麼就說什麼。就是這樣。你不需要做自己，就是自己不再是一個做者，不再是一個檢察官，不是一個主控者。

18.25 一個人的行為合於「這是身體所做，不是我，純淨的自性所做」的見地。他即使在做，也沒有做。

就是說行爲是這個身體在造作的，並沒有一個「我」在主導做這件事。比如拿這個(舉起手機)，認爲是我在看手機，這就錯了。是這個手在拿手機，是這個身體在拿這個手機，跟我一點關係沒有。道在通過我拿這個手機，是它在做，它通過我在拿這個東西。都是它在做，不關我的事。如果你有了這樣的見地，而且能安住於這樣的見地的話，「他即使在做，也沒有做」，對吧？就像踢球，追著球跑，你覺得「啊！我在用勁。」如果你覺得是它在用勁，仍然可以跑得很快，但是你不會累。你還是會去追那個球，踢到忘我的時候——如果你踢過球你就知道，踢得最好的時候就是忘我的嘛——只是追著去了。如果是你很刻意地認爲你要怎麼樣的話，你反而會反應更慢。如果把你那個踢球者的自我意識放棄了，反而反應會快很多。你進入忘我的狀態、沒有我的時候，反而是發揮得最好的時候。懂嗎？

從這點你就知道，在生活中每一個行爲，甚至你去講課，你不要覺得是你在講。就像現在，我吧啦吧啦吧啦，我沒有備課的，眞的沒有，吧啦吧啦就好了。所以，「『這是身體所做，不是我，純淨的自性所做』的見地」。如果你的行爲合於這樣的見地，「他即使在做，也沒有做」。你即使在做，實際上不關你事——「不關你事」，我們現在聽來，這是啥話？這個話意味著沒有結業，意味著你不會因爲現在的造作而去輪迴。懂嗎？而如果你認爲你是這個事件、這個動作的操作者，你就要對這個事件負責，它將會在你的潛意識裡面留下業的種子，你將來就要爲這件事導致的所有的後果負責。你讓別人產生多少快樂，你就將感受多少快樂；你讓別人產生多少痛苦，你將加倍爲此痛苦付出。比如你現在看這姑娘很美，看了就看了。若你覺得你很喜歡這姑娘，下輩子你就得做她老公去。所以呀，小心啊，現在教你們最聰明的一招啊，懂嗎？不要以爲自己是做者，不結業。不然的話，嘿嘿。

18.26 即身成就者的行為，就像一個人在做卻不認為自己是做者，但他也並非是傻子。即使在世間，他也是快樂有福的。

什麼叫即身成就者？在這裡，即身成就者是印度當時公認的一個尺度、一個標準。不是說你現在可以飛天遁地、可以什麼什麼了，而是說雖然你現在還有肉身，但是你不再認爲這個是你，你已經徹底地了悟自性。這叫即身成就者。現在經常在藏密系統裡面聽到「即身成佛」、即身如何如何……結果說的都是人死的時候化成虹光了，叫即身成就了。而這裡說的即身成就，是指你已經徹底地了悟了眞我，了悟了覺性，而不再與自己這具五蘊身心認同，叫即身成就者。

「即身成就者的行爲，就像一個人在做卻不認爲自己是做者。」去做吧！沒有問題，該幹啥幹啥。但你不是做者，你不是要負責任的那個人。比如有人犯了一個罪，被人判了刑，去槍斃或者抓了去坐牢。如果他是個即身成就者的話，沒有問題啊。去槍斃沒有問題，進監牢也沒有問題啊，包括做那件事他都不認爲是他做的。這裡有一個很嚴格的概念，就是說你眞的明白自性嗎？如果你眞的明白自性，「息增懷誅」都是道的展現。所謂息者，息災；增者，增益；懷者，懷愛；誅者，誅殺。就是說如果一個菩薩，遇到一些惡人，該行誅法而不誅他的話，那是犯菩薩戒的，犯密乘戒的。那個時候就沒有「啊，我做了這個事，我會受什麼什麼報應」那種問題的。一切無非是道的展現。但你要做這些東西，你必須知道，你不是做者。如果你還有一絲一毫的做者感，所有的果報你必須受。

「但他也並非是傻子。」他不是傻子，不是糊裡糊塗的。所以，「善能分別諸法相，於第一義而不動」。什麼叫傻子？拿一堆碎玻璃說這個是紅燒肉，那個叫傻子。那堆東西就是碎玻璃，在世俗諦上，什麼東西是什麼，他絕對不會亂來，一是一、二是二，他是很清楚的。但是他不被這些做者感、這些自我認同所騙。

「即使在世間。」這種人，因爲他業力還沒有消盡，因爲過去生殘餘的業力，他這具身體還在。但是他的內心已經了悟了究竟的眞理了。所以他還會有一段時間存活於世間，所謂的「最後生」。

「他也是快樂有福的。」因爲他不會再有煩惱。快樂、喜樂是我們的本性，這超越了世間所謂的快樂啊痛苦啊，是一種祥和，是一種寧靜。這種人啥事也不幹，他爲什麼是有福的？這很難解釋。我們認爲世間的東西就是「不做就不得」，爲什麼他不做還是有福的？因爲你眞正與道相應的時候，你的存在對宇宙，對整個存在來說，已經是一種慶祝。因爲你給周圍、給周邊、給所有接觸你的人、給你所生活的地區帶來了那種加持，那種道的展現。就像一個水庫，蓄滿了水之後，它並沒有對周邊進行澆灌等等，可是水庫周圍的草都是綠的。水庫本身沒有給周圍澆水，但水庫它的存在本身就會造成這樣的效應。所以這種人他是有福的，因爲自然界本身就會圍著他轉，因爲他給周圍帶來了這樣的東西。雖然他自己沒有像周圍的人那樣，忙於世間的各式各樣的事情，忙忙碌碌，折騰這個折騰那個。沒有。他只是存在。雖然他也去做一些力所能及的該他做的事情，但是他是有福的。很自然的，因爲世間法就是這樣的。

18.27 厭倦了各式各樣的思辨，有智慧的人休息了。他不想，不懂，不聽也不看。

「厭倦了各式各樣的思辨。」因爲只有當你的心還沒有瞭解眞實的時候，你還不瞭解眞理的時候，才在邏輯裡面，在概念裡面不停地討論誰的觀點正確，一直活在思辨裡頭。而作爲眞正的智者，他已經徹見諸法實相的話，就不會再陶醉於邏輯、概念，所以厭倦了各式各樣的思辨。因爲不管思辨多麼嚴密，它一定建立在識心之上。如果沒有識心、沒有名相，也就沒有邏輯、沒有思辨的問題了。而諸法實相是超越六識的，是我們的分別心所不到的。如果你明白這一點的話，你就不會再把這種邏輯辯論當眞了。

佛教的因明，這些辯論術，實際上是爲了破斥外道而產生的，實際上佛陀自己在修道上是完全不用的。所以早期在龍樹時代，甚至龍樹專門爲此還寫過《回諍論》，就是用來破除這種因明，這種邏輯的。但是到了晚期的時候，與外道的辯論越來越激烈，而且外道的邏輯也越來越嚴密，越來越深，所以佛教就發明了自己的因明學去跟人家辯論。實際上，眞正的智者或者眞正的道人更關心的是究竟實相。所以他們不會被概念和邏輯所困。所以他說，對各式各樣的思辨都厭倦了。

「有智慧的人休息了。」你看看我們之中很多人，他身體上雖然靜靜地坐在那裡，但是腦子裡頭非常忙。也許你嘴上不去跟人辯論了，但是你腦子裡還在自己跟自己辯論。只有當你明白了諸法實相，你的腦子就停下來了。這個休息是指眞正的休息，不光身體的休息，包括我們的分別心，我們的概念，我們所有的想像，邏輯推理都休息了，放下了。

「他不想，不懂，不聽，也不看。」什麼是「想」？取相分別。中國的「想」字很形象，上面一個相，下面一個心。心裡面對種種的東西取相分別，進行比較，進行推理，這就是想。「他不想。」因爲你不分別了，人家說起來很多道理，量子力學什麼什麼，現代科學怎麼去推理啊分析啊，怎麼去解釋這些東西啊，毫無興趣，所以「不懂」。

怎麼理解「格物致知」？王陽明[44]剛開始的時候，也去學人家分析，拿了個竹子來分析，「格物」，結果格到自己都快瘋掉了，他發現自己

……………

44 王陽明(1472 – 1529)，名守仁，號陽明子，後世一般稱為王陽明。明代思想家、哲學家、書法家兼軍事家、教育家。他是陸王心學之集大成者，精通儒、釋、道三教。

錯了。所以怎麼樣理解「格物」，結果完全不一樣。當一個智者明白了這些，他就放棄了對世間的種種的好奇。

「不懂。」因爲他也知道，究竟眞理、諸法實相，不是我們六根所到的。你能夠分析的、你能夠觀察的，一定不是。

「不聽。」你跟他講，他也懶得聽。因爲對他來講，已經是對牛彈琴了，他寧願做那頭牛了。

「也不看。」眞正明白的人連看書都懶得看，除非萬不得已。不然他覺得累得慌。你有念經的習慣，很好。我不念了。只要你沒有忘失什麼是究竟眞理的話，眞的不需要念。但是念經好不好？好。爲什麼？起碼你每一次念，你周邊的那些有情都可以受益，它們可以被超度。因爲在我們存在的環境裡面，周圍還是有很多其他的眾生的。雖然我們看不見、摸不到它們。你每念一次，都等於一種心念的傳遞，一種智慧的加持。很有效的。但是你如果安住自性，其實也在加持它們。不需要用文字。對於眞正成熟的靈魂，你靜靜地坐在那裡，已經是最好的了。

「他不想，不懂，不聽，也不看。」他已經對世間的這些知識沒有任何興趣了。包括出世間的很多方法、很多咒語、很多東西，都已經沒有了那種學習和追求的欲望。所以很多東西表面上看來，你問他，他也不懂，「我就是不懂」，他不會不懂裝懂。「知之爲知之，不知爲不知，是爲知也。」不懂、不會、不知道。就是這樣的。

這個結尾挺好，「不想，不懂，不聽，也不看」。今天就到這兒，跟我們挺相應的，呵呵。跟我的名字挺相應的，三不叟——不懂、不會、不知道。

弟子：那在成爲一個智者之前呢？做一些分析是不是還是有幫助的？因爲還不知道實相之前，他要從各個角度來破除一些執著嘛。

師父：對。那是因爲你沒有接觸到一個眞正的智者，所以你才走那條路。如果你眞正接觸到了一個智者的話，他一定不會把你引到那條路上。因爲那條路是沒有盡頭的。從來沒有這樣的說法，說你沒有成爲智者時，你就應該更細微地分別。No, not at all！你應該去找一個眞正的智者，眞正的老師。因爲你認爲的最圓滿的分別，其實對於眞正的智者來講，甚至連一分錢都不值。因爲他知道，從根上那就是不可能的東西，是不一樣的。

弟子：從一開頭就接受了智者的教言就放下了，這不是所有人都能做到的。

師父：不是所有人都能做到，是大部分人沒有這樣的福報。

弟子：對呀，大部分人不行。所以如果說，他經過了刻苦地搜尋，最後放下了，毫不費力地放下……

師父：不可能放下。沒有一個科學家到最後說是累了放下的。要麼是中風了，要麼就是最後研究不出來了。眞的，不可能的。

弟子：也可能自然的，忽然到一天他就明白了……

師父：沒有，他會創造一種更新的理論。他只是想著：「哎，這個解釋不通，我再建立另外一套理論。」總之他就是要解釋、解釋、解釋。而這個方向一錯，是沒有回頭的。

弟子：修行不是有兩條路嗎？古薩裡和班智達[45]。

師父：是。可是沒有一個班智達是眞正的成就者。沒有。所有的班智達，最後要麼走上了實修——像帝洛巴、那洛巴，在他們成爲古薩裡之前，他們都是班智達，而且是最高的班智達。可是他發現，空行母來告訴他，你那個根本不是道，O.K.？

弟子：那他示現的是不是說，之前的那些努力也不是白費的？

師父：就是白費的。所以人家說，你在初發心就明白了佛性、直入無分別的話，比你修到了菩薩十地才明白佛性，要福報大得多。你到十地才明白佛性，明白不生不滅，那是很可悲的一件事情，很可憐的一件

……………

45 藏傳佛教將修習佛法分成兩種方法，一為班智達派，一為古薩裡派。班智達，「智者」的意思，指學習、鑽研、講解教義的學院派；古薩裡，「乞士」的意思，指實修派。

事情。

聰明的人，他知道他想的沒有意義，所以他不會非要到他想通才怎麼樣。當年長爪梵志[46]去跟釋迦牟尼佛辯論，因爲他想要回舍利弗嘛。佛陀跟他辯論了兩三句，完了之後，佛陀說，你先跟我坐上一個月，完了我們再辯論。他就跟世尊坐下來了，一個月後，讓他辯，他不辯了，沒什麼好辯的。他知道他要的根本就不是這個……就算精通了所有的婆羅門的這些教法，只要你還在思辨裡邊，你就跟眞正的道一點關係沒有。所以沒有哪個大成就者、眞正的成就者，是讓你不斷地去思辨的。如果是那樣的話，那個人一定不見道。

18.28 智者離於散亂，也不修三摩地，他不求解脫，也不被束縛。儘管他見到世界，但確知那只是幻相。他存在，如梵本身。

「智者離於散亂。」什麼叫離於散亂？不會沒事找事。我們總是被各種法塵，美色、妙音，被這些好玩的東西所吸引，所以這個叫散亂。你的心不在於道了，這個叫散亂。眞正有智慧的人不被眼耳鼻舌這些騙。

「也不修三摩地。」這跟現在大部分教法是不一樣的。因爲你在外面聽到的大部分教法都是說，要修習禪定，戒定慧：戒者束身，禪定束心，修行禪定以後，我們的智慧才能開啟。禪定的果是什麼？三摩地。那麼眞正有智慧的人呢？第一，他心不向外散；第二，他也不修行三摩地。他不要置心一處。因爲他是「應無所住」，不住在任何的一個境界，不住在任何的一個狀態之下，如行雲流水。

同時呢，「他不求解脫。」因爲我們一般求道的人，初發心就是爲了求解脫。眞正有智慧的人他已見諸法實相，他才知道，解脫是對應於

46 長爪梵志，舍利弗之舅。聰明博達，善於論議。曾發誓在盡讀十八種婆羅門經文前不剪指甲，故名「長爪梵志」。侄兒舍利弗跟佛出家後，長爪梵志來找佛陀辯論並要人，被挫敗後遂出家為佛弟子，後得阿羅漢果。

輪轉、對應於束縛。如果從來沒有輪轉和束縛，你去解脫什麼呢？對吧？總不能頭上安頭。所以他們不求解脫，同時「也不被束縛」。

「儘管他見到世界。」是，他也看到世界──他什麼都看得見，什麼都聽到，什麼都知道。但他瞭解一切所見、一切所觸、一切所聞，無非是幻相。所以他不爲其所動，「確知那只是幻相」。所以他存在，他只是存在，英文講 as it is。存在。

「他存在，如梵本身。」什麼是梵？離一切相。《華嚴經》中大家經常唱頌的華嚴經三品，有一品叫〈梵行品〉。〈梵行品〉告訴你什麼是眞正的梵。

弟子：梵？

師父：離一切相，離佛相，離法相，離正等正覺之相。離一切相，那叫梵，一切畢竟不可得。這就是眞正的智者。「他存在，如梵本身。」梵就是諸法實相，就是一切的究竟本體。

弟子：有一種修法是「安住覺性」，那個也是三摩地的修法嗎？

師父：問題是你以什麼爲「覺性」？每個人有不同的理解。大家都聽到這句話，「安住覺性」，但怎麼樣叫「安住覺性」？你把你想要安住的這個「安住」、這個概念拿掉。「內心無喘」，不要有任何的分別，就是了。不要去分別這個是眞的是假的、是好的是壞的，不要生起這種二元的知見。

你可以把它變成三摩地的修法。如果你把它變成三摩地的修法的話，就不是這裡談的安住覺性。因爲你那樣的專修，是把心控制在某一個狀態。只有控制在某一個狀態才可能修成三摩地，如果不控制在某一個狀態是不可能修成三摩地的。

18.29 有自我的人，儘管不做，也是有為的。有智慧的人離於自我，儘管在做，也是無為的。

「有自我的人，儘管不做，也是有爲的。」什麼叫「有自我的人」？

你認為你自己是這件事的做者，你要負責的，這是「有自我的」。你與這個身心認同，叫「有自我的」。

弟子甲：如果知道如夢如幻，那就知道何必那麼執著呢。但下意識你還是會認同身心，還有它的堅固性啊。

師父：沒錯，是有它的堅固性的。但是在我們修行的時候，實際上就是要放下這個自我認同，永遠不再認為你是做者。這個非常重要。這個做者感，你必須拿掉。所以我們現在都問，「應該怎麼做，應該怎麼做」，因為「我」要這麼做。為什麼呢？因為「我」認為這樣做了，才能夠達到「我」要的目的。這一串都是從自我開始的。

弟子乙：放下自我感，就是不去控制了嘛。

師父：對，這就對了。你不再控制，你知道一切的發生它只是發生，你不是做者。你只是一片枯葉，而不是一片樹葉。樹葉是長在樹枝上的，枯葉是隨風飄的。不一樣的。

弟子甲：做你想做的事情，那肯定就是有自我感。如果不是你想做的事情……

師父：那也是自我感啊。因為你有個不想做的事情啊。做或者不做，這個決定是你做出的，就是有做者感。你做決定嗎？

弟子甲：那總要做事的啊。

師父：做事有「隨緣而轉」和自己做出決定，這兩種。

弟子甲：那比如說，有一桌子菜在這兒，我去夾其中一盤，那就是有做者感嗎？

師父：你夾其中一盤菜時，可以有做者，可以沒做者，取決於你自己，是你說「哎，我很喜歡吃這個」。所以，禪師才說，「終日吃飯沒有嚼著一粒米，終日走路沒有踏著一片地，終日穿衣沒有掛著一縷線」[47]，因爲他沒有說我要喜歡這個、不喜歡那個。

弟子甲：要是我第一念就是「這菜不錯」，就夾了吃了，那還是有自我的吧？

師父：這個不能夠說有自我，開悟的人也吃飯。《八曲》這一頌後面還有一句呢：「有自我的人離於自我，儘管在做，也是無爲的。」他做，他當然做啊，他要吃飯，不然智者都餓死啦，對不對？但是儘管在做，他也是無爲的。因爲他沒有覺得自己在做。同樣去夾，你如果覺得這個好吃，但你認爲這個是老天告訴你好吃的，而不認爲是自己認爲是好吃的，O.K.。

弟子乙：就按第一念來就可以。

師父：對。有第一念你就去做。不要覺得自己在完成這件事，是自己做出來的。不把這件事做成或做失敗的原因歸於自己，「自己」做得很好、做得不好，把這個拿掉。做——該做的事情，儘管去做。

弟子甲：可是做的過程中，你還是清楚地意識到是「我」在做。

師父：那就是有自我了。

弟子甲：你可以不考慮後果，但是還是「我」在做啊。

師父：對。如果你認爲是「你」在做，你認爲這個身體是「你」，肯定啊，你有自我感。但如果你知道，這個身體就像桌面的筆，和它是一樣的，是所使用的工具，那你就不會認爲這個身體做的事情是「你」在做。

弟子甲：這個就難了，時時刻刻都得這樣。

師父：從來沒有說聖人容易，因爲我們時時刻刻都有做者感。所以他沒有特定地要你修任何東西，但是他卻在任何時刻都要求你沒有這個

47 參見黃檗斷際禪師《傳心法要》：「問：如何得不落階級？師云：終日吃飯未曾咬著一粒米，終日行未曾踏著一片地。與摩時，無人我等相，終日不離一切事，不被諸境惑，方名自在人，更時時念念不見一切相，莫認前後三際，前際無去、今際無住、後際無來，安然端坐任運不拘，方名解脫。」

自我。

弟子甲：對啊！就是很難的。要求很精進很勇猛。要「狠」做才行！（眾笑，師笑）

18.30 解脫者的心既無煩惱也無喜悅，它無為、不動、無欲，離惑。

「解脫者的心既無煩惱也無喜悅。」因爲我們一般修行人，都是奔著喜悅去的。世間人嘛，總是希望喜悅、愛、Love、Happiness。智者、解脫者，他的心呢？沒有煩惱。也就是說，沒有不開心的事情，也沒有開心。

弟子乙：智者以什麼爲「心」？智者的「心」是什麼？

師父：智者的心，跟我們的心沒有差別的。關鍵是他超越了心裡面的喜悅和煩惱。因爲我們被喜悅和煩惱所主宰，但是他不被喜悅和煩惱所主宰。這裡所說的「既無煩惱也無喜悅」，這個意思是說他不被它所動。不是說他感受不到煩惱，感受不到什麼是喜悅。而是他並不被它所主宰，不被它所蒙蔽，O.K.？他這個「無」，是心無掛礙的「無」。也即是說他的心行雲流水。他不被裡面的東西，喜悅也好煩惱也好，不被這個轉，不把它當真。

「它無爲。」智者的心呢，是無爲的。無爲有幾點：第一，它是不造作的；第二，它是不變化的。「不動。」這裡的不動，是他不會主動地去做什麼。「無欲。」沒有一個目標，沒有期盼。不像我們世間人。我們世間人總是希望什麼呢？更好。我們的心希望更好，希望修行讓行爲變得更好，思維變得更好，智慧變得更好。所以我們是在欲望之中的。身心都希望更好更多，更成聖成賢，我們希望「更」。智者的心、解脫者的心，是無爲的，是不動的，是無欲的，是離惑的，就是說不會被騙的。不像我們整天被各式各樣的東西騙，被概念騙，被情緒騙。智者的心不被這些所迷惑，不被無明所動。與之相比，我們只要檢查我們的心還有欲望嗎？我們還有造作嗎？

弟子甲：如果這個造作有時候有、有時候沒有呢？你在禪修的時候是沒有的，或者說想起教法，思維這些教法的時候……

師父：你在禪修的時候，就已經是造作了。怎麼會在禪修的時候是沒有造作的？

弟子甲：我說的禪修，是相應的時候。相應的時候，是沒有造作的。

師父：那睡著了也就沒有了。

弟子甲：我是說禪修的相應還不穩定的狀態，造作時有、時沒有的這種狀況。

師父：那就是凡夫。因爲根本就不可能一直造作，你去找一個「一直造作的」也找不到。

弟子甲：那麼一直不造作的……

師父：也不可能。除非你是死的。對不對？起碼我們要知道解脫者的心是怎麼樣的。你整天強調要「證到」，什麼叫「證」？達到這個叫「證」。如果你理論上瞭解了，做不到，那就不叫證。證到的話，就是與心相應。

18.31 解脫者的心既不去努力入定，也不努力活躍，但不以任何意圖，會自然入定或活躍。

解脫者不追求入定，也不追求讓自己的心 wake up（活躍）。我們很在乎心的感受，或者說心的品質，所以不斷地在折騰那顆心。它活躍的時候，我們拿它去修禪定，把它綁起來；它沉靜的時候，我們又怕它睡著了，或者怕它失念了，又去把它 wake up。智者呢？他不去折騰他的心，他不去修任何的禪定。因爲任何禪定都是識心的產物。識心，因爲它有比較、分別，它最多是把自己調到一個「心一境性」，卡在某一個狀態上。其實它還是在這個裡頭變，只是它變得越來越精細、細微。所以，智者「不去努力入定，也不努力活躍，但不以任何意圖，會自然入定或活躍。」看到沒有？聖人也有禪定的時候。但是他的那個禪定不是修出來的。他是法爾如是，自然入定，自然出來的。

弟子乙：沒有目的性。他雖然修禪定，但是……

師父：沒有目的就沒有 doer，沒有做者。我們的「做者」都是在我們的見地裡頭，我們要達到某個標準，我們去努力地操作。聖人呢？他只是發生。因爲他的心沒有隨著境界跑。他要入定，就自然入定了，他要出定，就自然出來了。他不會要拒絕它、要改變它，他不會在出定的時候要求自己去入定，也不會在入定的時候要求自己去出定。

弟子甲：那他爲什麼會入定、會出定啊？

師父：入定和出定是心的不同狀態而已嘛。對吧？就像你晚上爲什麼要睡覺？有本事你別睡啊。

弟子甲：因爲顯現上是一個身體啊。

師父：那你不顯現的那部分不睡覺。我們的法身也不睡覺。「解脫者的心既不去努力入定，也不努力活躍，但不以任何意圖會自然入定或活躍。」所以解脫者與普通人的差別，實際上就是「做者」──你還有「我」嗎？

弟子甲：「無我」做不到啊，吃菜的時候我都做不到「無我」，什麼放下啊。這些都是空想、大話、口頭禪嗎？我擔心的是成了口頭禪。

師父：你解釋一下什麼叫做「口頭禪」？你不要把自己要求到那麼極端，就很好了。因爲實際上，你，或者說大多數修行人，都要求更怎麼怎麼。就是說除了我現在這個當下以外，我要求的是更好、更強、更放下，或是更怎麼的……都要求一個「更」，對吧？這就是凡夫。所以龍樹菩薩碰到有人要殺他，還告訴人家，要拿吉祥草割他的頭，不然拿刀是砍不下來的。釋迦牟尼佛呢，提婆達多想要他頭想了好久，釋迦牟尼佛就是不給，就是不給你。你要我死，我就不死，等你下了地獄我才死，就讓你拿不到僧團的領導權。所以沒有必要怎麼樣怎麼樣，才證明我「無我」了。我不死也可以是「無我」啦，死了不是浪費嗎？

18.32 聽到真正的真理，愚鈍的人感到迷惑；敏銳的人潛入內心，看起來像個呆子。

「聽到眞正的眞理，愚鈍的人感到迷惑。」就是說聽到這種教授的時候，愚鈍的人呢，他會越聽越糊塗，不知道怎麼回事。

「敏銳的人潛入內心。」就是說如果你已經準備好了，你聽到這種教法，就會從內心去檢視，哪些能夠與之相應，哪些沒有做到。潛入內心，而不會只把它作爲一種名相去覆述。

「他看起來像個呆子。」爲什麼？因爲他更多地是關注自己的內在，有沒有去虛妄分別，還有沒有做者？因爲他的專注都在於內心，那麼他的外相、外表呢，看起來就癡癡呆呆的，像個呆子，不會表面上很能言善辯。因爲實際上解脫的人就是直接談論，不會說什麼「因爲所以」、「不但而且」。他們只是說，「哦，是這樣是這樣」。你看從剛才的開示到這裡，直接是這樣。他直接會跟你講「是這樣」。

18.33 無知的人不停練習入定和調心。有智慧的人安住真實自性，如同沉睡的人，找不到任何事要做。

「無知的人不停練習入定和調心。」就是說這種人不知道什麼是道，那幹什麼呢？不斷地練習入定啊、調心啊，做這些事情。

「有智慧的人安住眞實自性，如同沉睡的人，找不到任何事要做。」有智慧的人呢，安住自性，在別人看來，他就好像一個沉睡的人。沉睡的人有什麼特徵？不敏感，不會誇誇其談，不會在乎別人又在說什麼了、又有什麼新東西了，沒興趣。這樣叫做「安住眞實自性」。睡著的人不會沒事找事，同樣，一個有智慧的人，也不會沒事找事。可是我們停不下來，我們總要找一點事情做，眞正啥事也沒有了，手裡還得提著一串念珠。啊！很虔誠！我也整天掛著一條，吧啦吧啦吧啦地念。沒有智慧，因爲閑不下來。

你看，其實學佛的人大多數不斷地在做這些事，因為我們認為只有平靜、寧靜的心才能夠開啟智慧，所以這就是帶著做者感的追求。而智者知道任何展現都是最好的，所以智者不需要做任何事情。他不需要去在乎這個心是定或者是不定，因為他知道心不是他。他不在乎這個心是最好的或是最壞的——他沒有這個「好」，更不要說「最好」，他根本沒有好和壞，而且首先他就不認同這個心。我們因為很在乎那個心，才會刻意去調整那個心，如果你根本不認同那個心，它愛幹啥幹啥去。

弟子：但是「六波羅蜜」裡面的禪定呢？要不要修？

師父：要。但是什麼叫「六波羅蜜裡面的禪定」？當你無我的時候，禪定自然就會發生的，那個才是波羅蜜。你刻意修出來的，不叫「禪定波羅蜜」，那叫「禪定」，是共外道的。那跟佛法的禪定一點關係都沒有。

真正有智慧的人，就是安住於心的自性。就像五祖傳法給六祖，六祖開悟之後，五祖對他說，「不識本心，學法無益。若識本心，見自本性，即名丈夫、天人師、佛。」[48] 在你認識心性之後，即名為佛。聽到沒有？一旦你認知心性，即名為佛。五祖沒有說你認知心性以後，你就可以起修了，你要再修多少年就成佛了——沒有這話。《六祖壇經》裡白紙黑字寫著。因為你一旦認同於這個「體」之後，你就不再認同五蘊身心了，所以那個時候即名為佛。五祖沒有說你要藉由修行，讓你這個五蘊身心達到什麼量，你就為佛了。這是很關鍵的一點。你看《八曲仙人之歌》裡，八曲講的也是：「有智慧的人安住真實自性，如同沉睡的人，找不到任何事要做。」因為對於你的法性來講，你是圓滿的，無所欠缺的。而你能夠用功的，都在五蘊身心之上，我們現在所有用功之道，沒有一樣能夠超越色受想行識的。

「安住真實自性。」你一旦認知了心性的話，O.K.，就沒有什麼可做的啦，你不可能做什麼的。因為你能夠做的話，說明你的心是向外馳

48 出自《六祖大師法寶壇經·行由品第一》。

騁的，你是有距離的，你是有時間的，你是有目標的，是有不圓滿的。安住心性的話，這些東西都沒有了，但他又不是死人。那個「住」，不同於我們平時所說的「我『住』於禪定」，「我的心『住』於某一點」的那個「住」。因爲你要知道，我們眞正的本性就是覺性本身。你瞭解一切無非是覺性的展現，你就安住於本性了；你不再認同於你是什麼，你就在本性之中。我們現在總會覺得我們是一個什麼東西，比如我是凡夫，我是個男人，我是某某某。你有這種自我認同的時候，就沒有住於自性，因爲你已經與五蘊身心認同了。你不認同五蘊身心，你就 O.K. 了，你就安住自性啦。你還要怎麼樣安住自性？

你們都在假設一個東西，就是說你們沒辦法接受當下，沒辦法接受這個覺性是遍一切處的，一切無非是覺性的展現。你們總把它設計到要達到一個什麼樣的程度，要藉由怎麼樣，達到一個遙遠的未來，成就一個什麼樣的果位，展現一個什麼樣的特別的東西叫做覺性。這很奇怪。這跟道一點關係沒有。道必須在你的當下，當下你就能夠認得它。因爲現在道也在展現。

弟子：我覺得，過早地把那個梯子拿了，我就不知道該往哪裡爬了。

師父：就不能爬。「不許夜行，投明須到」[49]，這是禪宗的規矩。你還要爬，有時間有距離，你就在三世之中。你在三世之中，就不要談道，那就不是道，那是凡夫。

弟子：我也認爲一切全沒有「我」，當下是沒有「我」的。但解脫了嗎？您說我就成佛了嗎？

師父：你已經成佛很久了。眞正的你從來都是佛，是你忘了你本來是佛。你把這疙瘩肉當成你了。就像你在夢裡頭，你把夢中的那個你當作你，但你醒後一看，從來沒有那個夢中的你。

49 不許夜間行走，但天亮必須趕到。出自趙州從諗禪師和投子山大同禪師的問答，「趙州問：死中得活時如何？(投子大同)師曰：不許夜行，投明須到。」(《景德傳燈錄》第 15 卷)

弟子：我想要的是具體的操作。

師父：我告訴你，嚴格地講，是不能被操作的。你不要忘了，所有的操作都源於 ego，源於自我。實際上所有的修道都在使自我變得更精煉、更精微、更頑固。見道就見道，沒有所謂的「修」道的這些東西。你要「修」的話，就又恢復了你的這個自我。

什麼叫安住心性？就是說我承認眞我永遠是圓滿的，它已經遍在，一切解脫都是當下的。我不需要再改變任何東西了，當下就停下來。這就叫安住心性。所以我們講「修道」，實際上是不要禪修，不要造作，讓那個「警察」下班。「有智慧的人安住眞實自性，如同沉睡的人，找不到任何事要做。」因爲你發現，眞我本來圓滿，你做什麼呢？假我是虛妄不實的，你做又能做出什麼眞東西呢？既然明白這點，你還做什麼呢，對吧？所以禪宗那裡就是說你一旦見性了，即名爲佛。他沒有說，你見性了之後要逐漸地修行，再滿菩薩十地，去修那些東西。沒有了，對吧？所以，「找不到任何事要做」。

18.34 無知的人無論是不做還是做，都無法平靜。有智慧的人只是瞭解真理就會快樂。

「無知的人無論是不做還是做，都無法平靜。」你如果沒有生起智慧，不瞭解眞我，以假我爲我，這樣你去努力成就世間法、出世間法，去修三摩地，都不能達到眞正的平靜。因爲那個平靜是硬把它壓制、壓服出來的，不是眞正的平靜。

「有智慧的人，只是瞭解眞理，就會快樂。」因爲有智慧的人，他一旦瞭解了眞我，發現原來不需要任何的造作，本來具足的時候，他突然覺得千斤重擔、萬里目標沒有了，這個距離都沒有了。原來當下就是了。所以他除了快樂沒有別的了。因爲快樂是我們的本性嘛，你安住本性的話怎麼會不快樂呢？他並沒有說，瞭解了眞理之後，我努力克服了貪嗔癡，我快樂了。因爲我們總覺得咒還沒念夠，觀修的法還沒有修到數，我們還有多少要做的，總覺得還有很多事。我要修成這個三昧，我要修成那個悉地。所以我們總是排得滿滿的，哪還有時間快樂呢？對吧？

以前不知道，所以枉自辛苦了這麼久。一旦明白了，放下了，就快樂了。穆克吉本的注釋裡說明，這個快樂是「不用持誦、瑜伽和三摩地」的。就是不需要藉由我們所謂的這種修行來有所改進、改變，而達到某種程度。他沒有談到要「證」，了知就好了。你知道就好。因爲談「證」談「悟」，都是把境界的東西當眞了。這個也就是大手印跟大圓滿教法的差別之處。大圓滿是以安住見爲修，安住這個無修之見，安住這個本來具足之見——這就是大圓滿的修道。而大手印的修道是，「你感受到了嗎？你覺受到了嗎？你覺受到什麼了？」就藉著這個來逐漸地磨。從比較粗的覺受，到比較細的覺受，到三摩地，這樣磨。

18.35 世人投身各類修行，卻不瞭解自性。自性純淨、覺知、愛、圓滿，超越宇宙，離一切垢染。

「世人投身各類修行。」就是說我們世間人哪，念佛啊持咒啊觀修啊，「卻不瞭解自性」。因爲一般的人都是不瞭解自性才去學習各種的法門嘛，一旦瞭解自性就沒有什麼可以做的了。

「自性純淨、覺知、愛、圓滿。超越宇宙，離於一切垢染。」他們不瞭解的這個自性是什麼呢？它是純淨的，它不需要再被淨化，也不可能被淨化，它本身就是純淨的。

它是具有覺知的，自性具足覺知。我們現在呢？是把六識的這個認知當作覺知。自性的覺知，在白天透過六識展現出覺知；在夜晚深睡無夢的時候，在一切識心不起的時候，它仍然以自性的光芒保持覺知，這就是自性的覺知。它知道一切深睡無夢，知道一切的發生，知道一切還在展現，這個叫做「自性的覺知」。但是我們現在呢，往往只把透過六識的這種認知認爲是覺知，說什麼「我們要保持覺知」，其實是在保持著一種染汙的覺知。因爲深睡無夢時候的覺知，比我們醒位的覺知更清淨，更接近於道。我們現在爲什麼提倡要放下「警察」？就是因爲我們現在的這個覺知實際上並不是純粹的覺知。我們是透過我們所學過的道德觀念、所學過的種種東西加上判別，加上這些東西了，已經是被染汙的。

另外呢，自性充滿了「愛」。這種愛是對遍法界的一切展現的愛，而不是只對某個人的愛。這就是爲什麼說，當我們放下努力、放下自我的時候，道對你的愛才會更充分地展現出來。你的生活會變得更順暢，磨難會比你自己努力的時候小很多。

「圓滿。」就是說，自性是一切圓滿的，是無欠無餘的。不缺任何東西。你不需要再對它做任何的努力，想去增益它或者是什麼。它超越宇宙，超越一切存在。只要是你能夠知道的，它都超越了。自性一定超越它們，因爲自性包含一切嘛。而且呢，它「離一切垢染」。修行的人爲什麼會去修行？因爲不瞭解自性具足這些東西。你一旦瞭解了，你只要認同於自性，不需要做任何修行。

弟子：所有的修行就是爲了瞭解它。

師父：如果你認爲修行有助於你瞭解它，那也可以。就好比你說「我眼睛是瞎的」，那麼現在不管我是裝電眼也好、天眼也好，裝望遠鏡也好，做這些都是爲了看到眼前這個杯子，那可以。但是，首先你必須眞是瞎子，那麼做這些東西可能有點用，不然的話，本來就是你一睜眼就能看到的事情，還要裝電眼什麼的嗎？反而看不清了。

所以八曲仙人講的所有這些東西，都是告訴你，見道就完了。沒有別的東西了。道不屬修啊，修成必壞。你只要見道，肯承認這個是道，安住於它，就完了。所謂安住於它，也沒有什麼好住的，只是堅信它是在那裡的，是這樣的，生起這種堅信就 O.K. 了。

18.36 無知的人反覆練習調心還是不得解脫。有福的人僅是了知，就

是解脫的，不被變化影響。

「無知的人反覆練習調心還是不得解脫。」無知的人以爲道是被修出來的，所以他們反覆地練習調心的過程。修習禪定啊、念誦咒語啊，他們把自己所修的東西當作眞實的了，以爲眞有所得，所以最終還是導致他們陷在不同的境界裡面，所以他們不得解脫。有福的人，也就是說過去生已經積累了很多福德智慧，到有了一定程度，僅是了知，他就知道，「哦，原來我們這個『我』是假的，眞我是本不生滅的，是永恆的，這才是一切眞正的眞理。」

他「僅是了知，就是解脫的」，爲什麼？他當下不以假我爲我了，當下就是解脫的。如果解脫不是當下現前的，而是要在死後或是遙遠的將來，那樣的解脫是不可取的。爲什麼？它一定不是究竟眞理。究竟眞理必須是遍一切時、遍一切處，不依賴於任何事情，永恆的。如果它還在未來、在將來，或者在你死後，或者在你多少劫之後，你只是得到一個相對眞理。相對眞理就是有變化的，不可做爲皈依處。所以，「有福的人僅是了知，就是解脫的，不被變化影響。」只要還是在變化中，你談解脫、談涅槃都只是一場笑話。初發心的菩薩當下明白，與佛相同，若是修到十地，才明白這個道理，也與佛相同，但只是很蠢，經歷了漫長的修行過程。

弟子甲：有福之人的福報怎麼來的？

師父：這個福報，包括很多因緣，但是絕對不是折騰來的。折騰就是說，比如你要去打工，因爲你覺得你就是乞丐嘛，你不足嘛，你要去賺工資嘛。你看哪個百萬富翁每天要朝九晚五擠公交坐辦公室啊？不需要的。對不對？因爲你的自我認同是窮人啊，所以你需要工作啊。

弟子乙：《金剛經》裡面就說，你信這個無爲法，其實功德超越有爲法。

師父：對啊對啊。但我們不信啊。你只要「持於此經，乃至四句偈等，受持讀誦，爲他人說，其福勝彼」，勝過世間七寶布施，勝過以恆河沙世間布施，勝過捨身施命布施了。神通變化，一日三時，捨身布施——一層層的，都超過了。只要有這個見地，肯相信這個見地，你的福德比那些都大。可是我們從來不信《金剛經》。我們一定要憑著自己的努力，要怎麼樣怎麼樣，才能賺取那點工資。

弟子丙：所以《法華經》裡面講，明明是王子，卻在外面做乞丐。國王還不敢一下子把他叫回王宮，怕他受驚嚇。

18.37 無知的人渴望成為梵，所以不能達至梵。有智慧的人毫無渴求，享受究竟之梵的本性。

「無知的人渴望成爲梵」，換句我們普通的佛教徒聽得懂的話，就是「無知的人渴望成爲佛」，「所以不能達至梵」，「所以你就成不了佛」——你越想成佛，你就成不了佛。懂嗎？

「有智慧的人毫無渴求，享受究竟之梵的本性。」換句話說，有智慧的人，因爲他毫無渴求，他已經瞭解自性了，他就坐享其成，享受究竟之佛的本性，佛性。有智慧的人當下就享受本性，知道一切無非即是，舉手投足都是佛性的展現。從此也沒有目標了，不要再成爲什麼了。我們常犯的一個毛病，就是我們盯著很高尚的目標，希望成爲那個目標，這就苦了。

弟子：那你要放下假我、認識眞我，這不也是一個目標嗎？

師父：這不是一個目標啊。正是因爲你不知道你本來就是梵，所以「無知的人渴望成爲梵」，你渴望成爲什麼東西。眞我是我們本來有的，所以，「有智慧的人毫無渴求」。我不想成佛，我也不想成梵，我也不想成爲眞我。因爲我本來就是眞我，所以我不需要再成爲眞我。不需要從假我變成眞我。所以呢，「享受究竟之梵的本性」。

弟子：我想要享受究竟之梵的本性。這不是目標嗎？

師父：你「想」，那就是目標。他沒有「想」，所以他就在享受。

正因爲他無渴求，他不想改變任何東西，沒有想成爲任何東西。所以他就是他所是的了。明白嗎？

「無知的人渴望成爲梵。」「梵」也就是我們佛教裡的法身。「不能達至梵」，爲什麼？因爲你有個自我認同，你把法身認爲是另外一個東西。所以眞正談「合一」能談什麼？談就說明這個人不懂，外行。「有智慧的人毫無渴求，享受究竟之梵的本性。」正因爲他沒有任何的渴求，不需要任何的改變，當下就是法身，所以他「享受究竟之梵的本性」。因爲你就是它，它就是你。當下就是，根本就沒有修行那回事，也沒有距離，也沒有時間。沒有時間差，沒有距離感，當下就是。不是說當下的小我，而是當下的眞我。因爲小我是幻相，跟夢中的你沒有任何差別，只是我執更堅固一點而已。

18.38 無知的人沒有任何支持，渴求著自由，卻只是活在輪迴中。輪迴的根是一切痛苦的來源，有智慧的人切斷了它。

「支持」是指的什麼呢？我們看看尼提亞斯瓦茹帕南達的譯本注釋：「了知自性是我們眞實存在的基礎，愚人無此了知，儘管口說如此。」所以說他沒有支持，就是他沒有立足點，沒有眞正的支撐處。「無知的人渴求著自由」，但他不知道什麼是自由，因爲他沒有眞正的智慧，也不知道自由之道，不知道怎樣活得自由。所以雖然他渴求自由，「卻只是活在輪迴中」。因爲世間的人認爲的自由是什麼？是我想幹啥就幹啥，我想有啥就有啥。實際上他不知道，他要的是「集」，苦集滅道的「集」。只要有「集」，怎麼會沒有苦呢？他以爲得到了東西以後，欲望就滿足了。他不知道欲望永遠不會滿足。你滿足了一個欲望，第二個欲望就會生起，因爲天下沒有最好，只有更好。

「輪迴的根是一切痛苦的來源。」什麼是輪迴的根本？我們爲什麼成爲今天的我？告訴我，你們誰知道？（弟子答：錯認。）對，錯認，應該叫無明。我們認五蘊身心爲我，不知眞我，這個就叫無明。無明不是什麼都不知道，而是不知道究竟眞實。這是根本無明。因爲無明，不知道什麼是眞我，不知道什麼是眞正的永恆，因爲不知道，我們把夢中的我當成了我，把假我當我。由於無明，生起我見，因爲有了「我」，那麼隨順我的，我就貪；違逆我的，我就嗔；於我沒有太大關係的，我就捨，就是不當回事。痛苦的根源就是假我，而愚蠢的人啊，還那麼去保護假我，爲了不想讓它受到一點傷害，就去造業。積業就要受報，因果就是從這兒來的。爲什麼要造這種因？是因爲我們有「我見」。那爲了我的快樂，我就會想方設法不擇手段。就是這樣來的。如果沒有「我」，你會折騰嗎？你也不會折騰。所以「我」是痛苦的根源。

「有智慧的人切斷了它。」有智慧的人知道這個假我是一切輪迴和痛苦的因，所以他切斷了這個自我認同，不再以五蘊身心爲我。懂嗎？我們無視於眞實，所以我們把假的當眞；聖人無視於虛幻，所以他只把眞的當眞。

弟子：這一天之中，行住坐臥，誰敢說他都一直是沒有以這個假我爲「我」的？

師父：我告訴你，你一直認爲這個假我是「我」，也是堅持不下去的。不可能嘛，對不對？你見到一個凳子，就直接坐下去了，不可能一直說「『我』在坐」啊。

弟子：提醒自己這個五蘊身心不是我，對此不純熟之前，要不要談修啊？

師父：我不知道。反正我以前修了半天，發現都不是那回事，所以我就不修了。我已經跳過的坑，你還要再跳一次啊？那我不是白摔了嗎？

弟子：佛都要摔啊。

師父：對，佛要摔啊。佛在沒開悟之前，他是先學了無想定和非想非非想定，完了以後又出來修印度教的苦行，日食一麻一麥啊、辟穀啊，都試過。最後他說，這些都不是道。佛陀後來在一部經裡面說[50]，之所以要經歷這種盲修瞎練，是因爲在古佛的時候，他對迦葉佛曾出惡言說：「你這沙門，有什麼佛道？」所以這輩子要自己來經歷這種六年的苦修，最後才知道這條路是錯的。

18.39 愚蠢的人渴望調伏心來得到寧靜，於是得不到。有智慧的人明白真理，心永遠寧靜。

「愚蠢的人渴望調伏心來獲得寧靜。」你看看，你們不覺得這句話很可怕嗎？世間你看到的所有教法，幾乎都是教你們怎麼調伏心，我們整天都要調伏自己的心，不要有貪嗔癡，希望這樣得到寧靜，「於是得不到。」——乾脆告訴你，你這樣是得不到的。爲什麼？

弟子：心不可能被調伏。

師父：誰說的？你看他們也調到很善良的，也有修到非常調柔的啊，怎麼不可能被調伏？

弟子：因爲他還有分別心、分別念，所以根本不可能斷掉，他一直會起那些情緒。從根上沒有解決這個問題。

師父：對。因爲他的自我認同只要不改變，本質上，不管調伏也好、不調伏也好，沒有質的改變，只有量的改變。既然是生滅法，就能善能惡。你用對治法來修行的時候，就像搬著一塊石頭，你嫌那有草，就用這石頭壓著，但最終還是會從石頭縫裡長出草的。你這輩子可以超級善良，下輩子可能福報很大，那時候往往就得意忘形，那麼再下輩子就墮

50 見《佛說興起行經》，佛陀解釋了十難的因緣，包括六年苦行是前世對迦葉佛惡語的果報，食馬麥是前世嫉妒沙門受國王供奉的果報等。「佛語舍利弗：『我前向護喜作惡語道：「迦葉佛髡頭沙門，何有佛道？佛道難得！」以是惡言故，臨成阿惟三佛時，六年受苦行。舍利弗！爾時日食一麻一米大豆小豆，我如是雖受辛苦，於法無益。我忍飢渴寒熱風雨蚊虻之苦，身形枯燥，謂乎我成佛道，實無所得。舍利弗！我六年苦行者，償先緣對畢也，然後乃得阿耨三耶三菩阿惟三佛耳。』」

落了，這就叫做「三世怨」。所以著相修行，「猶如仰箭射虛空。勢力盡，箭還墜，招得來生不如意。」[51] 這輩子調柔，積累了很多福報，下輩子就很好啊。但眞正的智慧、無我的智慧生不起的話，你放心，「三世怨」是一定逃不過的。

「有智慧的人明白眞理，心永遠寧靜。」有智慧的人了解本來就沒有心，就不去和念頭有任何交集，不會考慮現在心是動還是不動，他不追求任何狀態。而如果不了解心本來是虛妄不實的，你就只能想各式各樣的辦法去調伏了。至於退而求其次，調伏心的時候，有智慧的人就安住當下。而現在大多數人渴望以禪修去調伏自己的心。這個在智慧者的眼裡是愚蠢的。因爲人們不瞭解無常，把心調伏平了，過兩天，不去調，馬上就又起來了。其實是參照點的不同，那是把參照點選在了「當下」之外。就像我們在河裡的船上，如果把參照點定在岸上的某一點，那麼因爲河水的流動，你永遠沒有辦法保持與參照點同步不動。可是如果你在船中，把參照點定在船上，你就跟它是同步的，所以那個時候，你是永遠寧靜的。很簡單的一個道理。

所以當你瞭解眞正的你只是梵，或者說只是法性，只是法身，只是眞如，你就自然地不會再看重世間的身心，只是讓它任運而爲，身體餓了還是要吃飯，困了還是要睡，健康還是要維持，這是正常的。「心永遠寧靜」。

18.40 尋求見到顯現世界的人，哪裡見自性呢？有智慧的人不見有彼此，但見不變的自性。

「尋求見到顯現世界的人。」我們大多數人都是相信我們眼耳鼻舌所到，對吧？修行人呢，他已經放棄了對這些的追求，但是他們追求本尊、追求菩薩降臨，追求能夠面見諸佛，能夠去到淨土。對吧？所以這

51 出自《永嘉玄覺證道歌》。

種人是見不到自性的。

「哪裡見自性呢？」因爲自性是超越一切可見的，因爲它是見者和所見的本身。它不僅僅是能見者，也是同時見能見與所見的那個，它展現一切的能見和所見。所以你是不可能看到自性的。只要你還注重這種顯現、外在的存在，因爲你注重顯現，你甚至見不到「能見」，更何況見到那個，投射出能見和所見的那個。

「有智慧的人，不見有彼此。」就是不見有能見、不見有所見，「但見不變的自性」。因爲一切不見，所以我們說他見到自性。有人說，「啊，他怎麼能見到自性？」他也見不到自性。依我們對「見」的定義，他是見不到自性的。但是，正因爲他超越了所有的這些能見和所見，所以我們說他見到自性。

弟子甲：我有個問題，佛教裡面不是講空、講無我嘛，人無我、法無我，還有《心經》裡面講「照見五蘊皆空」，這些有什麼區別？

師父：法無我：構成「我」的這個五蘊是「法」，五蘊所起之假我是「我」。人無我：「我」沒有了，但是色受想行識還在。菩薩瞭解到色受想行識虛妄不實，不光這個所起的「我」是假的，連這五個也是假的，所以菩薩證得「法無我」。阿羅漢證的是「人無我」。

阿羅漢的見地裡面，物質還可以分到極微，時間還可以分到極短，他還是有一個最小的物質。0 是不可能加出 1 的，他必須有極小極小的一個存在，「鄰虛塵」[52]，才能積累起來有塵。所以他法上沒有破到盡。他的心識，還要有一個等無間緣，就是一個心識給另外一個心識讓位，他不可能從完全沒心識，啪，跳起來一個心識。

弟子甲：哦，他認爲還有一個起始。那麼「照見五蘊皆空」，就是見自性了嗎？

52 paramāṇu，古印度哲學思想中組成一切物質(色)的最小單位，又名「極微」，《大毗婆沙論》定義它是最細色，不可被斷截、破壞、細分，不可用感官經驗。

師父：那個空還沒見到自性。就像六祖開悟前，「菩提本無樹，明鏡亦非臺。本來無一物，何處惹塵埃。」見空。但是一旦開悟了以後，他說，「何期自性本自清淨，何期自性本不動搖，何期自性本不生滅，何期自性能生萬法。」他見到了本不生滅的這個，哦，才是眞開悟了。所以前面只是證空。他見空的時候，五祖就說，「嗯，我思慮著你的見地可用」，可以被用了，你已經知道空了，而神秀還不知道空，神秀還是「身如菩提樹，心似明鏡臺。時時勤拂拭，勿使惹塵埃」，就是不要讓心裡生起貪嗔癡的這個見地。所以五祖就說「以此見地修行，不墮三惡道。」你可以不墮三惡道，但解脫沒門。因爲你不斷地和煩惱打架而已嘛。哪天它強，就把你打敗了，你強就把它打敗了。僅是打架而已，解脫不了。就是你不可能做到「內心無喘」，這個寧靜你是沒份的。懂嗎？

弟子乙：某某（指另外一個弟子）覺得一定要證到，但是「無我」這個結論，佛直接告訴你不就行了嗎？

師父：對啊。所以禪宗以前是沒有參話頭那回事的。禪宗以前歷代祖師都是直指的，就是告訴你，你眞正的本性是什麼。

弟子乙：只有不聽話的自己要去驗證。

師父：對對對，最後就越來越蠢了。

弟子丙：怎麼樣得到那個確信，能了生死呢？

師父：你找不到「我」的時候，你還需要什麼嗎？什麼是你？你仔細找找什麼是你。爲什麼禪宗問參學的人，「念佛的是誰啊」、「拖死屍的是誰啊」？實際上就是讓你不斷地在行住坐臥當中，去找一找誰是主人公。當你找不到那個主人公的時候，那你還要了什麼生死啊？沒有主人公，了什麼生死啊？對不對？假我沒有了，就沒有了。當然你找到眞我就更好啦。找到眞我，它沒有生死。但知道假我，就沒有生死啦。

弟子甲：所以見到空就了生死；如果見到梵，就怎樣？

師父：見到空，當然了生死啦。見到梵，就沒生死啊。

弟子甲：了生死，不就無生死嗎？

師父：哦，不一定。只是說你不用再生了。

弟子丙：聽起來好像梵和空是兩回事嗎？

師父：是。絕對是兩回事。

弟子甲：不可能吧！「空」是梵的一個特性而已。

師父：你要辯可以啦，你自己定義去吧。我不爭的。

我們後代人學佛啊，就陷在邏輯裡了。古人學佛呢，是直接談論的眞理，他不玩這個邏輯的。龍樹就非常討厭邏輯，他專門寫了個《回諍論》，是龍樹六論之一，就來破各種邏輯、破因明的，什麼「因爲所以、不但而且」，全都給破了。就是現量[53]，是這個就是這個，不是這個就不是這個，沒什麼好講的。現在人喜歡用邏輯，動不動就拿邏輯去辯論。

就像同樣講一個空，《空，大自在的微笑》[54]裡面他就講七種空，不同層次的空。你要看你在談論什麼東西，而不是籠而統之地說，「我就一個空，『照見五蘊皆空』的那個『空』。」那你就慘啦，不知道你自己在說什麼。

弟子丙：空是佛教一直說的，可是師父您卻說要找到「眞我」，這個「眞我」到底是什麼意思呀？

師父：《大般涅槃經》說「常樂我淨」，這個「我」就是「眞我」[55]。所以佛說：「我到此世界示現成佛，八千返矣。」那一次次來的就是小我。而我一直再來指示的那個，從來都沒動的那個，才是眞我。

....

53　現量，梵文 pratyakṣa-pramāṇa，古印度哲學術語，被佛教因明學沿用，與「比量」相對。指的是由五根直接取得，尚未經過意識思考分別的直接認知。「比量」則是需要思維進行推論、推理而產生的認知標準。

54　竹清嘉措仁波切著。

55　此處的「我」即 ātman，參見《八曲仙人之歌：全新梵漢對照注譯本》中譯後記對《大般涅槃經》中「我」字的註解。

18.41 迷惑的人奮力來調伏心，哪裡調伏得住呢？陶醉於自性的智者，心確實一直是自然調伏的。

「迷惑的人奮力來調伏心。」迷惑的人把身心當眞了，結果往往是自己跟自己奮鬥不息，不斷地審判自己，不斷地監視自己。用一些我們被灌輸的所謂的正確觀念，去壓伏那些所謂的錯誤的觀念。本質上兩者眞的沒啥區別。都是雲，空中之雲，不管是白雲還是黑雲。我們就是喜歡玩替代，用白雲取代黑雲。白雲好看，黑雲不好；祥雲好，積雨雲不好。「哪裡調伏得住呢？」

「陶醉於自性的智者」，或者說欣喜於自性，因爲這個詞是個多義詞。當你陶醉於自性之中，或者欣喜於自性之中的時候，「心確實是一直自然調伏的」。因爲你的關注就是能量的來源，當你不關注心的時候，那個心沒有了能量，它只能趴在那兒不動。你關注，它就有能量，不管是惡念還是善念。只要你專注於它，它就得到了源源不斷的能量，它就會經常生起這些分別。

「而陶醉於自性中的智者，心確實一直是自然調伏的。」就是說，沒喝酒的人，努力想裝醉，怎麼也裝不出來。每天醉醺醺的人，你想讓他清醒，很難。他不分別的，他就一直安住於醉醺醺的狀態。

弟子甲：人放鬆的時候，是會自然有點醉的感覺。

師父：對啊。這就對啦。所以，「陶醉於自性的智者，心確實一直是自然調伏的」。醉醺醺的狀態，起煩惱你起得來嗎？起不來的。對吧？你硬要壓、硬要修、硬要調伏，要派「警察」看著，是不行的。所以，修行上很多人就提倡一個放鬆嘛，你不需要做任何事情的，你做什麼呢？鬆下來就是了嘛。鬆得越透越好，越沒煩惱。

弟子乙：所以要修啊！要趕快放鬆啊。這不叫修嗎？他不是還得放鬆嘛。

師父：不是。因爲你越修越放不鬆。因爲放鬆不是靠「放鬆」來放鬆的。如果你想放鬆，你絕對不會放鬆。眞的眞的，我說的實話。沒事幹了，你不放鬆還能是什麼？ Nothing to do。你沒東西要控制，你控制什麼呢？關鍵是沒有預設出一個什麼狀態是我要的，那你不放鬆也沒別的事可幹呀，你不就放鬆了嗎？

不過沒東西抓啊，無所事事，很多人是受不了的。

弟子乙：就是說我們現在都太清醒了。但是你放鬆的時候，其實你也不會去區分你究竟是理智不理智，或者清醒不清醒。

師父：因爲人們錯誤地理解這個六識的認知是「覺知」。這個不是「覺知」，這是六識的認知。很多人把這個搞錯了，所以他們一直安立一個「警察」。眞正的覺性的展現，實際上是在背後，在六識的背後。就像深睡無夢的時候，那是純然的「覺知」。但我們不會用那個「覺知」，而是拚命地把六識的認知當作「覺知」，就不斷地覺知，醒著醒著醒著。

其實本來就是。「本來就是」的意思是說「六根所到非正量」，「若以六根爲正量，菩薩聖道有何爲？」這是《三摩地王經》裡的原話。不信的人就說：「我們要認知、要努力。」

弟子丙：但有些人好像修到一定階段有成果了，就可以很警醒，一連幾天不睡覺，安住在覺知中，諸如此類。

師父：他那個「警醒」是假的警醒，是六識裡面的警醒。你可以兩天三天「警醒」，可以七天不睡嗎？會垮掉啊。對不對？那就神經衰弱了。爲什麼學禪定學到最後，很多人都神經衰弱了，因爲他硬拉著、硬撐著不睡啊。

了知眞我的話，其實睡覺是最接近眞我的。就是說，你六識不行的時候，是最接近眞我的。當然要是深睡無夢，不是躺在那兒就算了哦——你躺在那兒又做夢又什麼的，就不是一回事了。做夢的話是獨頭意識起來了，一直在用意識的，那當然不算了。

你知道嗎？大手印指導心性的九個方法，其中一個就是把你拽出去跑。跑完個馬拉松回來以後，坐下來，就癱那兒了。再問你：現在什麼感覺？張澄基不是曾經代替貢嘎活佛傳大手印給沈家楨嗎？閉了七天關，第七天的時候他就叫沈家楨出去跑。外面下大雪，沈家楨跑了七八個小時後，累得癱在那裡的時候，張澄基讓他體會當下，體會明覺，體會心。

弟子甲：他這種指認還是帶點方便啦。

師父：當然帶方便啦。九種明光嘛，比如，喝醉的明光，暈厥以後的明光……

弟子乙：這個還不是我們講的「背後的那個」？

師父：對，這個還是能夠被感知的。其實「背後的那個」，你只能意會，是沒辦法感知的。因爲你要在那裡，就沒有六識；你有六識升起來，就沒「那個」。所以你永遠不會知道它是什麼。所以那個叫「母光明」。

弟子丁：那您昨天卻說，覺性是可以自知。

師父：對。因爲母光明知道它自己啊，它是自明的。並不是說我們的六識能知道、了知到這個覺、覺性，這叫什麼「自明」？這叫扯淡！眞我就是那個母光明啊。

弟子乙：那它還是能夠被它自己知道的。

師父：它自己知道啊，但是它知道，不會告訴你。

弟子乙：那您一直讓我要安住這個自性，要安住這個。

師父：對啊，你知道它是那樣的話，你不折騰這個假我了，就是安住「那個」了，因爲「那個」是遍在的。沒有那個覺，哪有現在你的六識啊？

弟子乙：您說它安住自性，是自己安住自己，自己了知自己，對吧？不是用識心來臣服什麼？

師父：對啊。你的識心不再以識心爲眞了，這就叫臣服了。我們現在是以自己的判斷爲眞，「你怎麼怎麼樣，你怎麼怎麼樣」……都相信自己的判斷嘛，所以那你就沒有安住自性啦，對吧？你現在是皈命於你的識心，你安住於你的識心，你以你識心的對錯爲判斷標準。那談什麼安住呢？你不用識心的時候，不用分別的識心的時候，就安住自性啦。

所以學佛不是搞怪，越是好的修行人，別人越是沒辦法分辨出來。他就是非常普通的。你覺得凡人很俗，好的修行人沒那麼俗，但是有時候，他俗的時候比你還俗啦。你看提婆達多啊，善星比丘啊，在他們眼裡，佛陀是很不完美的，是滿身都有缺點可以被抓的。提婆達多提出了很多佛陀不圓滿的地方，善星比丘也是啊。善星比丘做佛陀的侍者做了將近廿年，滿眼都看到佛陀的不圓滿啊。如果佛陀今天還在世的話，我也不知道你會怎麼看他。

18.42 有人認為存在實有，另一些人則認為沒有任何存在。鮮少有人什麼都不認為，因此遠離散亂。

「有人認爲存在實有。」很多人都會認爲存在就是合理的嘛，有這種看法，存在一定是實有的，不然怎麼會存在呢？

「另一些人就認爲沒有任何存在。」另外一些人聽到了空性的教授，覺得啥也沒有，包括因果。

「鮮少有人什麼都不認爲。」很少有人不去跟你爭論有和沒有，這樣的人，他的心根本就不在那上面，他不在乎有還是沒有，完全超越虛妄分別。這就是道人。因爲你什麼都不認爲的時候，你眞的是活在當下的。你不會被境界騙，不會被覺受騙。所以，「此道本無諍，諍則失道義。」[56] 大家都根據自己的觀點爭來爭去，沒有辦法眞正做到無諍。

所以《金剛經》裡面，佛說須菩提「得無諍三昧人中，最爲第一」，什麼意思呢？沒有知見，不落有，不落無。可是你聽聽我們這裡頭，整天在爭的就是，要麼有，要麼無。沒有辦法做到無心，沒有辦法做到沒有概念。有無都是你分別心的產物——如果沒有「有」，哪有「無」；

56 出自《六祖壇經》。

如果不對「無」，怎麼能說「有」？我們都在取相分別。所以道人呢，不跟你爭這些，從來不爭有無。你覺得有，「啊，好好好！」；你覺得無，「啊，好好好！」合掌令歡喜。不然怎麼辦呢？所以眞正的道，遠離一切計較、虛妄分別。

哎，就我一個人在說，你們都沒意見嗎？

弟子甲：我們靜靜地聽啊，我們用心地聽。

弟子乙：我們無諍。

師父：無諍是你心裡眞的已經不再在乎別人說有說無了。你不會再把「有」「無」當眞了。就是徹底死心了，心死了，分別心沒了，就對了。不然的話，「這場合不好，我不說」，這不是無諍。因爲這樣實際上你心裡頭並沒有做到無諍，只是覺得我現在爭不贏。爭不贏這個，就不爭了。

弟子丙：我現在就是感覺順了很多。家裡面矛盾也少了，有些時候沉默是金。

師父：對，沉默是金。而且有些時候你不用心，隨順就最好了。本來家裡就不是爭輸贏的地方。眞的，家裡講什麼道理啊？沒道理可講的。

我們講到哪兒了？「鮮少有人什麼都不認爲，因此遠離散亂。」我們人的習慣就是有、沒有、亦有亦無、非有非無，我們的思想出不了這個框的，總是在這個框裡打轉。很少有人能夠什麼都不認爲。不說有，不說沒有，遠離一切虛妄概念。這樣的人他就遠離散亂了。桌上有個杯子，現在是「有」，（挪開）現在是「無」。桌上有沒有？曾經有，現在沒有，「亦有亦無」。（把杯子放下）有人說，你這杯子是假的，所以「非有非無」——就是各種的思辨。很難有智慧非常超越的人，他知道你一切的思辨，本身源於虛妄，所以他根本就不思辨。所以很多時候我們說，「哎呀！我覺得無論我做什麼樣的決定都不對，我總有各式各樣的難題。」我教你個絕招，不要思辨，不要覺得是你在做決定，讓道去展現，你就會過得很快樂。包括爲人處世，包括在工作之中，不要認爲自己是下決定的那個決定者。你去做，但你不是做者。

「因此遠離散亂。」散亂就是我們的心不得安寧，這叫散亂。一旦你認同於假我，認同自己是做者，那麼你就要對自己的所做負責。正因爲你對自己的所做負責，就會積累業。有了業就有了因，將來就要結果。如果你從來不認爲自己是做者，那麼你的身語意不結業。雖然你在說，你在做，但是業不屬於你。所以成敗得失不屬於你，皆屬於梵，皆屬於法身。對吧？那你怕什麼呢？以前聽過這個教授嗎？能把它用在生活中嗎？

弟子甲：嗯……只是效果不好。因爲自己……

師父:怎麼會效果不好？你看看，「因爲自己」怎麼樣，這就露餡了，小尾巴還是在那裡。眞正做到自己不是做者，了知自己並不是做者，不是經過你的深思熟慮而做出決定的。所以很多人問我，這件事做不做，我說你抓鬮。想都不要想，抓鬮，抽籤。因爲你既然沒有辦法憑直覺去做決定，那把它交給籤吧，交給鬮吧，反而對你是一種保護。因爲不論成敗，你不是結業者。你不造業，因果鏈子就斷了，懂嗎？

今天好好聽這個，回去你們生活中的煩惱就會少很多了，眞的。繼續，有什麼問題？

弟子甲：道理上我是明白了，但就是還會覺得，「我不是做者」是經過思維之後的一個選擇。

師父：是，所以你不敢信任於道。嚴格地講，你不信任於道，因爲要經過思維選擇。如果你眞正信任於道的時候，有什麼好想的？怎麼做都是對的。

能做多少就做多少吧，逐漸地任運於道。所以孔夫子也說：「七十而從心所欲，不逾矩。」他也要到了七十歲那個時候才如此，所以你現在用用思維也 O.K. 啊。慢慢地習慣直覺，依賴直覺。如果你專注於道的話，你會逐漸逐漸地不理睬思維。我雖然這麼說，但是你未必當下做得到。如果能夠完全不信任思維，那眞的很棒。

弟子乙：我怎麼知道一個念頭冒出來是直覺還是思維呢？

師父：思維經過判斷，思維其實是判斷之前的一個步驟。因爲思維之後會做出判斷。直覺也好，智慧也好，都是一眼就說出結果的，一下就看到結果了。只要你還有過程，那都是思維。

弟子丙：我有一個問題。就是我在實際生活當中有經歷過特別特別想做某一件事，然後我想了半天不知道爲什麼。後面我發現，我特別想做那件事是有道理的。

師父：所以叫你跟著直覺走，就是這個意思。你特別想做就是該做了。

弟子丙：但是我不知道這是 ego 或欲望的表現呢，還是？

師父：這跟 ego 有什麼關係啊？如果你某天起了個很特別的欲望，那就是直覺啊，就是該做這件事啦。爲什麼平時你不會想到做這事呢？

弟子丙：就是「嘣」一下蹦出來了，也不知道爲啥。

師父：對啊。你要知道爲啥就不是直覺了，就是思維了。你爲什麼要知道爲什麼呢？你知道爲什麼，這就是思維了。這跟 ego 沒關係。要做什麼事的時候，你覺得「我是什麼什麼」，那才叫 ego；「我做得特別好，我做得特別對」，這就是 ego 了。可是該做啥事就做啥事，這就很好，沒有問題。

弟子丁：該做啥事，有個「該」字，這「該」字就是感覺有個基本的判斷。

師父：「該」，指道的展現，不是判斷。

弟子丁：就是感覺還是有一個判斷在，這個判斷常常帶來擾亂。當下我該做這件事還是那件事？又導致了一個思維。

師父：那是你自己沒有活在當下。活在當下總有一件事是該做的。「該做的事」就像，天黑了，睏了，上床睡覺啊；肚子餓了，找點吃的。這是該做的事，除此以外，沒有眞正什麼太多「該」做的事。欲望，不用跟它鬥爭，只要識破它的假面具就完了，有什麼好鬥的？

所以什麼是道？無心。但是禪宗過去又說，「莫道無心便是道，無心猶隔一重關。」[57] 這裡指的是什麼呢？這裡指的是，當你不瞭解諸法實相，那麼你以爲無心就是道了，這個時候你的「無心」就是術，不是道，是一種操作的技術。但是因爲你瞭解了諸法實相，而從此不再用心，這樣的無心就與道相應了。所以同樣在講「無心」，你要知道，什麼是與道相應的無心，什麼是術。現在很多人教「活在當下」，說貓狗都是最好的禪師，因爲牠們只活在當下。這種就是什麼呢？就是「無心猶隔一重關」。他們只學會了無心之術，他不瞭解什麼是道，不瞭解諸法實相。所以貓狗都成了最好的禪師了。那個埃克哈特（Eckhart Tolle），就提倡這玩意兒。所以要很小心。

弟子丁：有什麼區別呢，道和術？貓和狗都活在當下，還不是嗎？

師父：貓和動物都是活在當下的，但是這種活在當下，並不源於牠瞭解諸法實相。牠／他不瞭解諸法實相，只知道活在當下是最有效的生活方式，這就是造作出來的，所以這樣的時候就是術。他是在學習活在當下。他說，「我要活在當下，因爲活在當下是最有效率的」，這就成了術。如果你是因爲瞭解諸法實相之後，瞭解自我的虛妄，瞭解自我是道的障礙，從此你不再以 ego 作爲出發點，不再有做者感，這個時候在別人看來，你也活在當下了，你的這個「活在當下」就是與道相應的。兩者不一樣。所以不能夠看表像，就說這個人怎麼樣怎麼樣。因爲寺廟裡面有很多人在提倡「活在當下」，但是你問他諸法實相，他不知道，他只知道「活在當下就是道」了——活在當下也可能只是術，不是道。

弟子丙：那他們這種人怎麼操作啊？過去他也不念，未來他也不盼，是嗎？

57　五代十國的同安常察禪師的《十玄談》之《心印》一詩：「問君心印作何顏，心印何人敢授傳。歷劫坦然無異色，呼為心印早虛言。須知本自虛空性，將喻紅爐火裏蓮。莫謂無心云是道，無心猶隔一重關。」出自《景德傳燈錄》卷二十九師父：對對，他就是活在當下，但是他不瞭解，應該亦不住在當下。因爲「過去心不可得，未來心不可得，現在心也不可得」。他是以「現在心」爲心，永遠活在當下，正念當下。有很多這樣的教導，南傳佛教也有這樣的教法。他們作爲一種禪修訓練，正念，mindful。對，「警察」永遠在這裡上班，看著當下：「不許過去啊，不許過去啊！這裡！只能在這裡。」就是這樣的。

弟子丙：就是有個標準，當下。

師父：對，沒錯。

弟子戊：就是他們還是在檢查自己「在不在當下」。

18.43 智慧暗鈍的人觀修真我是純淨不二的，卻不能了悟它。由於迷惑，一輩子都活得不開心。

「智慧暗鈍的人觀修眞我是純淨不二的。」「我只許晴空萬里，不許有雲。我觀修，嗯……」這就叫智慧暗鈍的人。他不能夠接受烏雲翻滾、白雲飄飄——這都在虛空裡，對虛空沒有任何影響，對不對？所以智慧暗鈍的人念頭一起，就馬上呵出個般若字，「呸！」還要吐掉（做吐痰狀）。這叫智慧暗鈍。

「卻不能了悟它。」關鍵是你要了悟它，而不是被一個無雲晴空所困住、騙住。能夠生起無雲晴空、能夠生起烏雲翻滾的，都是它。你如果不認它，而去認某個境界的話，當境界有所變幻，就要怎麼樣怎麼樣，那叫蠢。

「由於迷惑，一輩子都不開心。」因爲他要求了某一種東西嘛，稍微不一樣，他受不了，所以就活得很痛苦了。怎麼可能永遠是藍天呢？對不對？偶爾有晴空了，哎呀好呀，欣賞；時間過去了，霧霾來了，你就接受嘛，對不對？他不瞭解平等，不瞭解無二，他的心總是住在某一個極端上。他不能夠瞭解一切法畢竟平等。所以「不二」呢，永遠只停留在書本中，而不是在生活上。其實任何境界都一樣，騰空鑽地跟運水擔柴沒有差別。你明白這個了，你就會甘於平淡，不會想要搞怪。平平淡淡、普普通通就好了。智慧不成熟的人，也許相信眞我是純淨的、無二的。可他們想要在顯現上體驗到眞我是一種獨立的實體。他們都在追求，「你證到了嗎？你感受到了嗎？」眞我怎麼能被感受到？感受到的就不是眞我，就是境界了。他給自己帶來了一輩子的痛苦，因為他在追尋那種感受，追尋那種「桶底脫落」，追尋那種「虛空粉碎」。

眞我不是任何境界，但能超越所有的境界，能生起所有的境界，包括生起我們的這種幻身幻心。

弟子：能夠生起 “I Am” 嗎？

師父：當然了。“I Am” 就是一種純淨的狀態。因為起了念頭以後，就不是 “I Am” 了。“I Am” 一定是無念的。就是你早上剛醒來，知道自我的存在，但是又沒有念頭。這個是 “I Am”。就是說第一念，兩個念頭之間。

18.44 渴求解脫者的心不能無所依賴，但解脫者的心確實永遠是獨立的，遠離了欲望。

師父：任何渴求解脫者的心，其實呢，都不能無所依賴的。對吧？

弟子甲：就是說得靠自己，不能依賴任何人，任何事。

師父：你靠自己也是依賴自己啊，也是在依賴啊！你繼續聽。下一句他說，「但解脫者的心確實永遠是獨立的」，既不能夠依賴別人，也不能夠依賴自己，「遠離了欲望。」

弟子甲：那我連阿彌陀佛的地方也不要想，那也是欲望。

師父：對，因為你還在渴求解脫的時候，就說明你還不解脫。所以我們欲求阿彌陀佛，欲求去哪裡哪裡，因為我們現在不認為我們是解脫的。我們認為解脫是發生在將來的。比如你想求生淨土的話，你認為解脫是發生在你死後，發生在你已經往生之後。所以此頌說，只要你有所渴求，「渴求者的心就不能無所依賴」。你要想去哪個淨土，你就依於誰。有的人想去銅色山，他就依於蓮師，要持蓮師咒。有的人想往生西方極樂世界，他就依於阿彌陀佛。總有所依賴。但對於解脫者，一個已經解脫了的人，他們與這些求解脫的人不同在哪裡呢？「解脫者的心確實永遠是獨立的。」

所以禪宗裡面經常說，不與萬法爲侶。侶，伴侶。都不要了，因爲我的心不往任何地方上靠。因爲你必須瞭解，解脫永遠是當下的。如果你不能當下瞭解「色即是空，空即是色，受想行識，亦復如是」的話，你就肯定不是解脫的，肯定不是當下涅槃。因爲我們不瞭解。如果瞭解的話，我們並不需要去掉身體，我們並不需要去掉心念。因爲色即是空，受想行識亦是空，本來無二。你當下就是解脫的。菩薩以此爲道，諸佛以此爲道。《心經》雖然很短，二百六十八個字，但是眞的把佛法說得再清楚不過了。

「遠離了欲望」，他的心沒有依賴，絕然獨立，怎麼樣做到？就是沒有欲望。沒有欲望，我就不需要靠向任何地方了。

弟子甲：既然沒有欲望，又是獨立的，不要依賴什麼，就這樣就走了。

師父：還有走嗎？還有來去嗎？有來去就不解脫啊。有來去肯定沒有涅槃啊。當下的涅槃，無來亦無去啊，不生亦不滅啊。

弟子甲：我們能修到這種地步嗎？

師父：你們本來是這樣，只是你們不知道。不是要修，修是修不到那個地步的。除非你知道本來的。你要修到那個地步，就成了「渴求解脫者的心不能無所依賴」。因爲你求，要到達那個狀態。只要你有所求，你就不可能在那個狀態。

弟子甲：那爲什麼還是有很多人念經啊持咒啊？

師父：那是他們不明白這個道理，他們要求。

弟子甲：那佛還是會來接他們的。

師父：還是會。你要求往生啊，求西方極樂世界啊，他當然來接，這是他的本願啊。一切唯心造。因爲阿彌陀佛也是心的展現。你想去，他就來接，很正常啊。

弟子甲：兩條路。一條路無所求，一條路是念阿彌陀佛。好好求，就是像你抓了一個東西一樣。無所求，就是覺得空空的。

師父：好好求。對，所以你如果沒有辦法接受空空的，你就可以有所求。如果你已經瞭解了諸法實相，知道一切無非是自心的幻相，你已經沒有欲望了，你就無所求了。是這樣的。你沒腳的話穿什麼鞋子呢？你認爲那個腳是你的，你才要穿鞋子呀。自己選，用得上就好了。法門不必論高低，能夠消除你的恐懼，消除你這個期盼，就是好的。

弟子甲：我念一念比較安心一點。

師父：所以「渴求解脫者的心不能無所依賴」，就是說，他必須依賴修行，他認爲要持戒、要忍辱、要布施、要精進、要禪定。他不能夠無修。他不能夠讓心處於它法爾如是的狀態，所以他不是解脫者。解脫者的心呢，確實永遠是獨立的。他知道我們的心一切功德本來具足。實際上不能做任何的努力，再去增加任何東西，或者做任何努力去減少任何東西。一切無非法爾如是。因爲不再需要改變，他就沒有任何欲望了。我們的欲望，要麼是不足，要麼是有多餘。我們才有增添的欲望和削減的欲望。對吧？因爲「不變」是不需要有欲望去不變的，只有沒有欲望它才不變。只要有欲望，要麼就嫌它多了，要麼就嫌它少了。

弟子乙：就是說這個世界是完美的。

師父：對。對一個眞正的道人來講確實如此。所以這個就是佛教與儒教的不同。孔夫子就認爲要憑個人的努力，使這個世界變得更完美、更公平、更和平。

弟子甲：沒有公平的世界。

師父：從緣起來講啊……如果你通三世的話，這個世界是非常公平的。問題是我們現在都是把它片段化來看，今世今生就要它公平，所以這就變成不可能了。如果你通三世，天下從來沒有一個人是冤枉的。

弟子甲：每一件事情都有原因，不是偶然的。

師父：當然，不是偶然的。

弟子丙：以前我們講過要發菩提心，現在這個跟師父講的沒辦法同時修了。

師父：不是。我們說的發菩提心，還只是一種世俗菩提心。勝義菩提心的話，是實不見眾生可度的，所以在《金剛經》裡就包括世俗的和勝義的菩提心。如果你不得勝義菩提心，你是沒有辦法成就世俗菩提心的，眾生永遠度不完啊；但是如果你只發勝義菩提心，就很容易成空、偏寂，就很容易變成小乘的自了漢。這樣也不好，就只看到自己的得失啊、利益啊，諸如此類的。其實，「菩提」的古義就是「道」，就是「覺」。你覺悟了，所以實無一法可得。這也就是覺悟，這也就是眞正的菩提心啊。不見有佛可成，不見有眾生可度。一切都是幻相嘛。

弟子丁：前面師父您說祈求佛來接，佛是會來接的。那這個與臣服的教授是否相違？如果臣服是否就應該不再做祈願？

師父：有一條是不相違的，就是我祈願佛菩薩加持我臣服。否則都是相違的。如果你已經瞭解臣服、瞭解道的話，實際上是不需要任何祈願的。祈願的人，就是說我不滿足於現狀，我希望佛菩薩加持我輪迴得更好。但是如果你眞正明白什麼是道，「三解脫門」裡面其中一條叫「無願解脫」。沒有任何的希求，沒有任何的期盼，才是解脫的。空解脫門、無相解脫門、無願（也叫無作）解脫門，這是三解脫門。所以，這個就是對各種佛經的教授層次不理解，你才會有這樣的疑惑。因爲要發願啊這些，都是初發心的人爲主的。眞正已經學到解脫層次的人，是沒有這些事情的。或者說他的願力已經堅固，他的願力已經是法性的一部分了，也就是說他要利益眾生的這種願，是法性自然的展現，他不需要用假我再去發這個願，因爲他知道這個假我就是虛妄不實的。那虛妄不實的東西怎麼可能做出眞實的東西呢？對吧？所以眞正的「慈悲喜捨」都是法性的本能，而不是後天這種嘰咕嘰咕嘰咕磨出來的東西。

18.45 見到猛虎般感官對境的人，心生恐懼，尋求庇護，立刻進入山洞，以成就調伏與專注。

當你瞭解到，我們的眼、耳、鼻、舌、身、意這六根，能夠感覺到的色、聲、香、味、觸、法，在欺騙我們、蒙蔽我們，把我們帶著在生死中輪迴中生生不息。當你知道了，而不再相信這些感官的誘惑時，你會馬上走入修行之道。我不鼓勵你們去山洞啦，但是應該馬上把心、把注意力從這六根中抽離出來，不要再專注於我們見到的、聽到的、聞到的、接觸到的、思維到的，不要被這些東西再騙了。所以，「見到猛虎般感官對境的人，心生恐懼」，恐懼什麼？恐懼於我們的感官對境、我們的分別，它們使我們遠離了自性。「尋求庇護，立刻進入山洞，以成就調伏與專注」──專注於什麼？專注於自性。調伏什麼？調伏我們的心，調伏往外奔馳的眼耳鼻舌身意。

18.46 見到無欲的獅子，感官對境如大象般立刻靜靜溜走，逃不掉的話，就奉承服侍。

眞正見到了無欲的獅子，見到了法性、見到了主人公、見到了眞我，馬上「感官對境」──也就是我們的六識、六根、六塵，「如大象般」──雖然牠力量非常大，沒有見到獅子的時候牠是獸中之王，但是一旦遇到獅子，遇到究竟眞理，牠就溜走了。「立刻靜靜地溜走，逃不掉的話，就奉承服侍。」我們的分別心死不了啊，死不了就乖乖地臣服吧，就是這樣。如果你不想臣服，那就自討苦吃啊。因爲要知道，並沒有說境界有什麼不好，佛也看到所有的境界，我們也看到所有的境界，但苦生於哪裡？苦生於對境界的認同和執著。我們認爲這些是好的、那些是不好的，不能夠平等視之。我們希望好的能夠留下來，或者未來再次出現，這叫什麼？這叫心有所住。

所以《金剛經》裡面說，「應無所住而生其心」。你不要回憶過去的善境界，不要期盼未來的善境界；不要討厭過去的惡境界，也不要去討厭未來的惡境界。能夠平等，不認同於它，這就叫《金剛經》裡面的「應無所住而生其心」。特別對某一些修行的境界，比如昨天我見到菩薩了，「好莊嚴哦好美哦，我今天一定要念更多的咒」，希望晚上看到他的時間更長，這叫心有所住了。所以，「應無所住而生其心」，一旦從認同和執著中脫離出來，就並不需要避開世界。就算在世界外相中如此生活之人，也是自由而快樂地活著，不受影響。當你不與境界認同了，沒有期盼也沒有怨憤，這個時候境界依然是境界，你只是一個旁觀者。一切都變成你花園裡面的花草樹木，你只是欣賞、旁觀，因爲如果一個園子裡只種一種花，就沒啥味道了，一定是有各式各樣的花。所以有善境界有惡境界，有各種花，你就看著挺美的。不要光想著好的，因爲一切都只是「好的」的時候，你就不覺得好了。當然一切都是很糟糕的時候，也不好。

弟子：因果也是夢幻中的一部分嗎？

師父：當然是。因果永遠是虛妄的。如果因果是眞實的話，就沒有眾生能夠解脫，沒有眾生能夠成佛了。

弟子：那如果解脫了就可以逃過因果嗎？

師父：解脫的話還有「逃過因果」這一說嗎？就像我問你現在有沒有逃過你的夢、噩夢？解脫了，就像你現在醒了，夢中的一切境界對你來講根本不存在。「因果」對於解脫的人也是虛妄不實的，但是對於還有我執、我念、我愛，以身心爲我的人，因果一點都不虛，因果不爽。就像你在夢裡，夢境對你來講就很眞實。但是夢裡的東西對醒後的人是沒有任何意義的，懂嗎？

18.47 沒有疑惑，心認同自性的人，不去尋求什麼調伏法門來解脫。他看、聽、觸、嗅、嘗，快樂地活著。

如果你已經沒有任何的疑惑，你認同自性才是眞正的我，不再把我們現在的五蘊身心當作「我」的話，就不會去尋求什麼調伏法門來解脫。因爲任何方便都是用來對治我們五蘊身心的問題，包括心的煩惱、包括身體的不舒適，等等等等。那麼如果你已經認同自性，自性不生不滅、不垢不淨、不增不減，你不再以五蘊身心爲我，你就不會再去尋求什麼方便法門，比如什麼念佛、頗瓦、止觀、扎龍、氣脈明點啊，什麼微細身啊，你不會再去學這些東西，因爲它跟自性是沒有任何關係的。除非我們認同於五蘊身心，我們才要這些東西。所以他說，「沒有疑惑，心認同自性的人，不去尋求什麼調伏法門來解脫。他看、聽、觸、嗅、嘗，快樂地活著。」

因爲他知道這個五蘊身心是假的，看啥就看啥吧，聽見啥就聽見啥吧。不像孔夫子，要「非禮勿視、非禮勿聞……」限定了一些條條框框，他怕看到不好的東西會引發自己的欲望、引發自己的煩惱。因爲他認爲這個我是眞實的。那麼「我下輩子去哪兒，我要怎麼樣，我要對自己的行爲、要對自己的思想負責……」，這種人，很多東西他不敢看、不敢聽、不敢嘗、不敢觸、不敢嗅。所以他生活在牢獄之中。這說起來很殘忍，但也是事實。所以你眞的不認同五蘊身心嗎？這是關鍵的一點。但眞的只有不與五蘊身心認同的人，他才能快樂地活著。當他眞正沒有限制的時候，反而不會眞的很想去看那些不讓他看的東西，如果他都能看到，他會說：「哎呀！不過如此嘛。」

18.48 僅是聽聞真理，便安住清淨覺知，真的不見恰當的行為，不當的行為，甚至不做有什麼區別。

就是說不進行什麼區別。這句話，有幾個人眞信得過呢？大家都一定認爲要修些什麼，而這裡「僅是聽聞眞理」，聽到就好了，聽過就信了。「便安住清淨覺知」，知道一切世間的東西都是虛妄不實的。當你這個見地眞正生起的時候，「眞的不見恰當的行爲和不當的行爲」。哇！這個人眞的是瘋智啊，眞的。「甚至不做有什麼區別」——不對任何的東西，區分這個是適合的，這個是不適合的，眞正的道人。唉，可悲啊，沒人信啊！

除了諸法實相，一切世間畢竟虛幻。佛教不這麼解釋，佛教還是比較注重緣起的：「諸法因緣生，諸法因緣滅。我佛大沙門，常作如是說。」[58] 你想發財，你想健康，就種善因。當然，《八曲仙人之歌》這種教法就是，你聽完，這輩子就是最後生了。你眞的敢相信這樣而且依此而行，這輩子眞的是最後生。所以他對緣起的教化就不太注重了，他根本就沒準備再來的那回事兒。因爲來與不來，都是世間法啊，既然一切現象皆虛幻不實，有什麼好來的，有什麼好去的？本來也沒什麼來去。所以這種教法連大部分的佛教徒也是沒辦法接受的，只有那些眞正的佛教大師能夠接受，一般的佛教徒是不會接受的。只有那些眞正的成就者，他們關起門來會承認這種說法；打開門了還是：「你們好好努力吧！」

18.49 自在地做任何該他做的事，無論是善是惡。他的行為好像孩子一樣。

該啥啥吧！他已經無心了。不管他的行爲、他的語言如何，他已經處於純然無心的狀態。不受任何善惡標準的約束，純然地回復到天眞的狀態，就是該做啥做啥，完全不做分別，無論是善是惡。因爲善惡還是在五蘊身心的範圍內、在因果的範圍內去談論的，但是如果你純然地在道上，它是超越這些東西的。

世間從來沒有絕對的善、沒有絕對的惡。第一次世界大戰的時候，希特勒曾經被一個法國士兵瞄準。他那時落了單，他們兩個人各有一支槍，希特勒槍裡沒子彈了，而法國士兵槍裡還有一顆子彈。他拿槍指著

58　此為佛教著名的緣起偈，在《佛本行集經》、《根本說一切有部毘奈耶出家事》、《四分律》等中都有記載，又譯作《法身偈》、《緣起法頌》等。舍利弗未皈依佛陀之前，向馬勝比丘請問其師(即釋迦牟尼佛)有何教授，馬勝比丘即說此偈，來總結釋迦牟尼佛的教法。舍利弗因而心悅誠服，皈依了佛陀。

希特勒，指了半天，一念仁慈，把槍放下了。希特勒很感激地回德國去了，不過從此以後他就成了希特勒了。你說那一顆子彈，仁慈嗎？很仁慈。但是如果當時他那一念不仁慈的話，大概世界歷史就要改寫。所以有眞正的善、眞正的惡嗎？不知道。

「做任何該他做的事，無論是善是惡，他的行爲好像孩子一樣。」眞正的道人的行爲就是完全不過腦的。當然我們現在是不允許這樣的事情發生的，我們對任何一個人都說：「你要對你的行爲負責，你要對你的每個念頭負責，你要對你的每一句話負責」。但是對於眞正的道人來說，我們從來都不是負責人，我們從來不是自己行爲的負責人，也從來不是自己語言的負責人。當你了知一切無非是道的展現的時候，你純然臣服於道、臣服於存在的時候，剛好跟我們世間所提倡的那些東西是背道而馳的。所以他們說，「儒家、道家和佛家說的都一樣」，從來沒那回事！一個是要活在規矩裡的，一個是從來沒有規矩的。不過這也不是一般的佛家就是了，因爲一般的佛家也還是蠻講規矩的。

18.50 由自由而得快樂，由自由而至無上，由自由而達休息，由自由而到究竟之境。

這頌聽起來有點像自由主義，自由至上。

「由自由而得快樂。」你們想一想，是嗎？我們快樂的時候是自由的嗎？我們有沒有在不自由的時候曾經快樂過？對吧？被人抓著胸口，「笑！笑！不笑我揍你」。(眾笑) 你看你們現在笑了，是因爲沒有人抓著你胸口，對吧？所以自由是眞正快樂的前提。

「由自由而至無上。」你要達到無上，如果上面還有人控制著你，你能達到無上嗎？老二，上面一定還有個壓著的，雖然到一人之下萬人之上了，可是因爲在一人之下，也不可能達到無上，對吧？因爲你不自由。眞正的自由肯定是沒有任何約束的。

「由自由而達休息。」你能夠眞正歇下來，爲什麼？你感覺沒有壓力、沒有束縛了。所以由自由而達休息。

「由自由而到究竟之境。」被別人趕著，雖然你爬到最高了，也不是究竟的。也許那個趕你的人比你還低一點，但在你後面，只要拿支槍指著你，你站到最高也沒有用，不可能究竟的。生活中是這樣的，修道也是這樣的。如果我們旁邊還有一個警察，還有一個憲兵，起心動念旁邊還有另外一個你在觀察著，你能眞正地自由嗎？你能眞正快樂嗎？你能眞正達到「究竟無上」嗎？你能休息嗎？對不對？好不容易歇一會兒，旁邊就有警察說：「你不夠精進。」

所以連修道都是這樣的。爲什麼我們講要讓「憲兵」下班，要讓心裡督促著自己的「你」下班？爲什麼我們會有一個監視者、督促者？是因爲我們覺得，我需要達至什麼地方，要有目標，要有這個什麼。所以我們除了自己努力往上爬，還分裂一個「我」在旁邊拿著小鞭子，督促著自己，「你不能走外道」，「你不能這樣、不能那樣」——那還談什麼修道呢？這跟道有什麼關係？所有這些都是安立在假我之上的。

18.51 明白自己既不是做者，也不是享受者時，一切心的變易就都摧滅了。

我們很多的修行都在追求那個進步、那個成就、那個增上，是吧？所以實際上我們在追求那個變化。我們並沒有安住於那個不變的。我們追求進步，爲什麼？我們希望這個進步是屬於我的，「我」成熟了、「我」成長了、「我」功德增加了、「我」什麼什麼……八曲仙人說，你明白自己不是做者的話，一切行爲、一切東西跟你沒關係了，你不是主人，你不是所有者，你不是努力者。你眞的明白這個的時候，你心裡要求改變的這些東西，你的心所謂的變易都沒有了。是不是？

你看一般的修行，我們在談論什麼？第一是懺悔業障、淨障；第二是積累資糧，都在比較那個變化、那個差別。所以我要很精進、很努力地去懺悔業障，我要很努力地去積累資糧。從多到少，從無到有，一直在玩這個遊戲。這一切都建立在你是主人、你是做者的基礎上，因爲努力而達到懺悔業障，而達到積累資糧的。在這種修行中，我們在加固做者感，加固那個「我」──「我不能休息，休息了不夠精進」，「我必須努力，我每天必須做什麼」。所以要明白自己既不是做者，也不是享受者：第一，在因地，你不是做者；第二，在果地，你不是成佛的那個，你不是享受修行結果的那個。你明白這一點的話，「一切心的變易就都被摧滅了」。

弟子：師父，下午我們修的儀軌，包括我們念的阿彌陀佛那些，不都是在加固自我嗎？

師父：是啊。因爲你想去啊，因爲你需要加持嘛。有了加持，總歸舒服一點吧。

弟子：就是想把夢做好一點嘛。

師父：對對。所以想做好夢，我就教你怎麼做好夢，我陪你做。這叫「和光接物」。（眾笑）完了我既不是做者，也不是享受者，這叫「無我無人」[59]。

18.52 智者的舉止閃耀，不受限，任運自然。這不是心有執著的愚人裝出來的平靜。

「智者的舉止閃耀，不受限，任運自然。」眞正有智慧的人，他的行爲舉止是放光的，是閃耀的。或者說，他都會很自然，很不受限。因爲他沒有善惡這些的限制。他明知這是惡法，只要對你有利，他也去做。爲什麼？他不覺得自己是造業者，也不怕自己是受報者。因爲他知道這些都不是他，所以他不受限，就是該啥就是啥，任運自然，只聽命於直覺，只聽命於當下的感覺。

59 見《六祖法寶壇經·懺悔品第六》：「自心既無所攀緣善惡，不可沉空守寂，即須廣學多聞，識自本心，達諸佛理，和光接物，無我無人，直至菩提，真性不易，名解脫知見香。」

所以，「這不是心有執著的愚人裝出來的平靜。」就是說，有些人看著「哎！這挺好的」，他去學，他去裝，但是「裝的不像，抹的不靚」，表面上他也啥都幹，不過最後他都受報了。因爲是裝出來的。

弟子：師父，如果有個人是個殺豬的，我們都說因果報應，就說他殺豬很殘忍。但是這個屠夫他自己沒想過這個因果報應，「我只是在做一個事情」，那他就不會有這個(報應)嗎？

師父：他也受報應。因爲他說「我只是在做一個事情」，他還有一個「我」，他還有「我」這個身心。

弟子：如果他沒有「我」這個身心，他只是做呢？

師父：你見過這樣的屠夫嗎？你見過這麼一個人嗎？沒有，不可能。除非他是道人，不然的話他怎麼可能沒有「我」呢？他一定有「我」。你現在去世間隨便找一個人，他是完全無我的，完全是爲別人服務的，幾乎沒有吧，很難遇的。我們不能假設，實際上你是找不到這樣的人的，在世間要找一個不以身心爲我的人，挺難的。

18.53 遠離妄想，心靈無拘無束的智者，會嬉戲遊樂，也退隱山洞。

就是說智者既會在世間，也可以去山裡。因爲對於智者來講，已經眞的對一切沒有要求了，只是隨緣。大隱隱於廟堂之上，中隱隱於市，小隱隱於山林，什麼樣因緣就在那兒混，就這個意思。對於智者來說是沒有差別的，他只是隨緣，來到了城市就在城市，去到了山裡就在山裡。不像我們，我們在城市就嚮往著山裡；我們眞的去到山裡的時候，就想著哪天可以回到城市。總是這樣。我們的心永遠在你不在的地方。

18.54 有智慧的人，無論是禮敬飽學經論之人、天神或聖地；或是見到女子、國王或愛人時，心裡不出現任何渴望。

智者，有智慧的人，他的特點是什麼？遇到了班智達，遇到了很有名氣的大學者，他不會立刻覺得自己很矮小，或者說你教我點啥吧，他不會有這種渴求。遇到那些能力很強、滿身放光的天神或兇神惡煞的鬼神，他都平等平等。或去到聖地，去到岡仁波齊啊，去到印度啊，去到五臺山啊，總之不管是佛教的聖地、印度教的聖地，不管是哪裡的聖地；或是見到女人，就是長得很漂亮的女人；國王，那些很高貴的，比如我們的中央領導啊、外國總統之類；或愛人，就是你心裡眞正愛的那個人，可能是男人可能是女人，「心裡不出現任何渴望」。

就像黃檗禪師說的，學佛的人裡，千萬人裡想找一個不求佛的人，難！我們如果見到佛了，不磕頭才怪呢。馬上頂禮。見到觀音菩薩來了，趕緊頂禮。智者，眞正有智慧的人，也許行爲上也會對他們表示出尊重，但是心裡不會有任何渴望。而我們見到這些人，我們渴望什麼？我們渴望加持啊，渴望他們能夠多看我們兩眼啊，渴望得到重視啊，渴望得到他們給我們點關照啦，我們都渴望這些。眞正有智慧的人，不會心裡出現任何渴望。因爲他眞正知道五蘊身心非我，而眞我又是不增不減的，你能給我啥呢？對吧？

18.55 被僕人、兒子、妻妾、外孫和親戚嘲笑或鄙視時，瑜伽士完全不受打擾。

一般我們被上級或同事，總之比我們高，或者和我們平級的人嘲笑時，我們最多就是，「哼」，對吧？同時覺得他們嘲笑我們是理所當然的，或起碼是可以忍受的。但是，我們無法忍受比我們地位低的人，或者我們親近的人鄙視我們。被僕人、兒子看不起，被老婆看不起，「外孫和親戚嘲笑和鄙視時，瑜伽士完全不受打擾」。我們雖然不是瑜伽士啦，但將來你們修行，在生活中遇到這些人來嘲笑你們的時候，你們能無動於衷嗎？被孩子看不起，被孫子看不起，被老婆看不起，你還能無動於衷嗎？

18.56 快樂中他沒有快樂，痛苦中他不受痛苦。這個奇特的狀態，只

有那些像他一樣的人才能理解。

你在快樂中感覺到快樂嗎？在痛苦中你感覺到痛苦嗎？這是騙不了人的，這個只好自己對著鏡子檢查自己。但這是一個標準：「快樂中他沒有快樂，痛苦中他不受痛苦」。其實要做到這點，一點都不難。前提是你認同眞我嗎？你如果眞的與眞我認同，快樂中自然沒有快樂，痛苦中自然沒有痛苦。如果你跟假我認同，你放心，樂的時候你樂得跟一個傻子一樣，痛苦的時候比笨蛋還痛苦。看你認同啥。不是說身體上沒有痛苦，而是說他的心不受痛苦影響。不是說你身體上感覺不到快樂。我不知道你們對「喜樂」這兩個字瞭解多少。「喜」實際上是心的狀態，「樂」其實是身體的狀態。其實是不一樣的，心喜、身樂。

18.57 責任感其實就是輪迴，智者超越了它。智者形空、無形、不變且無染。

「責任感其實就是輪迴。」這句話，My God ！我們有責任感嗎？我們都說這個人不可靠，他沒有責任感。是吧？

「智者形空，無形。」一個眞正有智慧的人，他從來不把這個身體當作他。所以他形空、他無形，不以這個身體為我。

「不變且無染。」這在講什麼？眞我嘛。所以快樂中他沒有快樂，痛苦中他不受痛苦。如果你還認同於假我，你怎麼可能做到這一點？所以這一頌還是很讓人震驚的：責任感其實就是輪迴啊！對不對？

弟子甲：不負責也是輪迴啊，是不是？

弟子乙：不負責也是一種責任感。

師父：不負責只是逃離責任感，但是並不等於沒有責任感。對不對？我們養成了負責的習慣，因為我們是做者，所以我們要對自己的一切身語意負責。我們受人之托，忠人之事，收人錢財，替人消災，所以在工作裡也有責任感。到死的時候，還在想著什麼事沒完成，還在想著有什麼心願。責任感跟什麼有關？跟「我」有關。如果一切無我，還談什麼責任感？有「我」，當然有輪迴啦，所以責任感確實就是輪迴。

我不是提倡你們都不負責，只是說，該幹啥幹啥，但不要計較得失成敗，懂嗎？你有自我認同，你是法人，你是責任人，你不輪迴才怪呢。但是，「沒有責任感」並不等於就是啥事都不做，除非你已經出家了——出了家你還得做一大堆事呢，對不對？你還要照顧香燈啦，要掃地啦，要做知客啦，要煮飯啦，看你在廟裡領的是什麼頭銜，你就做你負責的那片。吃飽了啥都不幹的人很少，尤其現在廟裡那麼少人，你想啥事兒都不幹？難。

18.58 愚人即使什麼都不做，也是散亂不安的。而達者即使在履行職責，也絲毫無擾。

「愚人即使什麼都不做，也是散亂不安的。」愚人就算坐在那兒，啥事都不幹，但心裡還是亂如麻。所以是散漫，而且是不安的。他不會快樂的，總在思前想後，七大姑八大姨啊，要想的東西可多了。

「而達者即使在履行職責，也絲毫無擾。」作為一個眞正的瑜伽士、修行人、瞭解眞我的人，就算他在履行職責——什麼職責呢？比如在工作有工作的職責，在家庭有家庭的職責，要麼做丈夫、要麼做妻子，要麼做長輩、要麼做晚輩。只要你在家庭中有位置，有位置就有不同的職責——而這些修行人即使在履行職責時，對他的心來講，也是沒有干擾的，他的心是安定的，是平靜的，是遠離快樂和痛苦的。

18.59 平靜的人即使在現實生活中也開心地坐，開心地睡，開心地走，開心地說，開心地吃。

對於那些已經達至平靜、已經瞭解眞我的人，哪怕在現實生活中，不管在家庭中、在工作中、在人生所有不同的崗位、不同的角色裡面，他也能做到「開心地坐」，他不管坐在哪裡也是開心的。

「開心地睡。」晚上不會思前想後，失眠啦半夜驚醒啦，不會有這些事情。

「開心地走。」不會想著：「哎呀！這路挺危險的，有沒有人打劫啊？」我們坐在車上，還怕路上跳上倆人來把車攔截了。

「開心地說。」他說話也沒有顧忌，不像我們開口之前都要先想想好，思前想後，怕得罪人了之後怎麼辦呢？

「開心地吃。」什麼叫開心地吃呢？有啥吃啥，見啥吃啥。「我不吃這個，這個不行」——煮都煮好了，擺在這裡不吃幹啥？你把它退回去？人家這盤菜都炒好了，你叫那大廚怎麼辦，還給你放生？「我不吃蒜」——你吃了那兩頭蒜能死啊？所以我們就不能開心。

18.60 由於了知本性，有智慧的人即使在現實生活中，也不像凡夫那樣苦惱。他閃耀，無擾如巨大的湖，所有的悲傷都消失了。

「由於了知本性」，前提是了知本性，如果不瞭解眞我的話，我們以五蘊身心爲我，就沒辦法了。有智慧的人不會像凡夫那麼得失心重，前怕狼後怕虎。

「他閃耀、無擾像巨大的湖」，悲傷都消失了。也許這個「閃耀」就是很陽光的意思吧。就是說他很平靜，不會被得失啊，不會被這些言語所激動，「無擾如巨大的湖」。你拿一盆水一晃蕩，嘩啦嘩啦那水就動起來了；你要想擾動一兩百公里的湖面，難啊。這種人你激勵不了他的，你根本擾動不了他，他就像一個寬廣的大湖，一切快樂也好，一切悲傷也好，都動不了他。比如一杯水，你往裡面滴一滴墨汁，一杯水就黑了；如果你往一個大湖裡滴一滴墨汁，可能連個影子都沒有。就是這樣。所以，有智慧的人「所有的悲傷都消失了」。

18.61 迷惑的人，就算不做也成了作為。有智慧的人，就算做也結出無作的果實。

「迷惑的人，就算不做也成了作爲。」爲什麼？「我是努力不做的呀！」所以連不做也成了作爲。「有智慧的人，就算做也結出無作的果實。」有智慧的人明明做了，怎麼結出無作的果實呢？因爲沒有做者，沒有享受者。雖然做了，但他不認爲是他所做。就像叫你站著，如果你認爲你在站著，一會就會很累；如果你只是站著，你認爲神在站著，可能站了很久，你還不覺得你在站著，不會覺得很累。

以前流行過一種「先天自然氣功」，我給一位氣功師做過翻譯，他當時在美國，在紐約上州講課，他就教你放鬆。因爲他所提倡的這種「先天自然氣功」就是這樣，他說你要認識有一個東西，先於你而存在於天地，它是先天的，它沒有做者，它是你所有能量的來源。所以當你做一切事，認爲是它在做的時候，你不累的。當時課堂上有一個外國外科醫生，他之前手術時站兩三個小時就會覺得很累，後來用了這個方法，他很高興，回來跟氣功師說，「我現在 8 個小時站下來完全沒感覺，根本就不累。」其實他只是換了一個概念，以前他認爲是他在站著，後來他知道是上面的「那個」在站著，他就不累了。

弟子：那能不能說他是受到了加持？

師父：加持？可以這麼說吧。你也時時刻刻受著加持。你覺得身體是你，就累啦，你覺得那個是加持，就不累啦。明白嗎？還不明白？因爲這個跟理解沒關係。這個要試，你感受到了，你試驗了覺得是這樣了，就完了。這個不是推論，不是邏輯，這是要被感受的。

弟子：平時也有這個感覺。雜念比較多、情緒比較多的時候，同樣做一件事情，你就會很累。

師父：這跟雜念多沒關係啊。我們剛才討論的是：你覺得是你在做，還是道在做？這跟你有沒有雜念一點沒關係。是做者的認同感。你認爲是你在做的，你會特別累；如果你不認爲你在做，你在做的過程中，已經純然忘我了，純然就在那個「做」之中，時間過去你都不知道。因爲你不認爲是你撐在那裡在做。你沒有那種體驗嗎？

弟子：這種見地是聽得挺多的，但是平時生活中用得少。

師父：對，因爲人家用了，人家馬上感受到了不同。所以你現在在問，說明你沒有去嘗試，你沒有這樣的體驗。

有作和無作實際上是看我們有沒有做者感，這是關鍵的區別。如果你認爲自己是做者，那麼你將承受所做的果報，因爲做者和果報是捆綁在一起的；如果你沒有做者感，你不承認自己是做者的時候，那麼果報跟做者就沒有關係了。舉個很簡單的例子，有個人不會打鼓，另外一個會打鼓的人抓著他的手，去打鼓，我們能說這場音樂會這麼成功，是這個不會打鼓的人的伴奏造成的嗎？我們不會這麼說。我們會說，他背後那個拿著他手打鼓的人，才是眞正的鼓匠。就是這個道理。所以，你瞭解你只是一個木偶，是眞我在那裡操縱一切的時候，雖然有所做，但你不是承擔者，這樣的話不結業。因爲不論你做善業惡業，都是輪迴的資糧。只有不造作才能夠從虛妄的輪迴中不受它的約束，解脫出來。不受因果的約束。因果法實際上是教你在輪迴中怎麼能過得更好，而不是說，你能夠藉由因果的修習而達到解脫。所以，一者是教你怎麼做夢做得更好，另一者是教你怎麼醒過來，這是不一樣的。

18.62 愚人常常厭惡自己所擁有的。而消除了對身體執著的人，執著在哪裡？厭離在哪裡？

「愚人常常厭惡自己所擁有的」，因爲他總是不滿足。不管再好的東西，得到之前他拚命想得到它；一旦得到之後，他就不滿足了。這就是愚蠢的人，愚癡的人。「而消除了對身體執著的人，執著在哪裡？厭離在哪裡？」你開啟了智慧，瞭解了五蘊身心虛妄不實的時候，如果你自己本身都是虛妄的，你還有什麼好執著的呢？對吧？厭離是執著的對治，如果你本身沒有執著，那還談什麼厭離呢，厭離又在哪裡呢？因爲，所有的方便法都是爲了對治。我們生病了就要去吃藥，如果你沒有毛病，要吃什麼藥呢？所以，有智慧的人和愚人的區別就在這裡。所以，消除了對身體執著的人，執著在哪裡？因爲沒有「我」了，一切「我的」就沒有意義了。

我們現在可以假設一下，如果一個醫生告訴你還有三天好活，你會怎樣。我不知道你們，但是我自己曾經有過這樣的經歷，突然間我覺得，我學了這麼多幹啥！哪一樣可以幫到我？沒有。哪一樣可以帶走？沒有，什麼都沒有。當自己也沒有的時候，不但希望沒有了，包括你過去所有的努力，一點意義都沒有。你們可以回家自己試著想一想，如果我還有三天……當然這樣想是很假的啦，只有當你生命眞的被威脅到了，眞正有切膚之痛了，知道自己眞的只剩下三天的時候，後面三天才是你這輩子眞正活過的三天。眞的。在修行上誇誇其談很容易的，我們都覺得上上課、增加點知識蠻好玩，從此我們就跟別人不一樣了，「我們是佛教徒」，「我們是修行人」。我告訴你，如果你只剩三天，你會覺得連「佛教徒」這樣的名字都沒有意義。不信你試試，你會突然覺得你什麼可以抓的稻草都沒有了，所有的財富你連想都不會想。

現在活著，你就會想著自己的財富該分給誰，錢該分給誰，我看你眞的剩下三天的時候，你還會想你剩下的東西該分給誰嗎？那是活人的事，親戚的事，子女的事，因爲他還不知道自己是要死的。所以，佛爲什麼一開始要說無常？如果你不瞭解人是會死的，很多事情我們就都覺得那麼眞實，那樣有價值：可以到各地去旅遊，去搜集各種稀奇古怪的東西，只要是沒見過的，只要是美的、好的我都想要，從來都沒想過你死的時候一件都帶不走。

希望大家今天晚上回家有空的時候給自己假設一下，還有三天，你就要死了，你還有什麼事情該幹？你會發現你一件事情都沒有，你可以幹的一件事都沒有。還想財產嗎？還想親人嗎？眞的死到臨頭，才知道什麼叫怕。那個時候是被強逼的沒有其他的執著了，唯一的執著就是「我還想再喘一口氣，我還想再活久那麼一點點」。所有的學位、名譽，所謂的成果，我不信你們眞的到那個時候誰還想要它。

所以最好是在你們活著的時候就死去。在你活著的時候、健康的時候，把這個自我徹底地殺死。那麼你後面才能好好地做做人，才有機會超越生死。我們因爲眞正明白了自己怕死，所以才學佛的。就像密勒日巴說的，他因爲怕死，就去學佛，由於學佛的結果，他超越了死亡。你必須活著的時候徹底地放下了執著，超越了死亡，不然等到死神來接你的時候就來不及了。世上沒有比這個更有意義的事了。

18.63 愚人之見常常陷入起心或不起心。安住自性者儘管對境起心，但本質上沒動心。

「愚人之見常常陷入起心或不起心。」起心動念，我們要麼就有念頭，要麼就沒念頭，對吧？你又不是塊石頭，道人也不是塊石頭，打他，他還是知道疼的。有人說，要證悟到別人打他，不知道疼，這叫證悟了。那我肯定沒有證悟，人家打我一下，我疼得跳腳。

「安住自性者儘管對境起心，但本質上沒動心。」在夢裡老虎來了，你也會跑的。只要知道這個是一場夢就好了，知道被你覺知的都不是，不要再被騙。甚至起念頭，要知道不是「你」在起念頭，是道的展現，是眞我的幻現。不要「哎！我剛才起了個好念」，你就有做者感了；「我剛才動了個歪心」，你就有做者感了。這樣，你就要對那個念頭負責。有智慧的人，念頭來，來了；順著念頭做，做了。但他並不認爲自己是那個起念者，並不認爲自己是那個執行者。一切無非是道的展現。

18.64 牟尼活得像孩子一樣，一切行為沒有動機，他純淨，即使對親自做的事也沒有任何執著。

「牟尼」，釋迦牟尼的「牟尼」，但是這裡並不是在說釋迦牟尼。「牟尼」在印度話裡面是聖者，是仙人，就是已經超越了凡夫自我認同的人。他們是聖者，是仙人，是寂默者，眞正的大寂默者。這個詞的來源比佛陀要早很多，它在吠陀時代就有了，特別指那些開悟了、托缽遊行的雲遊者。

「牟尼活得像孩子一樣。」他們是沒心的，孩子的特點就是沒心沒肺的，而長大成人的標誌就是心事重重。我們有很多的目的、期盼，我們有很多的計劃。可是你看小孩子，讀書也是被逼的，他自己才不想呢！眞的。不像我們，什麼事情都有動機，我們都是帶著目的性的。如果我們常去看一個朋友，眞的有那麼深的友情嗎？我看很多是帶著「我要跟他搞好關係，將來會用得上，我需要他幫助」。所以作爲一個成年人，如果你明白自我的虛妄，那個時候你才會眞正純然地活在當下，像孩子一樣沒有目的。

所以爲什麼聖人們出離？你以爲他們眞的刻意去出離嗎？他們只是已經沒有了目的——他們的寂默是本然地活在當下，因爲他們已經像孩子一樣單純。

「即使對親自做的事也沒有執著。」就像小孩子，他是隨心而至，和泥巴，沒水了，他撒泡尿就當水，弄啊弄啊就玩開了；幾個小孩子坐在一起，弄點小玩具就過家家了，其實很簡單。修道人也是這樣的，有啥用啥，沒了就算了。不會再去刻意經營，刻意要怎麼怎麼樣。當你瞭解這個「我」是虛幻的，我們的這個身體是虛幻的，我們的心也是虛幻的，我們的認知也是虛幻的，你還會那麼刻意地在乎它、經營它、愛護它嗎？所以，人們動不動說什麼佛教養生、道家養生——道家養生還情有可原啦，他就是性命雙修嘛。如果你說佛道，還在談性命雙修，還在談養生，你看哪個小孩子談養生？沒有的，養什麼生啊，什麼叫養生啊？

「他純淨，即使對親自做的事也沒有執著。」做完了就跑。小孩子疊了個沙堡，媽媽說，「回家了」，他說「好，我回家了」，他不會說，「等著！我把沙堡帶回去。」帶什麼帶？他沒有這種佔有欲。當然現在有的小孩也有啦，「這是我的！」要搶玩具，那個時候我執已經生起了。

18.65 了知自性的人是真正有福的。即使在見、聞、觸、嗅和吃時，

他都已超越了心，在所有條件下都一樣。

我們現在不行的，我們時時刻刻都活在分別裡面。去到哪裡，這裡怎麼樣、那裡怎麼樣，種種分別。你現在有啥就是啥吧，「不！我過去用的是啥，我上一次那個地方用的是啥」。你既然在這兒了，你就用這個吧。「不行！」永遠活在比較中，所以這就叫沒福啊。福慧具足是什麼意思？你沒求就具足了。只要你還有求，哪有具足的那一天？沒有最好，只有更好。當你心無所欲的時候，當下有什麼就是最好的。所以福足慧足，兩足。不管看到東西、聽聞東西、嗅到東西、接觸到東西、吃到東西，智者都是活在當下，都是最好的。

18.66 定於智慧的人永遠不變如蒼天，對他而言，世界在哪？其顯現在哪？目標在哪？儀軌在哪？

「定於智慧的人永遠不變如蒼天。」這個智慧不是思維，是你的般若智慧，是你本然的覺性。當你安住在你的本然眞我裡面，安住在你的覺性裡面的時候，這種人不變如蒼天。因爲他以覺性爲我，他並不以自己的身體和這個像猴子一樣的妄心爲我。

「對他而言，世界在哪？」世界在哪？在我們的分別心裡。因爲他不再用分別心，所以對他來說，一切所見無非眞我，或者一切所見無非是幻相。不是說修道成道以後就變瞎子啦，那誰還敢修道啊？他只是不分別了，不被一切所見騙，不被一切聽聞騙，不被種種五根對境騙。境界沒有好壞，好壞源於你自己的分別。佛陀也面對這樣的境界，也有人給他下毒，也有人拿石頭要砸死他，佛陀的僧團也有分裂。對佛陀來講這些就像雲煙一樣，過眼雲煙。所以「世界在哪裡？顯現在哪裡？目標在哪裡？」目標存在於我們的自我分別之中。我們產生了分別心，我們就會安立目標；我們有不滿足，我們就會安立目標。我們有諸多的假設，認爲解脫應該是怎麼樣的，跟我們現在的身心不一樣，所以我們也要安立解脫的目標。總之，所有的目標都安立在自我認同之上。

我們整天活在欲望裡頭，做人的時候想當神，神有超能力啊；當神的時候又覺得太無聊了，又想到下面來玩啊，下界有愛情啊，天上沒有愛情啊。都是不安分，都是欲望，而泡在欲望裡面的，就是一疙瘩鹹菜——欲望就是那醃鹹菜的鹽湯，醃著我們這五蘊。滿身除了欲望就是欲望，活在欲望裡面，不知死之將至。

「儀軌在哪？」儀軌就是修行用的程式，叫儀軌。對於有智慧的人，沒這些東西。儀軌一定建立在假我之上，眞我哪有那回事啊。所以你看整天這些吧啦吧啦念誦儀軌，就是以假我爲身。

18.67 殊勝者遠離一切欲望，他是其圓滿大樂本性化現，任運在其三摩地的無限之境。

眞正的殊勝者，就是聖人，即修道已經見性之人，「他是其圓滿大樂本性化現」。他才可以說是眞我的化現。什麼是大樂？深睡無夢，那是你最快樂的地方。他在醒著的時候，就跟我們深睡無夢一樣，沒有任何的痛苦。一切煩惱止息、一切痛苦止息。不過他是醒著的，我們是睡著的。

「任運在其三摩地的無限之境。」任運就是毫不刻意、毫不造作，這個三摩地也不是我們修造的三摩地，是自性三摩地。三摩地本身是一種不動的境界，是一種心不動的境界。因爲他已經沒心了，所以是自性三摩地。而其他任何三摩地，只要是你因修而入的三摩地，當你入三摩地的這個力量、這個功力褪去的時候，你就得從三摩地出來。三摩地有兩種，一種是自性三摩地，無爲的；另一種是因修造而進入的三摩地，有爲的。「任運在其三摩地的無限之境」，是指他任運在自性三摩地之中，因爲沒心嘛，沒心就沒有邊界、沒有束縛；只要你有心，就有邊界、有時空，就有束縛。

18.68 何必多言。了悟真理的大聖者離於對享受和解脫的渴望，在一切時一切處，都沒有任何執著。

「何必多言」，不需要多說。

「了悟眞我的大聖者離於對享受和解脫的渴望。」世間人就是追求「享受」，樣樣都要舒服，怎麼舒服怎麼來；「解脫」，我們不希望被束縛，我們心裡想像的那個解脫，是「瘋猴子不要有鐵鏈，不要有籠子」，那不是聖人的解脫。聖人的解脫是因爲沒有欲望，他不再需要改變任何東西。當你瞭解痛苦即是成就的時候，你還需要尋找快樂嗎？我們就是不接受痛苦，就是不接受、不自在。我們不能接受籠子，對吧？所以我們渴望自由。那是自由嗎？我們渴望的是可以任意胡作非爲。最好那條高速公路上沒有別的車，只有我一輛；要麼就我那輛是坦克，我可以從你們所有別的車上開過去，我要怎麼樣就要怎麼樣。那叫自由嗎？那叫解脫嗎？聖者不會這樣的。聖者心如止水，是沒有心的。他不見世界。沒有欲望，沒有想要改善什麼，沒有想要增加什麼，沒有想要得到更多的什麼。

因爲欲求就是苦，只要你還有欲求，你說你想離苦得樂，做夢吧！把欲望放下，把一切改善、改進、增進的夢想放下，其實你當下就是圓滿的。每一個人其實內在都是那樣地寧靜、那樣地充滿快樂，你爲什麼不去認知它？光是希望去追求那種五根上的虛幻的刺激，沒有任何意義的。所以，「了悟眞我的大聖者離於對享受和解脫的渴望，在一切時一切處，都沒有任何執著。」當下就是最美的，當下就是最好的，當下就是解脫的，當下就是涅槃的。前提是如果你不再要求改進、進步的話。如果你不滿足，你還希望有更多的這個那個，甚至連修行，帶著自我目標的修行，都是痛苦的根源，都是輪迴。

18.69 從「大」諦開始的森羅萬象，僅是依名相展現。已經放棄這些之人，他就是純淨覺性，還有什麼要做的呢？

實際上，是從覺性向下展現出來了森羅萬象，僅是依名相而展現的。當我們頭腦裡生起概念的時候，它就會以圖像或是器物的方式展現出來。所以，「從『大』諦開始的森羅萬象，僅是依名相展現」。當你放棄了被你所覺知的一切的時候，你就是「大」，你就是純淨覺性。純淨覺性就是「大」。你明白這點的話，你不會要做得更多更好，因爲那些是展現之後的事情。所有的展現就是輪迴，就是痛苦，就是 Maya。

Maya，即摩耶，ma 就是「不是」，ya 就是「那個」——「不是那個」，不是眞理的這些，叫「摩耶」。在西藏的唐卡中經常能夠看到一個圖，像個大王八，在肚子裡頭有六道輪迴。這是什麼？就是摩耶，就是「不是那個」，六道輪迴就是這樣的東西。而你是那個，不是這個，不是這個摩耶，不是那個大王八。所以當你明白這點的時候，還有什麼要做的呢？我們所努力的實際上是想要豐富這個摩耶，滿足自己的欲望，因爲我們活在摩耶之中。我們把摩耶當眞，而忘了自己是那個展現者。我們演得太入戲了，因此痛苦，卻還自得其樂。成功的時候哈哈哈，失敗的時候嗚嗚嗚。太入戲了，太苦。

18.70 純淨的人確知宇宙只是幻相產物，沒有任何存在。離言絕思的自性已對他揭示。他自然地享受著平靜。

這裡純淨的人指什麼？你就是自性，你瞭解這一點，不受各種展現所染汙，不受各種欲望所染汙，所以，「純淨的人確知宇宙只是幻相產物，沒有任何存在」。它不是眞實的。就像你看到了陽焰，就像在沙漠上或高溫曝曬的公路遠處，有煙有水，你不會把那個當眞，你不會相信那個是水。如果你當它是水，你想追逐它解渴，「啊！那裡有水」，那你就死定了。在沙漠裡，你不跑還活得久一點；你跑到那裡，就發現除了沙子還是沙子。

「離言絕思的自性已對他揭示。」你已經瞭解你的本性，你不被幻相所騙。

「他自然地享受著平靜。」享受什麼？平靜。不是去享受山珍海味，不是去享受綾羅綢緞，他享受著平靜。當你內心平靜了，周圍也平靜了。我們周圍的環境是我們內心的投射。我們認爲別人怎麼怎麼樣，我們加了很多我們認爲的，人家眞那樣嗎？環境眞那樣嗎？你認爲環境它是怎樣的，它就是怎樣的。所以，如果你想追尋快樂、追尋平靜的話，你就認爲外界一切都是爲了你好，你就會快樂；你認爲外界都是友善的，你就會快樂。如果你追求解脫，你就要瞭解外相都是虛幻不實的。

當你看到一個人充滿狂喜，手舞足蹈，如果你有嫉妒之心，就會說，「這人怎麼了？瘋了？」他不瞭解，狂喜的時候，人家根本就不需要對境。人家樂顚顚就樂唄，沒有問題啊，有的人受不了:「你怎麼會這樣？」他理解不了。修道是有狂喜的時候的，不需要任何因緣的。所以你的心投射出什麼，你的感受就是什麼。是你在把自己的心毒害了，很可悲。

18.71 對於本性純淨閃耀，不見任何現象世界者而言，軌則在哪？出離在哪？捨棄在哪？制心又在哪？

對於一個已經回到家的人——什麼叫回到家的人？他的「本性純淨閃耀」，他已經不被五蘊身心所騙、不被周圍環境所騙，他「不見有任何現象世界」。

「軌則在哪？」對於這種人，他的身語意已經不再需要任何軌則，戒律對他來講已經沒有任何意義。戒律是針對那種還有身心、自我的人，還有做者感的人，約束他們，免得他們造業將來受報，這個時候對他們來講，軌則是需要的。但是對於一個已經不再與五蘊身心認同，本性已經揭露的純淨閃耀的人，軌則在哪裡？他不再需要軌則。

「出離在哪？」他已經不再需要從一切現象中出離，他還需要從哪裡出離？對他來講，六道輪迴和十方淨土同樣都是虛妄不實的。他還需要什麼？他不但從輪迴中出離，他也從涅槃中出離。他知道眞我是超越輪涅二法的。對他來講，已超越軌則，他做事不受世間出世間法的約束。

「捨棄在哪？制心又在哪？」他已經知道世界是虛妄不實的，這個時候他使用世間的東西和不用這些東西已經沒有任何區別。他不再像沙門那樣，「我不能碰這個」，衣服不能超過多少多少件。他已經沒有這些禁忌，不受這些約束了。如果你認爲你這個心是眞實的，那麼你不要讓它妄動，約束它。他已知道這個心是假的，他已經從這個心裡面出來了。他知道他不是這個心。這個時候他還要制心嗎？還要去修禪定嗎？不需要。不需要去修這些東西。但是不要忘了，如果你還以五蘊身心爲我，修一修比不修還是好的。起碼少一點煩惱、少一點痛苦。因爲我們活在痛苦裡，不制心怎麼辦呢？持個咒也好，數數呼吸也不錯。但你一旦知道五蘊身心不是你，又何必去制心呢？一定要規規矩矩？走路都要像個木頭人？永遠不要有表情？這樣別人就看著舒服了？沒有必要，對吧？

18.72 對於在無盡形象中閃耀，不見世間者而言，束縛在哪？解脫在哪？歡樂在哪？悲傷在哪？

對於已經了悟自性的人，已經從一切幻相中超越了的人，「束縛在哪？」什麼東西可以捆住他呢？是的，你可以把他投入監獄，甚至你可以殺掉他。他早已不以身心爲我了，監獄關得住他嗎？身體能夠關得住他嗎？關不住啊。

「解脫在哪？」因爲解脫是對束縛而言的。一個人已經超越了束縛的話，你要跟他說「我給你解脫」嗎？或者讓他自己去找解脫嗎？不需要的。

「歡樂在哪，悲傷在哪？」歡樂和悲傷永遠是五蘊身心的事情。對於一個見證者、旁觀者，一個超越了三時、超越了十方、超越了時空的人來說，歡樂和悲傷——你在說什麼？在哪？

18.73 輪迴中只有摩耶遍在，直至了知自性。智者活著，沒有「我」

和「我的」之感，沒有執著。

「輪迴中只有摩耶遍在。」在輪迴中，在五蘊身心裡，在過去、現在、未來裡，只有摩耶遍在。只有「不是那個」的東西，即幻相存在著。

「直至了知自性。」直到有一天你瞭解什麼是自性，什麼是眞我。

「智者活著，沒有『我』和『我的』之感。」眞正有智慧的人他活著，但是他已經死了。所以，我說你們想超越生死，到死的時候不要手忙腳亂，最好現在就死——現在殺死你的「我」和「我的」，到死的時候就沒有生死了。如果你不能在活著的時候死去，你死的時候一定死不了的。

「智者活著，沒有『我』和『我的』之感，沒有執著。」因爲一切執著必須依賴於「我」和「我的」。沒了圓心，圓在哪裡？「我」就是這個宇宙的圓心、宇宙的中心。任何一個人的「我」就是宇宙的中心，「我的」就是我壇城內的東西。那一圈我的皮膚，包裹住了我所處的範圍；再擴大一點，我的家庭、我的房屋、我的財產；再擴大一點，我的族群、我的朋友們；再往外大一點，我的國家。一層一層可以擴大出去。不要忘了，這一切周圍的東西都離不開那個中心的「我」，沒有「我」，哪有其他的？什麼都沒有。所以智者就把那個圓心給挖了，其他不動。他知道這個圓心、這個「我」是假的。那其他都沒有了，都不用做啦，都好好的。天下就倆事，「關我啥事」和「關你啥事」，對不對？

所以，「輪迴中只有摩耶遍在，直至了知自性。」這個「摩耶遍在」是直到你了知自性爲止，當你了知自性，一切摩耶也不存在了。雖然是萬象森羅，但是它已經騙不了你了，它不再是摩耶。它是眞我的展現，是眞我的投射。就沒問題了啊。把自己的判斷、我執、我見、我愛拿掉，就天下太平了，沒有任何可以煩惱的東西。

18.74 智者見到無衰無憂的自性，對他來說，知識在哪？宇宙在哪？「我是身體」或「身體是我的」的感受在哪？

當你瞭解了眞我，你知道遍在、不動、不垢不淨的眞我的時候，對你來說，還需要知識嗎？那個時候，一切世間知識，除了能夠堅固你的輪迴之外，還有多大用處？沒多少用處的。不需要是智者，就算一般人，當他知道還有三天可活，我看誰還去標榜他的知識？！那個時候，他就知道這輩子積累的知識一分錢不値，沒有用的。我曾經有這樣的體驗，曾經經歷過，所以告訴你們，你們現在覺得很棒的東西，臨死的時候你會突然覺得，算了吧！就像你車禍之後，你會覺得茶壺啊茶葉啊，送人吧，沒有必要留了。就是這樣的。當你還有自我感，覺得我還能活無量壽的時候，破銅爛鐵都想收起來，說不定以後用得著。但是如果你知道還剩兩三天的命，我就是把全世界的財富都給你，讓你當世界首富，大概你也沒興趣了。眞的，我們現在認爲最有價値的東西，當生死到來時，一分錢不値。你以爲親情啊，活著的時候，我跟你好，我跟你親。到死的時候你會認爲親情也是個屁，最多你不忍心，看著我死而已。「什麼？你怎麼還不死啊？」即便兩個人抱著死，也還是各死各的。統統放下吧。

所以，「智者見到無衰無擾的自性，對他來說，知識在哪？宇宙在哪？」宇宙也是在你活著的時候才有意義啊。現在弦論很發達，現在量子力學如何如何……我看臨死的時候，你還想不想弦論，想不想量子力學？鬼扯淡的東西。所以知識在哪？宇宙在哪？山河大地在哪？「哎呀！我死不瞑目！」活該！不然怎麼樣，你能帶走一粒土、一粒灰塵嗎？

「『我是身體』或『身體是我』的感受在哪？」別說死了，你晚上睡著了都感受不到身體啊。感受到身體，你就睡不著啊，還要眞的死啊，對不對？所以還是趁你活著的時候「死」吧，不要等死先來，那時就來不及了。

18.75 愚人一旦放棄調心的修行，欲望和幻相就立刻開始了。

愚癡之人「一旦放棄調心的修行」……我們不用講那麼複雜，只要一下課，開飯了，我看你們馬上就……「欲望和幻相立刻開始」。坐著聽課的時候可以聽聽眞我，「嗯，我會死哦……」吃飯的時候從來想不到會死，哪個好吃吃哪個。開飯了，馬上就被幻相騙了。欲望也來了，幻相也來了。所以醒醒吧，眞的醒醒。因爲修行不是用來作茶餘飯後的談資的，不是用來和別人炫耀的，而是眞正用來幫助自己面對生死的。不要讓它只停留在課堂上，或自己早晚課的蒲團上，要讓它時時刻刻活在自己的心裡，提醒自己，不要被幻相騙。

18.76 愚人即使聽到真理，也不放下自己的妄想。儘管由於用功，看起來像是無分別，但內在潛伏著對感官對境的渴望。

「愚人即使聽到眞理，也放不下自己的妄想。」會不會呢？自己想一想。我們聽到了這麼多關於眞我、關於自性的教授，我們眞的相信嗎？

「儘管由於用功，看起來像是無分別，但內在潛伏著對感官對境的渴望。」不容易的。聽到眞理就放下妄想，不容易，上根才行。中根、下根儘管由於用功，看起來像是無分別，有樣學樣啊，好好打坐啊，念咒啊，諸如此類，看起來像是無分別，但內在潛伏著對感官對境的渴望。放不下。這是騙不了別人的，也騙不了自己。其實最難的是騙不了自己，你自己還對感官境界有沒有渴望？

18.77 隨著真知顯露，他的造作都停下了。儘管在凡夫看來他還在工作，他找不到任何機會去做或說任何東西。

「隨著眞知顯露，他的造作都停下了。」當你瞭解眞我，你的一切自我努力、自我改善，你就會瞭解到它們沒有意義，你就會停下來。只要你不相信，不徹信，你就會覺得：「我還是可以努力的」，你是不會停下來的。嘴巴上說，「好了，我知道了」，回去照幹。嘴上說一套，私下做一套。爲什麼？眞我並沒有顯露，他並不相信眞我是這樣的。他仍然希望努力提升自己的地位，或者提升自己的品德——總覺得自己可以做些什麼。

「儘管凡夫看來他還在工作，他找不到任何機會去做或者去說任何東西。」眞知顯露的人，他所做的和他所說的，他知道不是他做的、不是他說的。不瞭解眞知、不瞭解眞我的人，覺得一切成敗都是自己努力的結果。在我刻意的努力、刻意的安排之下，某事件按照我的意願發展了，「你看我很能幹，我成功了」，「哎呀！糟糕，我失敗了」。沒有辦法的。

18.78 智者不變，無畏。對他來說，黑暗在哪？光明在哪？失去在哪？什麼都沒有。

「智者不變，無畏。」眞正的智者，他是不變的，他是無所畏懼的。他不會因爲某些權威人士或世界上大多數人士說「你這樣的說法是不對的，你這樣的做法是不對的」，就有所畏懼、有所改變。

「對他來說，黑暗在哪？光明在哪？失去在哪？什麼都沒有。」因爲他已經沒有所謂的前途，也沒有所謂的退路，沒有得，也沒有失；沒有光明，也沒有黑暗。他只是道，他只是在，他只是一個見證者。

我這次在印度朝聖的路上，遇到一個印度教的長者來跟我聊。他說：「上帝是萬能的，上帝是遍在的，上帝是無形的。」聽起來都很像。他們的「神」、「上帝」也是叫「眞我」的哦──他們的「眞我」是具足一切能力的，它可以隨它意來創造世界，隨它意來毀滅世界。我說：「你那個『眞我』只是神，不是眞我。」爲什麼？眞我，絕對眞理，是沒有個人意志的，它不會根據它的喜好去創造世界，也不會根據它的厭惡去毀滅世界。那才是究竟眞理。如果還帶個人意志，就算它沒有形象，它也不過只是個神。懂嗎？這一點不容易分辨的。

18.79 瑜伽士無個體性，本性無法描述。對他來說，忍辱在哪？明辨在哪？無畏又在哪？

「瑜伽士無個體性。」瑜伽就是相應；瑜伽士，與道相應的人。他是沒有個體性的。你不能說他是什麼，他可以是一切。他隨著眾生的需要而展現，見人說人話，見鬼說鬼話。沒什麼問題，因爲他瞭解這些的虛妄。

「本性無法描述。」瑜伽士的本性、眞我，怎麼描述？語言能在哪個層面？深睡無夢，你都描述不了了，更何況你想描述眞我，不可能的。

「對他來說，忍辱在哪？」忍辱必須要有個「你」在忍辱啊，必須有所忍耐啊，你得有實體來接受這個傷害，或接受某個概念，你才能談認同它。沒有個體，生忍、法忍[60]對你來講，怎麼安立呢？沒有假我的話，怎麼安立呢？對吧。

「明辨在哪？」明辨都是識心的產物。「明辯是非」——「是非」哪來的？還不是你認爲的？你認爲人家對了、認爲人家錯了，what's the big deal？（有什麼大不了的？）

「無畏又在哪？」大無畏精神，如果你是個體，可以談無畏，不怕死嘛。死都不怕了，「民不畏死，奈何以死懼之？」這叫大無畏。如果你都不認五蘊身心爲「我」的話，談什麼無畏呢？無畏又在哪？

18.80 沒有天國，沒有地獄，甚至沒有即身解脫。何必多言，瑜伽士不見任何存在。

對於一個解脫者來講，地獄、天國這些都是 maya，摩耶、幻相。如果你還認爲有天國可去，有地獄可逃，你就活在六道輪迴中，不是智者，不是瑜伽士。所以，「沒有天國，沒有地獄，甚至沒有即身解脫。」什麼叫即身解脫？活著的時候死去。其實這個也只是一個名相的安立。你眞正已經放下了一切自我認同的話，還談什麼即身解脫呢？還有活著和死去嗎？但是，對我們這些凡夫，我還是講你最好活著的時候死去。但

60　菩薩所修之二種忍，忍，即忍耐、安忍之意。生忍，又作眾生忍。謂菩薩於一切眾生不嗔不惱；法忍，又作無生法忍，無生法，指的是不生不滅之法，菩薩於無生之法，不動不退，稱為法忍。

是如果你明白了眞我，又有什麼活著、有什麼死去嗎？哪一個不是幻相。對吧？

「何必多言，瑜伽士不見任何存在。」你們看見我坐在這兒嗎？沒有瞎，就都看見了。那你們都是瑜伽士嗎？我不知道。不要被這個幻相騙。於相離相，不被幻相所騙，不見任何存在。這個存在是指實有，他不承認這些東西是眞實的。就像我們在夢中所見的一切，無非是夢一樣。

18.81 定於智慧者既不渴望得到，也不因不得而苦惱。他的心清涼，盛滿了甘露。

離苦不難，不求就好。所以，「定於智慧者既不渴望得到，也不因不得而苦惱。」人到無求品自高。我們就是因爲有太多的渴望，所以沉浸在痛苦之中不得自拔。在假我上拚命地找東西來刺激我們的五根，滿足我們的感官欲求，所以痛苦就隨之而來了。

「他的心清涼。」什麼叫清涼？你看你充滿怨恨的心，是不是會煩惱？充滿煩惱的時候，你的身心是發熱的。「菩薩清涼月，常遊畢竟空。」[61] 所以，他的心是清涼的，因爲沒有煩事掛心頭，就是這樣的。我們欲望得不到滿足時，是一種飢渴、一種焦渴。他不會，他充滿了甘露。

18.82 無欲者不讚頌寧靜，也不指責邪惡。他在苦樂中同等，皆感滿足，不見有任何要成就。

「無欲者不讚頌寧靜，也不指責邪惡。」他不會讚歎某個人好寧靜，也不會指責某個人好邪惡，因爲他知道一切是平等的，一切都是自性的展現。但是不要忘了，他的心是清涼的、是冷靜的。

「他在苦樂中同等」，他的心是持平的，對一切惡顯、淨顯，都平

61 出自《華嚴經·離世間品》。

等接受，沒有不接受的，「皆感滿足」。所以他能夠接受痛苦，能夠接受所謂的不公平、不平等。

「不見有任何的成就。」而我們卻是充滿了分別的，我們總是讚頌或尋覓那些 super power，超人的表現——我們臣服，拜敬它，覺得了不起。可是我們卻不能接受日常的、普通的，對吧？爲什麼？我們把這些看做是眞實的。我們追逐名望，追逐那些有名望之人，追逐那些地位顯貴之人，爲什麼？因爲我們有求於他。我們希望在他那裡沾光，得到更多。

18.83 智者不厭惡輪迴，不期望見性。他遠離快樂與悲傷，既不是生也不是死。

「智者不厭惡輪迴。」他不厭離輪迴，因爲他瞭解輪迴如幻。他隨波逐流，因爲知道隨波逐流的不是他。他也聞歌起舞，因爲他不需要修禪定。所以《心經》說，「以無所得故，菩提薩埵，依般若波羅蜜多故，心無掛礙。無掛礙故，無有恐怖，遠離顛倒夢想。」

「不期望見性。」因爲他已經見性，所以不期望見性。他根本就知道這一切本來如幻。「見見之時，見非是見。」[62] 你還要見個啥？所以他不在這方面期盼著改變。

「他遠離快樂與悲傷。」他知道這些不過是把假的當眞了，所以才有這裡的快樂啦，悲傷啦。

「既不是生也不是死。」生，活著。他活著，我們也活著，但他不是像我們這樣活著。因爲我們的活著是在追逐欲望，追逐「八風」[63]，趨利避害。他活著，不生，不是像我們這樣的「生」；也不是「死」，

62 出自《楞嚴經》。

63 又名八法。為世間之所愛憎，能搧動人心，故名八風。一利、二衰、三毀、四譽、五稱、六譏、七苦、八樂也。（丁福保《佛學大辭典》）

也不是像死人那樣沒有反應的，也沒有厭棄這個行走的軀殼，他不是死人。但是我們的死就是軀體死了，而他的死是自我的死亡。所以他不需要這個軀殼的死。我們則是只有當這個軀殼眞的要死了，才知道死之將至。智者沒有這個問題，因爲他知道他不會死。從來也不死，從來也不生。

18.84 智者的生命善妙。他遠離期盼，遠離對妻兒等的執著，遠離對感官體驗的渴望，甚至遠離對自己身體的在乎。

「智者的生命善妙。他遠離期盼。」智者的生命才是眞正善妙的，是最美的，充滿了優雅，因爲他無諍。他只活在當下，不像我們永遠活在計劃裡、期盼裡，不知道生活的眞味是什麼。他才知道。

「遠離對妻兒等的執著。」在事相上，他示現有妻子兒女，但他並不執著於她們，愛幹啥幹啥。「你是我的，你屬於我的，你只是我的」，他沒那種執著。兒子能讀書，好；不能讀書，好，沒有所謂啦。老婆跟別人跑了，「跑就跑了吧，挺好的，她快樂就好」。她又帶回倆，「哎呀！也行吧，呆著吧，只要有飯吃，就一起吃唄。」沒啥啊。他沒有這種執著。我們常人也許早就受不了了，對他來講，what's the big deal ？

「遠離對感官體驗的渴望。」說實話，連孔夫子都說「食色性也」，對吧？人的本性如是。吃飽了睡覺，就喜歡這個。智者他對這些沒興趣，他吃飯只是因爲這個身體餓了，這個身體要吃了。對他，what's the big deal ？對他有關係嗎？沒啥關係。吃啥？有啥就吃啥。

「甚至遠離對自己身體的在乎。」「師父啊，你要保重身體啊！」──我從來無所謂保重不保重，已經夠重了，走路都走不快了，還叫我保重呢！「師父您在幹啥？」吃飯等死。眞的，吃飯等死，I don't care。身體用一天算一天，小車不倒只管推啊，該扔的時候就只管扔，別禍害別人，給別人添麻煩沒啥好事。你們現在說：「師父你保重啊，要長久住世啊。」我告訴你吧，等我躺到床上屎尿不能自理了，要你們每天擦、每天換洗床單，我看誰還願意說「師父，你好好多留幾天」？那個時候，「趕緊死吧，老不死的！」這個叫「久病床前無孝子」啊，我還是有自知之明的。

18.85 定於智慧的人心中永遠滿足，他隨緣而活，從心所願地遊蕩。當太陽西下時，無論身在何地，都就地休息。

「定於智慧的人心中永遠滿足。」心中滿足就能活在當下。智者隨緣而活，有啥用啥，有啥吃啥，活著就活著，死了就死了吧。「隨緣而活，從心所願地遊蕩。」想去哪兒去哪兒，不受限制。所以，「當太陽西下時，無論身在何地，都就地休息。」當然，你不一定百分之百學成這樣啦，他們遊方，就是眞的走哪兒就歇哪兒。你們有家的，還是要回到家啦，不然你們在馬路上就地躺下的話，警察們就急啦，社區保安（警衛）會說：「哪兒來的？身分證！是不是喝多了？」現在不行了。但這頌眞正的意思就是，你要隨遇而安。不要刻意有太高的要求，要覺得「都挺好的，都挺好的」。不要太講究。還在把自己的身心當「我」嗎？還是看這點。

18.86 聖雄在自己的本性根基處休息，徹底超越了輪迴，不在乎自己的身體是死了還是出生。

「聖雄」跟「牟尼」是一樣的，是對那些眞正與道相應之人的尊稱。「聖雄在自己的本性根基處休息。」就是說那些眞正的聖人，像佛陀、耶穌基督啊，這些眞正的聖者們，他們都是在自己的本性根基處，就是在自己眞正的眞我中，得到了休息。所以基督也說：「到我這裡來吧，你將得到安息。」因爲他自己已經回到了自己的安息處。就像佛陀，他已經徹底地證入了究竟的涅槃。所以，「聖雄在自己本性的根基處休息」。不像我們，我們在哪裡休息？我們休息在我們的五蘊身心裡，休息在我們的貪嗔癡裡，所以我們能休息嗎？

聖雄不再以身心爲我，所以就不會再在乎這個身體。我可以告訴你們一點，我是不怕死的，我也希望你們有一天不再怕死，不要再把身心當自己。所以，「徹底超越了輪迴，不在乎自己的身體是死了還是出生。」假我是會死的。眞我則是超越的，是從來沒有生，也從來不會死的，所以叫「徹底超越了輪迴」。聖雄不在乎身體是死了，還是出生，因爲身體已經不再是我了。

就像你不會在乎你晚上會做夢，你也不會在乎這個夢會醒，因爲你知道這個夢一定會醒。那麼我們爲什麼怕死，卻不怕做夢？因爲我們知道夢醒了之後，你不會損失任何東西，但是死了很可能這個身體就沒了。因爲我們不知道現在這個身體只不過是另外一場夢。一旦你知道，你就不怕死了。我們每天的睡覺是一場小死，人生的結束是一場大死；就是個小夢，或者是一個大夢。不再做夢，就不在乎自己的身體是死了還是出生。早上醒來，這個身體出生了；晚上睡著，這個身體死了。爲什麼？夢裡沒有這個身體了，可是我們卻覺得它沒死。其實也是死了，因爲沒有了。

「徹底超越了輪迴，不在乎自己的身體是死了還是出生。」我希望你們都做到這點。你們聽到了眞我的教法，要好好努力，雖然這個努力是假的，但是相信它，堅信這個身心不是你。起碼先不要畏懼生死。眞的很感恩這些古代的聖雄，留下了這麼好的教導，太美了。

18.87 有智慧的人不擁有任何，過得自由自在。他遠離二元對立，疑惑已消散殆盡。他無任何執著，獨立無侶，是真正有福的。

眞正有智慧的人不再執著於任何東西，不再以身體爲我，不再以這個心爲我，不再佔有任何東西，不與任何東西相認同。所以，「有智慧的人不擁有任何」。

這個智慧是什麼？般若智慧，就是瞭解眞我。知道自己只是究竟的覺性。不是明覺，是覺性。明覺只是覺性光明的一面，是覺性的「用」。

只有這樣，他才可以「過得自由自在」。他不會把現在的「醒位」佔爲己有——因爲沒法把「醒位」佔爲己有，除非你永遠不睡覺。他也不會把「夢位」佔爲己有，因爲他知道後面有「深睡無夢位」。同樣他也不會把「深睡無夢位」認爲是自己，因爲你遲早還會醒來。他不會把自己停留在任何境界上，一切都是自然的流逝。就像一條河，如果被修了很多水壩，那水就沒辦法流了。暫時好像很有利益，不要忘了，如果不人爲地放水的話，這個水壩會被沖個精光，是會倒的。所以，沒有修壩的天然河流，它會保持永遠的流動。聖人就是這樣，他不會在任何一個剎那、任何一個時空建立起這麼一個「水壩」。

「他遠離二元對立。」什麼叫二元對立？有「我」就有「你」，就有邊界，我有我的邊界，你有你的邊界，這就二元了。有「是」就有「非」，有「善」就有「惡」。其實這些都是什麼？都是我們的自我分別。罪魁禍首是什麼？自己建立了一個假我，以假我爲中心。只要有了「我」，「你」、「他」就有了。

「疑惑已消散殆盡。」眞正的智者是沒有疑惑的。只要他還跑來問你，「師父，我開悟了沒有？」呵呵，你開悟？你耽誤了。什麼境界叫開悟、什麼境界叫沒開悟？對不對？爲什麼說一切眾生本來開悟？只要一切眾生不執著的時候，哪有開悟？哪有不開悟？大家都知道自己，但就是不知道眞正的自己。但是大家本性有差別嗎？一切眾生的本性本來皆是佛，一切眾生本來就是佛。只是不知道，把假象當「我」了，把皮囊子——其實就是個糞袋子，當眞了。

「他無任何執著。」有智慧的人他沒什麼好執著的，甚至他不執著要做一個善人。我告訴你吧，聖人不是善人哦。我們現在以爲修行人都必須是善人，打不還手，罵不還口。那不是道人，只能說是善人。眞正的道人，善惡都只是他的工具。該幹啥幹啥，遇著講理的講理，遇著不講理的，你別講理——沒辦法啊，他本來是不講理的，你跟他講理不是蠢嗎？

所以他「獨立無侶」。有智慧的人從來不結幫拉派，在家裡、在工作中，不會說我喜歡這個，我討厭那個。

「是眞正有福的。」什麼叫有福？什麼叫福氣？心平氣和。心裡永遠是滿足的，沒有欲望的，是祥和的。

18.88 有智慧的人殊勝善妙，沒有「我的」。對他來說，泥土、石頭和黃金都一樣。他內心的結縛斷裂，已淨除了羅闍和多磨。

「有智慧的人殊勝善妙，沒有『我的』。」這種人很少有，有智慧的人是很少有的。他們非常殊勝善妙，我沒辦法用文字去描述這個「殊勝善妙」。人中最美吧！就像轉輪聖王，人中之王，具足三十二相，佛陀也具足三十二相。他們都有三十二相，佛陀的三十二相比轉輪聖王的不知道要殊勝多少、精妙多少，所以轉輪聖王到了佛陀面前，是顏面無光的，馬上就被比下去了。所以「殊勝」我沒辦法跟你講，但是你看過就知道。

這種有智慧的人沒有「我的」，他不會佔有任何東西，連這個身體他都不會認爲是「我的」。我們凡夫都認爲身體嘛，認爲是「我的」，不是「你的」。有一個印度教和伊斯蘭教的聖者，也是個詩人，他叫卡比爾。有一次他被狗在小腿上咬下一塊肉，狗跑了。人家問他:「疼不疼，怎麼回事？」他說:「也許只有那隻狗知道，或那塊肉知道。我不知道。」他沒有「我的」，甚至他不認爲這個身體是「我的」。換了我們，不只身體是「我的」了，開個車出去被蹭了一下，「你把我的車……哎喲喂！」所以我們的「我的」是延伸得非常廣的，更別說在你腿上咬一口了，對不對？

「對他來說，泥土、石頭和黃金都一樣。」都是覺性的展現，沒有什麼貴賤。西方極樂世界是以黃金爲地的，但你如果在地球上全鋪上黃金，我看你們都得餓死。你吃啥？吃金泥？如果你家的地板都是黃金的，我不知道你怎麼過日子。光腳太涼，穿鞋太滑，而且晃眼。所以該啥就啥吧，該種地的時候，是泥土好，做戒指的時候，是黃金好。各有各的好處。

「他內心的結縛斷裂。」眞正有智慧的人，心裡是沒有任何約束的。沒有智慧的人，像我們凡夫，被貪嗔癡束縛；出家人則被他們所受的戒律束縛，這個不能吃，那個不能碰，他們的心也是不得自由的。他們只能在被戒律允許的範圍內，有那麼一點點自由。懂嗎？結縛包括什麼？根本的就是貪嗔癡。

「已淨除了羅闍和多磨。」羅闍是什麼，就是動的特質。你看我們沒辦法靜下來啊，我們就算聽經，坐在那裡也總要動。多磨是什麼呢？多磨就是昏沉無明。人的特質就是三樣東西，一個薩埵，一個羅闍，一個多磨。薩埵，覺知，醒著；羅闍就是動；多磨就是暗。明、暗、動。一個道人已經純然地知道他的本性就是覺知，所以他超越了這些動和暗，淨除了羅闍和多磨。

18.89 解脫者安樂滿足，對一切平等視之，心中沒有任何渴望，誰來與之相比呢？

「解脫者安樂滿足。」什麼叫解脫者？照見五蘊皆空的人叫解脫者。他不再被自己的身體、自己的感受、自己的認知、自己的行爲造作所騙了。什麼叫安樂？如果你瞭解連痛苦、病痛都是成就的話，你沒有追求啦。你不追求健康，不追求強壯，也不追求軟弱，也不追求疾病。什麼都不追求的時候，你的心還不快樂嗎，還不安穩嗎？

「對一切平等視之。」他不會偏愛一個討厭一個，不會的。就像有一個故事[64]，一個男的遇到一個美女來敲他的門，問他願意不願意娶她做老婆。他很開心，好啊好啊，就把她拉進來。結果剛想關門，後面又進來個又老又醜的女人。他堵門不讓進，醜女說：「你不能讓她進卻不

64 故事原型出自《大般涅槃經》卷十二，是功德天和黑暗女的故事。

讓我進啊。」他問：「你是誰？」她說：「我就是她啊，只不過是老了的她。」你明白了吧？平等平等啊。你要手掌就不能離開手背嘛，不能只要手掌。

「心中沒有任何渴望。」有智慧的人，還渴望啥呀？他可以看著自己的五蘊身心的幻生幻滅，他不會再求任何東西。

「誰來與之相比呢？」你想在世間找到一個人能跟智者相比的話，那叫白日做夢，找不到的。因爲你在世間想找一個眞正滿足的人，想找一個眞正無欲無求的人，是找不到的。爲什麼？因爲世間人都有「我」，都以假我爲「我」。只要有「我」，只要還把身心當「我」，你想無欲無求，不可能的。只要有「我」，就有二元對立，有二元對立就有「順我者昌，逆我者亡」。沒辦法的。除非無我，無欲無求。

18.90 除了無欲者，誰還能雖知而無知，見而無見，說而無說？

「除了無欲者，誰還能雖知而無知。」除了眞正沒有欲望的人，還有什麼人能夠雖然知道而無知？雖然知道，但是他不認爲他知道。爲什麼？因爲他知道，是「它」知道而不是他知道。懂了嗎？

「見而無見。」見，而無見，因爲是「它」在見，而不是他在見。

「說而無說。」因爲他不認爲是他說的。終日說而無所說，因爲口無遮攔不過是道的流通，從來不怕這句話得罪誰了，也不考慮這句話會有怎麼樣的後果。他無求了。如果我們有欲有求的話，我們看東西的時候就會派一個「衛兵」監視著。爲什麼？非禮勿視哦。聽東西的時候也會派一個「衛兵」守著，非禮勿聞咯。說話的時候「衛兵」更多，左一個右一個，不能得罪這個人，不能得罪那個人。對不對？不一樣的。所以只有無欲無求的人，我得罪你就得罪你了，又沒有你，又沒有我。所以不一樣的。我們每個人都有自己的欲求，有欲求就有恐懼。

18.91 無論當乞丐還是國王，無執著的人殊勝善妙，他的心遠離了善

惡感。

「無論當乞丐還是國王，無執著的人殊勝善妙。」為什麼？因為一個人如果無欲無求，他當國王的時候，會全部身心地去考慮這個國家的需要、人民的需要。但是如果皇帝有欲有求，一般會考慮什麼？他基本上第一考慮是王位的穩固，是他政權的鞏固，因為沒有政權就沒有其他了。所以你看中國歷史也好，世界歷史也好，那些皇帝為了鞏固自己的統治，連父母兄弟甚至子嗣都殺，殺起來都不留情的。可是一個無欲的國王他絕對不會幹這種事情，王位你們誰要？拿去無所謂。只要他在位一天，他就會為他的老百姓們考慮，考慮怎麼樣做對他們更好。乞丐有沒有欲求？乞丐很多是有欲求的，有些故意把自己扮成殘廢的，明明不那麼慘，他要弄得那麼慘，為什麼？多要點錢。如果是一個無欲的人，他做乞丐，只有餓的時候才會托一下缽，平時他不會騷擾別人，靜靜地坐著。你給他，他就接；你不給他，他也無所謂。

不執著的人，他當國王也好乞丐也好，都不受任何得失心所控制。當國王，不會為了自己的美名去做一些虛幻不實、勞民傷財的事情。很多人做面子工程，為什麼？他們有執著，有所得，希望贏得好名聲，希望今後更好地升遷。乞丐也是。如果你心裡有執著，那你行乞的時候就是不一樣的。咱們不說一般的乞丐，說個高級的乞丐。釋迦牟尼佛在世時有兩大弟子，一個是大迦葉，一個是須菩提。大迦葉專到窮人家托缽，因為他覺得窮人已經很窮了，我到他家托缽，給他個機會種福，使他將來有機會脫離這種貧苦；須菩提喜歡專門去富人家托缽，他說這些富人家都是過去生積累的善業才感得的，我去他們家托缽，是給他機會繼續增長他的善業，這樣他們將來離解脫道就更近。有沒有道理？都有道理。佛陀就批評他們倆，說你們倆於心不等。為什麼？你心裡頭見貧見富，沒看到他們的本性都是一樣的。貧富只是一個幻現，雖然由業感所成，但是，你內心不應該生起是貧是富的高下之分。你應該依次而行，走到誰家門口，你就從誰那裡乞食，你分那麼多貧富幹啥。所以你看看，做乞丐不容易啊。

「他的心遠離了善惡感。」心能夠離開善惡之感是不容易的，尤其是中國人。在中華文化裡是非常注重善惡感的，尤其是儒家文化傳統。但這是善人的標準，不是道人的標準。作爲一個眞人、作爲一個道人，實際上是要遠離對善惡的分別的——不是遠離善惡，善惡沒辦法遠離，因爲善惡皆在道之內。善惡只是別人的看法，一切法本來沒有善惡。如果你通三世看，天下眞的沒有什麼是善惡的東西。究竟來講，作爲一個道人是應該遠離這種分別的。菩薩是不分善惡的，他有寂靜相，有忿怒相，隨眾生需要，「當以何身得度，即現何身而爲說法」。該跟他好好說，就好好說；好好說了不聽，就揍一頓；實在不行，我就把你吃了。

文殊菩薩當年要在五臺山振興佛教，因爲最早五臺山是道教的洞天，結果道士們就攛掇當地的老百姓經常去廟裡偷搶東西，搞得廟裡的人不得安生。文殊菩薩於是就化現一個鬼王，先勸老百姓不要去搶廟裡的東西，他們不聽。再後來文殊就化現了一群賊，流竄作案也去廟裡搶，於是村民也跟著想來搶。這時文殊就示現爲大威德金剛，唔嘰唔嘰一口一個，把他變現出來的那些賊塞到嘴裡，嚼得血肉模糊。村民一看，哪還敢來啊？都跑了。從此五臺山的廟就安寧了。這在《清涼山志》中有記載。所以你說吃人是善是惡啊？但不吃，他們能消停嗎？吃幾個就沒事了。所以善惡只是我們看到的，「菩薩吃人啦」，對不對？善人就用善的方法教化，惡人就最好抓來揍一頓，打完了再說。

18.92 對於圓滿了生命目標的瑜伽士來說，放縱在哪？克制在哪？對真理的定見在哪？他就是無偽清靜的化現。

什麼叫做圓滿了生命的目標？每個人來到人間，活著，在你死之前這個叫生命。生命的目標是什麼？受教育、成家、結婚生子、撫育後代，這些不是生命的目標，這只是生命的過程。我們每個人來到這個世上，其實有個骨子裡的目標，就是找到你是誰。認識到你從哪來，要到哪去。這是我們每個人眞正的人生目標。只要這個目標沒有達成，你會一輩子一輩子地重新來到這個世上，直到有一天你搞清楚這個問題。

所以在全世界的哲學中，最根本的問題就是這三個：我是誰？從哪來？要去哪裡？哲學就是研究人類最根本的問題的學問，同時這些也是我們每個人最根本的問題。不管你知道不知道，搞清楚這三個問題，都是你眞正的生命目標。很多小孩子沒有人教，他就會問：「我是誰？」可是做父母的我們，自己都不知道。當孩子這樣問的時候，我們怎麼回答呢？我們馬上就說：「你不就是豆豆嗎？你不就是阿狗嗎？」就這樣回答了。所以小孩子這種天眞的問題，一下就被我們塞死了。小孩子經常問的：「媽媽媽媽，爸爸爸爸，我是誰？我從哪兒來的？」我們卻愚蠢地答道，「上廁所把你拉出來的」，或者「路上把你撿來的」。

眞正找到這個問題答案的人，就叫做「圓滿了生命目標的瑜伽士」。瑜伽者，相應。瑜伽士，就是專門在這個問題上用功，最後達到與眞我相應的人，就是圓滿了生命目標的人。對他們來說，「放縱在哪？克制在哪？」他們還要約束自己嗎？還要克制自己嗎？我們現在到處聽到、喝到的心靈雞湯都說：你是你自己的主人，你要對你每個念頭、每句話負責，你要對你每個行爲負責，不然將來你要受報。我告訴你吧，只要你對你的行爲、語言負責，對你的心靈、思想負責，你將來一定受報，不受報都不行。爲什麼？你認爲那是你的成果，有成果就有果報。

所以，對於眞正圓滿了生命目標的瑜伽士來說，沒有克制，也沒有放縱。爲什麼？克制和放縱必須先有一個控制者，你不是控制者。因爲是「它」在上面流動。河流從來不對自己灌溉農田而洋洋自得，也不對自己洪水滔天沖毀了一切而感到內疚，因爲它只是河流。道人同樣如此，懂嗎？所以對於眞正的道人來說，沒有克制，沒有放縱，因爲他從來不是做者，誰在克制？誰又在放縱？

如果沒有做者的話，那「對眞理的定見在哪？」定見就是確定了什麼是正確的，是這種見地。因爲沒有「我」了，這種見地有什麼用？當然就沒有這種見地了，對吧？

「他就是無僞清淨的化現。」所以，眞正的道人是沒有任何虛僞的，他不需要戴面罩，不需要化妝，他是無僞的。注意這裡用的詞是「清淨」，不是「乾淨」。我們現在認爲，「你學佛的人怎麼可以說粗口？怎麼可以滿口粗話？」我們一般人要求的是什麼？是乾淨，不是清淨。乾淨，什麼叫乾淨？好聽的、溫柔的，「你好嗎？辛苦啦。」嗲嗲的，說話永遠是很優美的。那不叫「清淨」，那叫「乾淨」。好吧，今天就講到這裡。我是滿嘴跑火車[65]，一點不乾淨，呵呵。

18.93 超越痛苦的無欲之人，滿足於在自性中休息。他的內在體驗該如何描述呢？向誰描述呢？

「超越痛苦的無欲之人」，就是已經從欲望中、從痛苦中解脫出來的人。而欲望就是苦之因。

「滿足於在自性中休息。」安住於自性叫自在，心無掛礙，因爲無欲無求。不但無求，也沒有恐懼。只有活在當下的人，是沒有恐懼的，因爲他根本不計劃將來。恐懼源於什麼？恐懼源於已有的失去。我們講空，講了半天五蘊身心如夢，爲啥？就是告訴你不要再佔有什麼了，什麼都不是你的，不過是一場夢。

「他的內在體驗該如何描述呢？」一個無欲無求的人，一個自在的人，他的內在體驗該如何描述？描述什麼？啥也沒有。因爲我們想要描述一樣東西，心裡就必須先有點什麼。就像你可以說：「我想知道別人心裡想什麼」，因爲你心裡有這個欲望，對吧？所以你可以描述出來。但作爲一個無欲無求的人，你說啥呢？我無話可說。因爲沒什麼東西可被描述，沒有東西了。他又沒有恐懼，又沒有期盼，有什麼好描述的？

65 滿嘴跑火車：俗語，形容一個人講話思維很發散，說得離題萬里。

「該如何描述呢？向誰描述呢？」因爲他不見其他人，他知道一切無非都是他，他向誰描述？對於眞正解脫的人，既沒有自己，也沒有別人，有什麼好說的？連做者都沒有。

18.94 沉睡時沒有睡著，做夢時沒有入眠，清醒時沒有醒著，智者在一切情形下都是滿足的。

「沉睡時沒有睡著」，眞我沒有睡，假我一定睡著了。「做夢時沒有入眠」──既然做夢了，當然是假我在做夢啦。誰沒有入眠？眞我沒有入眠。「清醒時沒有醒著」──是誰知道你昨天晚上睡著了連夢都沒做？因爲「它」沒有睡，就沒有醒啊，有睡有醒是我們假我的事。你認同於假我，就有醒、有睡、有做夢。認同於眞我，眞我沒有。醒也沒有醒著，睡也沒有睡著，做夢也沒有做夢。

「智者在一切情形下都是滿足的。」我們不滿足。我們醒著時要麼說心亂了，要麼說心定了。做夢的時候，「哎呀！我怎麼控制不了夢呢？」到深睡無夢又說：「我怎麼睡著了，我要禪定，我不要睡覺。」那叫折騰。心裡不滿足嘛，不滿足就總想改變嘛。對不對？我們要把生活變得更美好。如果你學佛是爲了更美好，我看你就入錯門了。

18.95 眞知之人，思考而離於念頭，用感官而離於感官，具心智而離於心智，有自我而離於自我。

「眞知之人，思考而離於念頭。」眞正明白的人會思考，但他不是在堆砌一堆概念。他是看向眞我，看向眞如。

「用感官而離於感官。」我們用感官了就黏在感官上，他不是。爲什麼？他不與五蘊身心認同。五蘊身心是工具，用的時候就用，用完就放下。思考是什麼？是心識的作用。所以學佛的人不是越學越笨，他聰明著呢。只是他不再把這些思考當眞了，該做啥做啥。所以該做的時候，他會用他的五蘊身心，但這個時候五蘊身心只是他的工具。

「具心智而離於心智。」他是有腦子的，不會那麼蠢的，但是他不以此爲足。他離於心智，超然於心智之上，甚至不用思維，一看就知道什麼結果，不需要經過腦子的。所以他在用這種智慧，不需要思考。

這裡說的「思考而離於念頭」，是用世間人能夠理解的方式去說。因爲我們一般世間人的思考是什麼？是離不開念頭的。我們必須用概念或我們的邏輯去推演，在腦子裡有個推演過程。而眞知之人，他不需要這個推演過程，嘣就出來了。他是直接看透的。

當年馬哈希正在散步，看到一大幫信眾從山底下上來，於是他拉著侍者轉身就跑，「快走！快走！別遇到他們。」釋迦牟尼佛當年也是的，一看僧團分裂了，拍拍屁股就走，「我不回來了，到別的地方住去了。」心裡頭舒暢點。並不是說啥都不知道。所以是「有自我而離於自我」。當僧眾重新和合了，當眞的有人需要教法了，他們就會現前，予以教授，予以幫助。因爲我們總會在腦子裡虛妄地想像，聖人應該怎麼樣、應該怎麼樣；我們用我們的識心去分別，去揣度人家，挺可憐的。我們制定了一些聖人的標準，就認爲應該怎麼樣怎麼樣。你都有標準了，自我努力不就完了嘛，還跑來學什麼呢？我眞不明白，唉。

18.96 他不悲也不喜，非離欲也非愛染，非解脫者，也不尋求解脫。不是這個也不是那個。

「他不悲也不喜。」眞正的智者超越這種感情世界。

「非離欲也非愛染。」他們不像道上那些沒解脫的人要離欲，要怎麼怎麼樣，但是也不會生起那種凡夫的愛染、貪愛。不會。

「非解脫者，也不尋求解脫。」就是一個眞正的智者，他不像那種證得阿羅漢果的阿羅漢啊，阿羅漢眞的有很多是可以穿牆過壁的，有這些神變。因爲智者不以五蘊身心爲我，不以禪定爲我，不以這些爲我，所以他不會示現這些亂七八糟的東西。爲什麼？眞正的道人你是看不出來的，因爲他不搞怪，他不作怪，他比你還平常。你不信？他討個老婆，跟別人睡覺去了，他挺開心的，你就做不到。

「不是這個也不是那個。」他不認同於任何東西，沒有自我認同。

18.97 有福之人在散亂時，也不散亂；在禪定中，也不禪定；在昏沉時，也不昏沉；即使學識豐富，也一無所知。

這個有福之人是誰呢？是眞正的智者。眞正的智者才是眞正的有福，因爲他不是以世間財富的方式展現的。「眞正有福」是以他的無心展現出來的，是以他的祥和展現出來的。眞正的有福之人沒有煩惱，這是錢都買不來的。跟財富多少，跟生活條件，啥關係沒有。他超越這些。所以，「有福之人在散亂時，也不散亂」，表面上你看著他亂七八糟，但是他知道散亂的不是他，所以他不怕散亂。不像我們，「我必須禪定，必須念咒，對治散亂。」心一散，完蛋了！今天的事幹不成了。一定要怎麼樣怎麼樣，集中、努力集中。所以你怕了。就像睡不著覺，你越怕睡不著覺，你就越睡不著。正因爲智者不怕睡不著，他到時候就睡了。

「在禪定中，也不禪定。」他的心不亂，所以在禪定中。但是他又不像一般修道人那樣專注一心去修禪定，因爲他心不亂，跟禪定效果是一樣的。自心不亂，不被境界所擾。

「在昏沉時，也不昏沉。」昏沉是什麼？身體睏了，我們的心識睏了。睏了就睡唄。因爲他知道你的智慧沒有睡啊，你的眞我沒有睡啊，怕什麼睡著？所以在昏沉時，也不昏沉。

「即使學識豐富，也一無所知。」一瓶子不響，半瓶子晃蕩。你眞正明白眞我了，眞正明白佛陀教授的東西了，就無話可說了。沒什麼可說了，這個時候就懂，爲什麼一切法都是佛法，無非佛法。不然的話，叫做「我是海南鷯哥」，八哥，也會念佛，也會說法，但不知道內涵。你眞的明白了，也沒什麼好說的，也解釋不通了。

18.98 解脫者在一切條件下都安住自性，從行為和責任的觀念中解脫

出來，在一切處時因緣中都無不同。他無欲，所以從不想做了什麼或沒做什麼。

「解脫者在一切條件下都安住自性。」因爲他不受條件的影響。有人問我，說：「有離開止觀的禪定嗎？」他說：「我很受環境影響哎，在這裡或在那裡，心會混亂。」我說：「哦，有種禪定修了以後可以超越一切境界。」「還有這種禪定？」我說：「有，有。」「是什麼？」自性。你眞正超越了你的心，不再去理睬五根所對之境，那境界就擾亂不了你。如果你的心專注在五根上，你想不被擾亂恐怕很難。所以爲什麼很多禪定大師都住到山上去了？因爲城市裡他住不了，受不了，沒辦法禪修。爲什麼？他修的不是自性定。他修的是有爲造作的禪定，依賴環境。環境不好，就定不下來了。

「從行爲和責任的觀念中解脫出來。」怎樣做到的？因爲沒有做者。我們每個人都覺得自己是成敗的把握者，我們是有能力改變我們的什麼什麼的，我們要怎麼怎麼樣。說明你以五蘊身心爲我，你堅定地認爲你才是世界進程的推動者。既然你那麼堅強，那就好好努力吧，前路光明，奮鬥吧，向前。可是跟解脫沒關係。對一個解脫者來講，他怎樣做到無所掛礙？因爲他知道他從來不是做者，一切的發生都不是他努力的結果。那只是發生。不要認爲自己是行爲者。如果你不認爲自己是行爲者的話，行爲的責任就不在你身上。因爲我們總認爲自己是決策者，所以我們要對自己的行爲負責。

「在一切處、時、因緣中都無不同。」也就是說在一切因緣中，他都不認爲自己是做者，是因緣的控制者。他從來都不是做者。

「他無欲。」什麼叫無欲？他不想改變任何東西。我們則是在努力地改變，改變自己的知識，改變自己的社會地位，改變自己的收入，改變自己的家庭。

「從不想做了什麼或沒做什麼。」從來不考慮，我今天白過了？我消極了？我積極了？他從來不考慮我做了啥、我沒做啥。很多人在抱怨，說學了這種教法後，人都變得消極了。我們不能說是消極，應該是無極：沒有積極，也沒有消極。所以他不考慮他做了什麼，也不考慮他沒做什麼，他不 care。所以以後人家再問：「你們的教法鼓勵消極嗎？」「不，我們無極。」

18.99 被讚美不覺得高興，被責備不感到煩惱。他不慶祝生命，也不恐懼死亡。

「被讚美不覺得高興，被責備不感到煩惱。」讚美也好，責備也好，就是不被這一切所動。

「他不慶祝生命，也不恐懼死亡。」生命有什麼好慶祝的？生命和死亡是平等的。但世間人，凡夫之人，好生惡死。「花多少錢？搶救過來了？好啊！」他不知道躺在病床上那是個什麼滋味：「你早點讓我走吧……」。「他並不慶祝生命，也不恐懼死亡」，我希望你們能做到這一點。當你不恐懼死亡的時候，你眞的自在很多。這是我的親身經歷，所以我告訴你們，向這個方向努力。

弟子：如果自身不恐懼死亡，但掛念父母怎麼辦？怕父母沒人照顧怎麼辦？怕他們傷心。

師父：你放心。該你死的時候，那就是該他們傷心的時候。聰明一點的話，就早點告訴他們，人是會死的，就好了。最好就是能度化他們，不要恐懼死亡。其實硬撐著爲了不讓別人傷心而不死，挺蠢的。時候到了，該走就走，別硬賴著。爲了別人不傷心而賴著，好像是很偉大，其實同樣愚蠢。

18.100 寧靜的心，既不尋求人群，也不尋求荒林。無論在何地，在什麼環境下，他都是一樣的。

什麼叫寧靜的心？「既不尋求人群，也不尋求荒林。」這就是眞正寧靜的心。你們自己檢查檢查：兩天沒見到一個人，看你心裡啥滋味？或是整天想跑到山上去，你看你的心寧靜嗎？這騙不得人的。所有的佛法都要用你的心去檢驗。你的心裡是這樣的嗎？「寧靜的心，既不尋求人群，也不尋求荒林。無論在何地，在什麼環境下，他都是一樣的。」這叫寧靜的心。太美了！

第十九章

在自性中休息

對於認得自性之人，在自性中休息。就像基督教說的：「到我這來吧，在我中安息。」這章叫做「在自性中休息」，現在輪到迦納卡向他的上師彙報。

迦納卡說：

19.1 我已經以真理之鉗，從內心最深處拔除了知見之刺。

什麼是知見？我們的概念、得失、期盼、分別。「從內心最深處」，用「眞理之鉗」，用眞我，把所有不是自己的、不是眞我的東西，徹底拔除了。我們就是活在知見裡頭，我們有很多判斷、很多預設，都屬於知見。最基本的，就是認同「我」：「我是這個」，「我是那個」，吧啦吧啦，這些就是知見，是「知見之刺」。當你不瞭解眞我時，你就被這個刺牢牢地釘在那裡不可動搖。所以迦納卡經過八曲仙人的這些教授之後，說：「我已經以眞理之鉗，從內心最深處拔除了知見之刺。」所以不要動不動就說：「一切都是眞我的展現，一切諸法都是佛法。」如果你不懂他這樣說是處於什麼樣的情形，就不要瞎說。我們如果咬死某一句話，這就是知見，都要拔除的。因爲你已經死在這句話上了，你根本不知道這是什麼意思。

19.2 法在哪？愛欲在哪？名利在哪？明辨眞理在哪？二元在哪？不二又在哪？我安住在自己的輝煌中。

「法在哪？愛欲在哪？名利在哪？」「法」，就是對境，一切對境，一切軌則。

「明辨眞理在哪？」眞理實際上是最後一根刺，用眞理之刺挑出其他刺，最後連眞理都要放下的。如果沒有一個能明辨和所明辨的眞理，就沒有眞理那回事，懂嗎？我用眞理的刺，挑出知見之刺，挑出愛欲之刺，挑出名利之刺。但是最終如果你還讓眞理扎在那裡，你也不好受的，都要放下。

「二元在哪？」二元就是對立，任何對立的東西就叫二元。

「不二又在哪？」如果沒有二元，談什麼不二呢？不二又在哪？

「我安住在自己的輝煌中。」什麼叫最後的境界？最後的境界就是沒有境界，最後把你學過的所有眞理都忘掉，就活在了自己的輝煌中。

19.3 過去在哪？未來在哪？甚至現在又在哪？空間在哪？即使是永恆又在哪？我安住在自己的輝煌中。

過去眞的有過嗎？未來眞的有過嗎？所以，「過去在哪？未來在哪？甚至現在在哪？」因爲當你說現在的時候，它已經成爲過去了。「現在」是一個幻相，能讓你離開「過去」和「未來」這兩個幻相。用一根刺挑出其他兩根刺，而這根刺也是不能留下的。

「空間在哪？」你醒過來就有空間了，空間在你的認知中。沒有你的認知，哪有空間？空間眞實地存在嗎？

「即使是永恆又在哪呢？」永恆相對於短暫。相對於時間段，相對於變化，我們才談永恆。如果沒有變化，沒有這個時間段與它相對，永恆又在哪？永恆是我們描述出來的，對吧？是我們分別的結果，是二元對立的結果。

「我安住在自己的輝煌中。」我就在我中，沒有別的地方。

19.4 自性或非自性在哪？善或惡在哪？焦慮或無慮在哪？我安住在自己的輝煌中。

「自性或非自性在哪？善或惡在哪？」都在我們的虛妄分別裡。

「焦慮和無慮在哪？」無慮是說焦慮的不在，如果沒有焦慮，談什麼無慮呢？如果沒有無慮，我們談什麼焦慮呢？都是五蘊身心的虛妄分別，比較分別。放下吧。「我安住在自己的輝煌中。」

19.5 夢在哪？沉睡在哪？醒在哪？即使是第四位又在哪？恐懼在哪？我安住在自己的輝煌中。

「夢在哪？沉睡在哪？」在五蘊身心的認同裡。如果你不認同五蘊身心，夢在哪啊？誰在做夢啊？

什麼是第四位？超越了醒、夢、睡的那個，我們以爲的眞我。這個「不變」(第四位)是相對我們的醒、夢、睡這三位來談的。一切明與無明，哪個不在你之內呢？只要你分別，它們就都有。如果你連第四位都否定了，還談什麼恐懼呢？可是我們放不下自己的夢位，更不要說醒位了。我們把醒位當眞，斤斤計較，想著怎麼改善它、改變它、圓滿它，苦得不得了啊！

19.6 遠近在哪裡？內外在哪裡？粗大或精微在哪裡？我安住在自己的輝煌中。

「遠近在哪？」談遠談近，我們總是在分別。現在印度離我們很遠，美國離我們很遠；這裡很近，那裡很遠，我們總是分別這些東西。可是這些分別源於什麼？以你，以這個五蘊殼子，這個五蘊身心爲中心才分遠近。如果你明白眞我遍一切處、恆一切時，遠近又在哪裡呢？

「內外在哪裡？」我們說內說外，最簡單以個人爲例，皮膚以內是內，皮膚以外是外；以家庭爲界，我們這小群體以內的爲內，群體以外的爲外。內外在哪裡？在我們的虛妄分別裡。你不與此認同，那後面就沒有了。

「粗大和精微在哪裡？我安住在自己的輝煌中。」當你不分辨這些的時候，我就「在」啊，在一切處。我在西方極樂世界，我在東方藥師琉璃佛淨土，我在一切諸佛淨土中。那我還要去哪兒呢？「不行！我就是這色殼子，所以我要跑那兒去。」那你跑吧，努力加油，送你一雙跑鞋，免費的。「我安住在自己的輝煌中。」

19.7 生死在哪？世間和世俗關係在哪？昏沉或三摩地在哪？我安住在自己的輝煌中。

「生死在哪，世間和世俗關係在哪？」什麼叫生死啊？你以這個五蘊身心的結束爲死是嗎？如果你瞭解眞我的話，世間沒有了，世俗關係不在乎了，沒有了。這個時候，一切法可以說都是佛法了，否則的話，一切佛法對你來說都是世間法。

「昏沉或三摩地在哪？」你眞正瞭解什麼叫眞我，什麼叫眞如，還談論昏沉？還談論三摩地？如果三摩地都不要了，都是虛妄不實的，還修什麼止觀呢？我們就是跟這個虛妄的心過不去，要把它捏圓、弄方，所以昏沉和三摩地在哪？「我安住在自己的輝煌中。」不要忘了，一切昏沉、一切三摩地，哪一樣能外在於眞正的你呢？

19.8 不需要談論生命的三種目標，沒必要談論瑜伽，連談論智慧都與我無關。我安息在自性中。

「不需要談論生命的三種目標。」什麼是印度人生命的三種目標呢？愛欲、名利、法。這裡的法，是什麼？婆羅門以侍奉、獻祭、執行宗教職責爲他的法，刹帝利以保家衛國、做軍人守護國土爲他的法，吠舍就以經商等等爲他的法，首陀羅就是農民、工匠，勞作生產，滿足上面其他階層的人的需要。所以你是首陀羅，你就做好首陀羅的本份，你是刹帝利，就做好刹帝利的本份，你是吠舍就做好吠舍的責任，盡責。這叫法。

「沒有必要談論瑜伽」，連瑜伽都不用談論的。可是我們這裡都在談論教法，談論因緣，天啊！所以對於眞正瞭解眞我的人，超越了這些，他不談論這些。對究竟之人，「連談論智慧都與我無關」，都是多餘的。自性有什麼好談的。談論需要什麼？需要思維心，需要概念的壘砌堆積，需要邏輯。就像一群螞蟻在開會，討論人類該怎麼生活，愚蠢。我們還覺得自己很了不起，我們還要給上帝制定規則，他必須如何如何。還是放下吧，不要太多事。免得苦了自己。

「我安息在自性中。」什麼叫自性？眞正的寂靜。當你瞭解眞我，一切的目標沒有了，一切的恐懼沒有了，剩下的只有寂靜、寧靜。除此之外都是多餘的。

第二十章

即身解脫

即身解脫，即當下的解脫。什麼叫解脫？現在就來談解脫。

迦納卡說：

20.1 對我來說，五大在哪？身體在哪？器官在哪？心在哪？空在哪？絕望在哪？我本來無染。

這是弟子對上師的彙報。

「對我來說，五大在哪？身體在哪？器官在哪？心在哪？空在哪？」我不在五大之中，我不在身體之中，我不在器官之中，我不在心之中，我不在空之中。所以沒有絕望。

「絕望在哪？」絕望不就是心徹底死了嗎？我死了心了，心本來就是死的。

「我本來無染」，眞正的我永遠不會被這些所染。

20.2 對我來說，經文在哪？自性了知在哪？不執著的心在哪？滿足在哪？無欲在哪？我從來就沒有二元感。

我們在談論經文，我們現在就在念誦經文、講解經文。「經文在哪？」經文在假我裡頭，而眞我，經文是碰不到它的。

「自性了知在哪？」誰了知自性啊？自性不了知自性，假我在談論自性，懂嗎？

「不執著的心在哪？」當然在假我中啦，眞我哪有不執著的心呢？

它根本沒心，沒心沒肺。

「滿足在哪？無欲在哪？」眞我沒有滿足，眞我也沒有無欲——無欲這些都在假我之中。

這次我在印度，跟一個老人家聊，他說：「你們談的『眞我』跟我們這兒的神是一樣的。」我問他：「你這個神怎麼樣？」他說：「我這個神有能力創造世界，又有能力毀滅世界。」完全是憑著他高興與否。我說:「我的『眞我』跟你那個不同。」「爲啥？」「我那個沒有個人感，也沒衝動去創世，也沒衝動去毀滅世界。」它沒有這種東西，這些都是染汙的東西。懂嗎？眞我與神的差別，它是沒有個體性的。神是容易被激怒的，他有個體性。確實，他有超能力，可以創造世界、可以毀滅世界。如果這個能力都沒有，他也不用當神了。但若還有個體性，就是不解脫的。表面上看起來很像，實際上大有不同。

20.3 對我來說，真知在哪？無明在哪？「我」在哪？「這個」在哪？「我的」在哪？束縛在哪？解脫在哪？我的本性哪有什麼屬性？

「眞知在哪？無明在哪？」眞知和無明都在我之內。明與無明本來一樣的，沒啥差別。

「『我』在哪？『這個』在哪？」這個，也就是當下「這個」，在哪？

「『我的』在哪？」什麼是「我的」？我的身體、我的感覺、我的、我的……

「束縛在哪？解脫在哪？」都在五蘊身心裡啊。如果一個聰明人，你放下了這些，地球會照樣轉的。不會因爲我不努力了，地球就停了，你放心，停不了的。

「我的本性哪有什麼屬性？」你的本性有任何屬性嗎？它屬於和平？屬於祥和？屬於憤怒？屬於啥？啥都不屬於。

20.4 對我來說，宿業在哪？即身解脫在哪？死時解脫又在哪？我從

來無分別。

宿業就是過去生我們造作留下來的業種。「宿業在哪？即身解脫在哪？」有的人動不動就說：「你證得了嗎？」我問他：「你能證啥？你啥都可以證了，你要我幹啥？」他說：「你這是空頭理論。」「好啊，我這是空頭理論，那你給我一個不空的看看？」──我爲什麼要證明給你看這是不是空頭理論？這個「我」都是假的，證明能是眞的嗎？對不對？跟那種人，不必跟他們爭一日之長。

「死時解脫又在哪？」死時解脫就發生在死的時候吧，關我啥事呢？我無有分別。不要跟人去爭強鬥勝。現在有些人在外面學了點東西，就到處跟人家比，「你示現給我看看？」我爲啥示現給你，我欠你的？你買票了嗎？（眾笑）這些人很搞笑。眞正的修行，就是把一切覺受、一切境界都拋掉了，這就算你懂了。不要以爲能夠見神見鬼了，怎麼怎麼樣了那叫成就。那叫成魔！苦啊！眾生。「對我來說，宿業在哪？即身解脫在哪？死時解脫又在哪？我從來無分別。」

20.5 對我來說，做者在哪？受者在哪？無作在哪？展現在哪？直接了知在哪？果在哪？我從來不是個體。

「做者在哪？」不覺得自己是做者。「那受者又在哪？」不覺得自己是受者。

前一陣有人寫文章說，你有沒有證量，點個蠟燭把你手放在上面燒一燒就知道了。眞是吃飽了閑的！我不是笑話那些聖者們留個手印、踩個腳印哦。你們去廣州增城的證果寺看看，後山那邊有個火山口，當年放牛娃騎的牛都在上面踩了好多腳印，眞的，現在都看得見。牛都踩了一大堆腳印呢。將來哪頭牛要是在你面前留倆腳印，我看你要不要在牛屁股面前好好頂禮頂禮？呵呵。人家能夠飛天遁地，你隨喜讚歎就行，你也不用求。放心吧，那牛就算能在石頭上踩個腳印，我看牠踢你一腳，你也開悟不了。

「無作在哪？」談無作是爲了對治我們以爲自己在努力的造作，實際上我們談「沒有做」這回事。

「展現在哪？」一切展現如果離開了五蘊身心，談什麼展現呢？

「直接了知在哪？」直接了知也是針對那種經過分析、邏輯推理的了知，相對而談的。這些都在分別心裡，都在五蘊身心裡。你放下五蘊身心的時候，這些就都沒有了。你知道這些都是虛妄不實的，如水泡上的彩虹，如夢中的幻相，都是一樣的。

「果在哪？」就是修行的成果啊。告訴你，不要把牛蹄子印當眞。在虛妄分別裡，即便被那頭牛踢上一蹄子，也不會開悟的。

「我從來不是個體。」記住這一點。所以與其斤斤計較於因果，不如時時刻刻思念你不是這些，更實在一點。

20.6 對我來說，世界在哪？求解脫者在哪？瑜伽士在哪？真知者在哪？束縛者在哪？解脫者在哪？我的本性不二。

「對我來說，世界在哪，求解脫者在哪？」沒有世界、沒有輪迴的話，也就沒有所謂的「求解脫」了，對吧？因爲求解脫的就是你的這個妄心，不然求什麼解脫呢？

「瑜伽士在哪？眞知者在哪？束縛者在哪？解脫者在哪？我的本性不二。」我的本性就是整個存在。你還在裡面「我的這根頭髮、那根頭髮」地分？你不會分的，對吧？你洗頭就是一起洗了，就是這樣。不要有這種細微的分別，見個某某某就點頭哈腰。不要忘了，天上再大的法王，跟你也是平等的，再低的乞丐，跟你也是平等的。

20.7 對我來說，生成在哪？毀滅在哪？目標在哪？儀軌在哪？修道者在哪？成就在哪？我的本性不二。

哪裡有什麼生成、毀滅啊？不要把幻相當眞，不要把夢境當眞。生成也好、毀滅也好，一堆幻相。我們認爲白天就是眞的，晚上睡夢就是假的。誰說的？白天的東西帶不到睡夢中，睡夢中的東西帶不到白天，它倆平等，一點差別沒有。「生成在哪？毀滅在哪？」你夢裡頭生了個孩子，挺開心，醒了有嗎？夢裡孩子死了，好傷心，醒了有嗎？也沒有。同樣你白天生了個孩子好開心，到了夢裡不知道了，對吧？死也一樣的。

「目標在哪，儀軌在哪？」我們每個人都有目標，達到目標叫積極，達不到目標叫消極，叫努力不夠。我們現在還有人在爭論，儀軌是要用中文念還是藏文念呢。我說：「西藏人也不用梵文念呢。」你認識藏文就念藏文，不認識藏文還不如就好好念念中文呢。而且如果你眞的明白眞性，那個儀軌又怎麼樣呢？「加持力可大了！」我看哪個儀軌加持力都大，也都不大。如果你執著五蘊的話，加持力就大，你不執著五蘊，我看都沒啥加持。眞我加持力最大，你能跑得出去嗎？

「修道者在哪，成就在哪？」在虛妄分別裡，還能在哪？我們若是還想著解脫，就成了修道者；如果你連解脫都不想，就是成就者了，哈哈哈。當然也可能你是凡夫啦，我不知道。

「我的本性不二。」本性沒有修道，本性沒有輪迴，本性也沒有解脫。一切無非本性的展現，可是本性不是展現，不能混爲一談。就像水可以是氣態，可以是液態，可以是固態，但是氣態、液態、固態，都不能說是水。水可以成爲那麼多態，但是你不能指著水蒸氣說:「它是水」，指著冰塊說：「它是水」，它們都不是水。我們習慣管液態的水，叫「水」，其實它也不能叫水，因爲它只是水的一個態。其實一樣的，解脫也好、輪迴也好，都是一個虛幻的境，一個夢境，一個過程，跟我沒關係，你不要認同它就好。

這裡的「成就」，就是指的悉地，世間或出世間的成就。可以治眼病啦、可以飛劍啦、可以做藥丸治病啦、可以除障啦、可以驅魔啦，這是屬於成就，成就本尊，屬於世間神通或出世間智慧，等等等等。儀軌就是爲了成就本尊的修行方法，怎樣念誦怎樣觀修啊，差不多就這樣吧。

「對我來說，生成在哪？毀滅在哪？目標在哪？」目標就是修持儀軌的目的嘛，我們有世間的悉地和出世間的悉地，對吧？我們觀修本尊，咒語念夠數了，本尊現前，從此以後你就可以怎麼怎麼了，得到悉地。你以爲修儀軌爲啥？不就招個神嗎？「我修的是佛教的神；你修的是外道的神；我的神比你的神厲害。」搞笑！所以，「成就在哪？我的本性不二。」

20.8 對我來說，知者在哪？知道的方法在哪？所知對象在哪？知道本身在哪？有什麼在哪？沒什麼在哪？我從來無垢。

眞我是不被汙染的，不被知和無知所汙染，不被知道所汙染。所以「我從來無垢」。

20.9 對我來說，散亂在哪？專注在哪？無知在哪？愚迷在哪？快樂在哪？悲傷在哪？我從來無作。

「散亂在哪？專注在哪？」對於眞我來說，五蘊的散亂永遠在五蘊裡，跟眞我沒關係。專注，眞我沒有所謂的專注，你認同眞我，就無所謂專注的問題。你認同假我的話，就有專注，「我要修止，我要修觀，我要專注。」

「無知在哪？」你不修專注，沒有智慧不就無知了嗎？對眞我來說沒那回事。

「愚迷在哪？」我們不是跟愚迷過不去嗎？整天要知啊。但是對眞我來說，愚迷在哪？

「快樂在哪？悲傷在哪？」都在我們的五蘊身心裡。

對眞我來說，「我從來無作」，我不是做者。我沒有讓它高興，也沒讓它悲傷。雖然它在我中發生，但關我啥事？它不是做者，它也不對結果負責。我們一聽這話，「你這個人不負責任，不是好男人，你不負責！」世俗人沒辦法接受不負責任。我們是希望責任越多越好，表示我越強大。修身、齊家、治國、平天下，責任就是這麼擴展的。道人的很多東西跟世俗人是剛好相反的。世俗人認爲對的，道人就說：「關我啥事？」

20.10 對我來說，世俗在哪？究竟在哪？幸福在哪？痛苦在哪？我從來離於思議。

「世俗在哪？究竟在哪？」如果你已經不與世俗認同了，你還與究竟認同嗎？究竟是爲了讓你破除對世俗的執著，所以談究竟。如果你沒有對世俗的執著了，又談什麼究竟？

「幸福在哪？痛苦在哪？」所以岡波巴曾經說過：「如果一個人能夠瞭解痛苦即是成就的話，就沒必要追求快樂了。」[66]

「我從來離於思議。」這些都在你的思維和議論之中，在名相之中，在比較之中，在邏輯之中，從來都不在眞我之中。所以離開這些吧。

20.11 對我來說，摩耶在哪？輪迴在哪？執著或捨棄在哪？個體在哪？梵又在哪？我從來無垢。

摩耶就是幻相，也是輪迴的別名。「摩耶在哪？輪迴在哪？執著和捨棄在哪？」所有這些都是二元的，都是虛妄分別。其實一切都在我中展現。

「個體在哪？」你以哪個爲個體？你說在這兒，過一會，就不在這裡了，你不能說它眞地在哪裡的。

「梵又在哪？」眞我在哪？你能指得出來嗎？你想指出眞我在哪，我看你是哪兒也指不出來的。

「我從來無垢。」眞我是不受這些垢染的，所以你以爲你很努力地做了很多事，當你認知眞我的時候，你發現從來都是一場夢，啥也沒有。

66 出自《勝道寶鬘論》之「十項不必作的事」：「若知痛苦即是成就，就不必另求快樂了。」

對眞我來講，不增亦不減，不垢亦不淨。

20.12 對我來說，有為在哪？無為在哪？解脫在哪？束縛在哪？我不變易，不可分，永遠安住自性。

「有爲在哪？無爲在哪？」對「有爲」而談「無爲」，我們「無爲」是爲了破除「有爲」。實際上，有爲無爲、做與不做，都是一場夢。夢裡頭管你做或不做呢，都是假的。

「解脫在哪？束縛在哪？」什麼叫解脫？什麼叫束縛？都是虛妄分別。

「我不變易，不可分。」就是說，你這輩子無論怎麼折騰，下輩子無論怎麼折騰，到解脫了無論怎麼解脫，對眞我都是沒影響的。只是苦了你自己而已，苦了你這個假我而已，很努力地折騰。「我不變易，不可分，永遠安住自性。」對眞我來講，它不可分，因爲它就不是個東西。

20.13 對我來說，指導在哪？經論在哪？弟子在哪？老師在哪？生命的目標在哪？我是濕婆，遠離一切限定。

「指導在哪？」假我裡頭。「經論在哪？」假我裡頭。

「弟子在哪？」假我的虛妄分別裡頭。「老師在哪？」同樣。不要以爲老師就比弟子高，因爲同樣是一場夢，沒有什麼差別的。

「生命的目標在哪？」生命還有目標嗎？一場夢還有目標嗎？你們誰帶著目標去做夢的，告訴我？睡著了就做夢了，沒什麼目標，對不對？

「我是濕婆。」濕婆就是印度三相神裡面其中之一，原文是 śiva，表示究竟之樂、平靜、善、最吉祥。往世書體系中認爲濕婆是三相神中的毀滅之神。修行者的唯一目標就是毀滅自我，所以「我是濕婆」，毀滅，毀滅什麼？毀滅自我，毀滅 ego，毀滅假我。這就是濕婆。所以你要瞭解什麼是濕婆，不要整天只是口頭上「我愛濕婆」。愛什麼？愛的話就要殺掉你自己。不然的話滿腦子 ego，還我愛濕婆呢！呵呵，不行的。

20.14 對我來說，有在哪？無在哪？一在哪？二在哪？還要說什麼呢？沒有任何從我而生。

眞我是不會生起任何東西的，因爲它是毀滅之神，不要忘了。只要還有一切虛妄分別，就都在它的毀滅之中，不會留下任何東西。所以學佛不要學了一堆世間法，美其名曰「這都是佛法」，這都不是佛法。你能夠時時刻刻毀滅一切虛妄分別，毀滅一切期盼，毀滅一切恐懼，那麼，一切法無非佛法。